HERMANN WAGNER · DAS JAHR DANACH

Hermann Wagner

DAS JAHR DANACH

1945~46

Orion Heimreiter Verlag

Schutzumschlag: E. Zirnig, Frankfurt/Main

CIP-Kurztitelaufnahme der Deutschen Bibliothek

Wagner, Hermann
Das Jahr danach. — Heusenstamm : Orion-Heimreiter-
Verlag, 1978.
    ISBN 3-87588-106-0

1978
© by ORION-HEIMREITER-VERLAG GmbH, 6056 Heusenstamm

Gesamtherstellung: Buch- und Offsetdruckerei Decker &
Wilhelm GmbH, 6056 Heusenstamm bei Offenbach am Main

4

INHALT

2.5.45

Warin in Mecklenburg: Ankunft gegen Mittag in der kleinen, vom Krieg verschont gebliebenen Stadt. Ein paar Stunden Schlaf in einer verlassenen Wohnung. Inzwischen gehen die wildesten Gerüchte um. Vor allem: Vor dem Rathaus sollen Posten aufgezogen sein; ein amerikanischer General wird erwartet, denn die Amis wollen sich mit uns gegen die Rote Armee wenden. Die Situation bleibt unklar, bis gegen Abend der Marschbefehl kommt: Weitere Absetzbewegung Richtung Bad Kleinen. Eine offizielle Übernahme unserer Einheiten, die längst keine mehr sind, wird nicht ausgeschlossen. So setzt sich der Funkwagen hinter den VW, in dem der Batteriechef die kleine Kolonne anführt. Alles vollzieht sich mechanisch, denn denken können wir, gehetzt, ausgemergelt, zu Tode erschöpft, kaum noch. Mit uns ziehen andere, insgesamt die letzten Restbestände derer, die hier in Mecklenburg seit zehn Tagen und Nächten der Übermacht weichen müssen. Dazwischen Versprengte, die ihren Haufen längst verloren haben. Und ein General, der mir auf einem Feldweg entgegenfahren kommt und mich verzweifelt nach seiner Division fragt, von der ich nichts weiß, denn niemand kennt sich da noch aus. Über allem nur noch das Rettesichwerkann! Eine andere Möglichkeit gibt es nicht mehr, auch für die Flüchtlinge nicht, die gleichfalls verzweifelt versuchen, noch davonzukommen, nachdem bereits zu viele von ihnen auf der Strecke bleiben mußten. Die Fahrt geht in einen fast unwirklich schönen Abend, der alles Grauen auf dieser geschundenen Erde vergessen machen möchte. Sie geht durch das schöne mecklenburgische Land mit seinen Seen und Wäldern. Die Straße senkt sich in mehreren Windungen und führt in eines der zahlreichen Waldstücke. Die linke Spur, Straßenränder und -gräben sind übersät mit Fahrzeugen und im Stich gelassenem Kriegsgerät. Aber dieser einspurige Verkehr genügt, denn nach Osten kann keiner mehr.

In einer Rechtskurve beginnt die Straße sich wieder zu heben, und wie sie einer Anhöhe zuführt, ist der Wald zu Ende. Und da wissen wir Bescheid. Alle Unklarheiten über unser Schicksal sind in dieser Sekunde beseitigt, denn oben auf der Höhe steht ein englischer Panzer. An ein Entrinnen ist nicht zu denken. Es ist überhaupt nichts zu denken mit einem Kopf, der einem vorkommt wie ein aufgesteckter Brummkreisel. Und schließlich sollten wir ja schon früher das Denken den Pferden überlassen, weil die einen größeren Kopf haben! Jedenfalls damals, als ich noch bei der Bauernartillerie diente. Jetzt rattert der Funkwagen — ich bin fest überzeugt, daß mir die Motorisierung der letzten Wochen das Leben gerettet hat —, jetzt also rattert er, Modell 38, 3 Achsen, dem Panzer entgegen. Der steht offenbar seit Stunden so, denn rechts von ihm liegt ein riesiger Haufen Pistolen, links ein noch größerer von Karabinern. Dazwischen steht der Kommandant, in jeder Hand eine Pistole, an jedem Unterarm zwischen sechs und acht Armbanduhren. Nun sind wir bei ihm. Unser Fahrzeug hält, der VW steht bereits rechts von uns auf freiem Feld. Er reiht sich den Dutzenden von Fahrzeugen an, die schon dort stehen, ihre entwaffneten Besatzungen bei sich. „Come on!", höre ich sagen, und da ich auf dem rechten Kotflügel gesessen habe, komme ich mit einem Sprung der Aufforderung nach. „Have you any weapons?" Ja — ich trage eine Pistole. Der Tommy, offenbar wütend, daß ich nicht sofort reagiere, reißt mein Koppel auf, schiebt meine Pistole nach vorn und schmeißt sie in hohem Bogen auf den rechten Haufen. „Call your boys!", schreit er. Da klettern sie aus dem Kasten, außer meinen wenigen Funkern noch etwa acht fremde Landser, denn ich hatte unterwegs mitgenommen, was das Fahrzeug bergen konnte. Vor ihnen sind diejenigen am linken Haufen, die auf dem linken Kotflügel gehockt und hinten, auf dem Trittbrett stehend, am Wagen gehangen hatten. Sie werfen ihre Karabiner nach links, während der Tommy rund um das Fahrzeug geht und schließlich auch hineinguckt. Die Seitenleiter steigt er allerdings nicht hinauf, und bei der Schnellabfertigung, die er zu bewältigen hat, ist das auch nicht zu erwarten. So kann ich, nachdem sich meine Erstarrung gelöst hat, schadenfroh grinsen: Auf dem Dach liegt eine Kiste mit Panzerfäusten, ausreichend, diesem Schauspiel, das hier abrollt, allerseits ein jähes Ende zu bereiten. Ich winke dem Obergefreiten, und er setzt sich wieder hinter das Steuer, um nach rechts aufs freie Feld zu fahren, wohin die anderen nachtrotten.

Da stehen wir: Der Hauptmann und Batteriechef; der Spieß, die Verkörperung schlesischer Gutartigkeit; der Sani-Oberfeld, der nicht totzukriegen ist; Helmut, der ewig besorgte Rechnungsführer; Paul, der Koch, der in hohem Ansehen steht und es sich leisten kann, dafür zu sorgen, daß keiner beim Essenempfang angeschissen werden darf; und

schließlich Engelbert, mein Kamerad von den Strippen-
ziehern. Und dann noch der Waffenoffizier, der immer als
erster im Deckungsloch verschwand, wenn die heißen Koffer angerauscht kamen. Der Oberst, feinster baltischer Adel,
eine imponierende Erscheinung, ist nicht mehr bei uns.
Keiner weiß, wo er mit seinem Adjutanten und dem Ia
geblieben ist. Auch der Rest des Divisionsstabes ist nicht
mehr in unserer Nähe. Einer sucht Tuchfühlung mit dem
anderen. Was aufkommt, sind Parolen, wie ich sie schlimmer höchstens auf der größten Latrine hörte, auf der ich je
gesessen habe: In Dünaburg, dem großen Urlauberbahnhof;
vierundzwanzig Sitze nach jeder Richtung, also bei voller
Besetzung achtundvierzig einander zugekehrte Ärsche.

Mein leerer Kopf versucht zu begreifen, was alles hinter
mir liegt: Die Rekrutenzeit in Nürnberg, der erste Einsatz
im Osten mit der Einnahme von Kiew, der wunderschönen
Stadt am Dnjepr; der Marsch zurück nach Lemberg und die
Fahrt von dort durch das Buchenland, quer über die Kar-
pathen und durch die ungarische Tiefebene und Österreich
nach Grafenwöhr, wo die 99. leichte I. D. zur 7. Geb.-Div.
umgebaut wurde. Heimaturlaub, Weihnachten zu Hause und
viele Wochenendurlaube, einer schöner als der andere, — der
Schlammassel der Front war weit.

Im Mai schließlich wurde es wieder ernst. Frau und Kin-
der sind gekommen, mir „Leb wohl!" und „Mach's gut!" zu
sagen. Der Transport endet auf einem Frontbahnhof in der
Nähe des Wolchow. Dort sollten wir merken, wie sich der
Krieg inzwischen verhärtet hatte. In Reval wurde die Divi-
sion — sie hatte Frontlücken zu stopfen — wieder vereinigt.
Dann kam Finnland, in das hinein uns ein wochenlanger
Fußmarsch von Pietarsaari nach Kiestinki führte. Stellungs-
krieg in Sumpf und Wald, Kälte bis fast —40°, Schnaps zum
Aufwärmen. Im Mai 43 wurde ich denen zugezählt, die zur
Neuaufstellung der in Stalingrad untergegangenen
VI. Armee nach Frankreich kamen. Was mich bisher immer
wieder bereichert hatte, stellte sich auch hier ein: Ich genoß
die Überfahrt nach Danzig in vollen Zügen; desgleichen den
Eisenbahntransport quer durch Pommern und Mecklenburg
bis nach Lübeck und Hamburg. Dort wurde ich aus allem
Schönen, das ich gesehen hatte, jäh herausgerissen, denn ich
sah zum ersten Mal die Spuren des Heimatkrieges, von dem
wir draußen kaum eine Vorstellung hatten. Noch schlimmer
wurde es in Wanne-Eickel, wo wir nächtlichen Fliegerbomben mit knapper Not und heiler Haut entgingen. Dann
quer durch Belgien und den Norden Frankreichs.

An den Pfingstfeiertagen sah ich zum ersten Mal wieder gutgekleidete Menschen. Der Transport endete in Torigny-sur-Vire, gelegen in der einzigen Landschaft Europas, die den Namen mit dem Schnaps hat: Calvados. Nach Beendigung der Neuaufstellung wurde die neue 389. I. D. nach Osten in Marsch gesetzt, durch Frankreich, quer durch Deutschland, immer weiter nach Osten. Fast hoffte ich, Kiew wiedersehen zu können, aber davor bog der Zug nach Süden ab, und in Kamenka hielt er nach Tagen endgültig an. Ein Mal rückten wir noch gegen den Dnjepr vor, dann nie mehr. Es ging zurück in die Hölle des Kessels von Tscherkassy. Viele konnten über die Tragödie von Stalingrad berichten. Zu erfassen und in Worte zu zwingen, was sie für den einzelnen gewesen ist, kann keinem gelingen. Das gleiche gilt für die vielen anderen Kessel, die gebildet wurden; und es gilt auch für Tscherkassy, unter dessen Einwirkung Wochen später in den Lazaretten nachts noch geschrien wurde, weil keinen das Grauen verlassen wollte. Erstes Sammeln der Überlebenden, Transport ins Generalgouvernement und ins Protektorat, von da ins Lazarett, — das waren die den Strapazen folgenden Stationen der anschließenden „Erholung".

Danach wurde ich von meiner Heimatstadt Plauen im Vogtland aus — ich sah sie zum letzten Mal unversehrt — „in Marsch gesetzt", wie das in unserem Kommißdeutsch hieß. Ich sah das noch unbeschädigte Königsberg und hatte im Frontbahnhof Polozk auszusteigen. Die Wiedersehensfreude mit meinen Kumpels war von kurzer Dauer, denn schon Anfang Juli begann die Großoffensive, mit der der Iwan uns schließlich quer durch das östliche Baltikum bis in den Kessel von Kurland trieb. Vier der sogenannten Kurlandschlachten habe ich mitgemacht, und ich hatte mich bereits damit abgefunden, hier nicht mehr herauszukommen. Da kam am 29. Januar 1945 — ich kann das in meinem Kalender, den ich in der Feldblusentasche habe, nachlesen — der Marschbefehl nach Frauenburg, Preekuln und Libau zum Verladen Richtung Heimat.

In Danzig-Neufahrwasser kamen wir an. Wir trauten unseren Augen nicht: „Wer plündert, wird erschossen!" stand an zahlreichen Häusern. In unserer intakten Heeresgruppe Kurland hatten wir keine Ahnung, daß es schon so weit gekommen war. Und im Baltikum hatten wir auch nur fremde Flüchtlinge gesehen. Hier aber stauten sich deutsche, meist alte Männer, Frauen und Kinder. Zu Schiff, in Eisenbahn- und LKW-Transporten und schier endlosen

Trecks waren sie hier zusammengeströmt mit Hoffnung auf das Wunder einer baldigen Heimkehr nach West- oder Ostpreußen oder zumindest eines Weiterkommens nach Westen. Wir waren ein kleines Vorkommando und bekamen Quartier in einem alten Speicher nahe der Mottlau. Es war Zeit genug, die alte Hansestadt zu bestaunen: St. Marien, das Krantor, den Artushof, den Langen Markt. In einer Buchhandlung konnte ich noch Bücher kaufen, in einem Hotel wurde der Weinkeller planmäßig geräumt, so daß jeder Gast, wohlgemerkt markenfrei, vorzüglichen Flaschenwein bekam. Das alles geschah in einer unwirklichen, undefinierbaren Stimmung, gemischt aus Staunen, flüchtiger Geborgenheit und Untergang. Die Batterie kam nach, und der befürchtete Abtransport zum nächsten Einsatz erfolgte sofort.

Am nächsten Morgen kletterten wir in Konitz aus den Waggons. Und was dann kam, Richtung Norden durch das Kaschubenländchen, überstieg das Grauen von Tscherkassy bei weitem und fand seine schauerliche Krönung im Untergang Danzigs, das ich als letzte heile Stadt hatte bestaunen dürfen. Aus dem Kessel in der Weichselniederung kam ich zur Bildung eines Sonderstabs wider alles Erhoffen heraus. Von Schiewenhorst rutschten wir mit der „Seeschlange", einem Dampferchen, das Pontons hinter sich herzog, bei Nacht und Nebel über die Bucht nach Hela und wurden dort von Land und See und Luft eingedeckt, daß wir uns kaum bergen konnten. Die „Eberhard Essberger" lag derweil auf Reede. Kampfführen brachten uns längsseit und Rettesichwerkann ging es über Strickleitern auf den bereits mit Flüchtlingen vollgepferchten Kahn. Wer es nicht schaffte, hatte Pech und fiel ohne Aussicht auf Rettung ins Wasser! Keiner wußte, wohin der Pott schippern würde, als er sich gegen Mitternacht endlich in Bewegung setzte.

Von Bornholm war die Rede und von Jütland; aber an Land gingen wir — vorbei an Osternothafen, wo ich 1930 herrliche Ferien verbracht hatte — in Swinemünde. Von da nach Ahlbeck mit Soldatenkino und Rundfunkansprache zum 20.4.: „Wien wird wieder deutsch, Berlin bleibt deutsch!" Alsdann weiter wie gehabt! Zähne zusammenbeißen und mit dem letzten winzigen Hoffnungsschimmer weitermachen! In einem Zug, auf den niemand mehr gehofft hatte und der von Landsern und Flüchtlingen gestürmt wurde, kamen wir schließlich nach Pasewalk. Hier hatte der Führer erste einsame Entschlüsse gefaßt und gelobt, das Reich zu ungeahnter Größe zu führen. Na, bitte!

LKWs bringen uns am Stadtrand von Stettin entlang und dann nach Norden abbiegend schließlich nach Falkenwalde, das nun im Bereich der Oderfront liegt, der letzten, der endgültigen, an der niemand zu zweifeln hat.

Ich werde verrückt, denn die kleine Kolonne hält vor dem Alterssitz des Generalfeldmarschalls v. Mackensen, unserem neuen Quartier. Die Belehrung des noch anwesenden Adjutanten aus Kaisers Zeiten — Exzellenz wünschten bei der Rückkehr verständlicherweise alles wieder tipptopp anzutreffen! —, diese Belehrung fällt auf unfruchtbaren Boden: Am Abend inspizieren wir die Schränke, und ehe sich's einer versieht, bricht ein fürchterlicher Zauber aus mit den Uniformen seiner und den Ballkleidern ihrer Exzellenz selig. Im höchsten Maße peinlich berührt macht der alte Adjutant dem Spuk ein Ende. Solchermaßen gänzlich unverdient habe ich das Glück, in der Bibliothek des Marschalls schlafen zu dürfen. Zuvor finde ich Ruhe und Entspannung beim Stöbern in den Büchern, die eine längst vergangene Zeit lebendig werden lassen. Es ist ein kurzes Glück. Wir können eben noch den Geburtstag unseres Kommandeurs feiern — es gibt mehrere Runden Rum, den der Alte organisiert hat —, dann bricht neues Elend aus: Der Iwan hat sich einiger Oderinseln bemächtigt und macht sich stark zum Angriff auf breiter Front. Wir versuchen, was menschenmöglich ist, aber was ist zu tun mit schwerer Flak, die zur Artillerie umfunktioniert werden sollte und deren Zugmaschinen mangels Sprit nur noch wenige km fahren können? Was ist zu tun mit Infanterie, die großenteils aus widerwillig umbefehligten Marinern besteht, die das MG in geklauten Kinderkarren vor sich herschiebt? Nichts ist zu machen, außer abzuhauen, um die Knochen in Sicherheit zu bringen! Und das geschieht am brennenden Stettin vorbei quer durch Vorpommern und Mecklenburg, ausartend in regellose Flucht in himmelschreiendem Elend bis zu dem Platz, an dem ich nun stehe.

Dies alles und vieles mehr stürmt auf mich ein und droht mich zu erwürgen. Es ist wie ein mehrfach gerissener, falsch zusammengeklebter Film, und ein schauerlicher und schlechter dazu. Schlimm für mich, denn der hereinbrechende Abend verwischt dazu noch alle Konturen. Und reißt schließlich jählings ab: Die Anhöhe herauf holpert ein klapperiger Leiterwagen, gezogen von einem mageren Gaul, dem man das Äußerste abzufordern scheint. Auf dem Wagen französische Kriegsgefangene, die in überschäumender Freude, wie außer sich, lauthals die Marseillaise singen. Sie preisen das Vaterland, wir wissen nicht, ob wir noch eines haben.

Und während ich mir eine Zigarette anstecke und einen Brocken Schokolade aus der Tasche ziehe — eiserner Bestand, im letzten Augenblick in Güstrow aus einem Verpflegslager geholt, das ein Stabsintendant noch ordnungsgemäß übergeben wollte, mit allen Listen, versteht sich —, während ich das tue, habe ich keinen Trost mehr bereit.

Nicht so mein Batteriechef: Er studiert wieder und wieder den letzten Marschbefehl und ist überzeugt, daß er mit uns das Gut Dambeck trotz allem erreichen müsse. Das liegt laut Karte hart nordnordwestlich des Schweriner Sees. Ehe er seine Betrachtungen fortsetzen kann, kommt von irgendwoher ein Kommando, das nach Fertigmachen klingt. Jedenfalls kommt Bewegung auf, am meisten bei den Fahrern, die rasch die Hauben von den Scheinwerfern ziehen, so daß sich, als das Kommando zum Anfahren von Fahrzeug zu Fahrzeug weitergegeben wird, ein aufregender Anblick bietet: Wir — das ist eine Kolonne, die inzwischen auf fünfzig oder mehr Fahrzeuge angewachsen ist — fahren in friedensmäßiger Beleuchtung weiter in die Gefangenschaft. Die Straße führt im wesentlichen sanft bergab. Zu unserer Überraschung stehen da in regelmäßigen Abständen aber nicht englische, sondern amerikanische Posten. Es dauert nicht lange, und ich erkenne das Ortsschild „Bad Kleinen". Das soll wohl am Schweriner See liegen, wahrscheinlich im Norden. Und für einen Augenblick muß ich dem Hauptmann beipflichten in der Annahme, daß wir uns also doch in Richtung Dambeck bewegen. War die Gefangennahme doch nur ein Täuschungsmanöver, vielleicht um eine Neuaufstellung amerikanischer und deutscher Einheiten zu verschleiern? Vielleicht wir als Hiwis der Amis? Der Kopf macht kaum noch mit; dies alles ist nicht mehr zu durchdenken. Wir haben den Ort passiert, und damit sind auch — zum Glück, möchte ich fast sagen — die Spekulationen erst mal zu Ende. Da stehen nämlich amerikanische Posten mitten auf der Straße und weisen uns nach rechts in einen Feldweg, wo wir zu halten haben. Mensch, nun geht das Hinundherkurbeln schon wieder los! Unser kleiner Stab ist ja zusammengeblieben, und das hat natürlich etwas zu bedeuten. Besonders für den Hauptmann, der die Gefangenschaft einfach nicht wahrhaben will. Ich sei doch ein studierter Mann, und ob ich nicht englisch spräche. Er als Pfälzer sei nur mit französisch großgeworden. Mein Hinweis, ich würde mit meinen Englischkenntnissen bald am

Ende sein, mangels Gelegenheit und so, fruchtet nichts: Ich bin sein Dolmetscher.

Dann also los. Befehl ist ja immer noch Befehl. Im Augenblick ist mir das auch ganz recht, denn durch das Mißverhältnis zwischen der nackten Wirklichkeit und dem vom Wunschdenken bestimmten Tatendrang des Hauptmanns ist meine Verwirrung vollständig. Kurzum, wir streben dem nächsten Ami zu, und ich versuche klarzumachen, daß mein officer seinen officer zu sprechen wünsche. Er kapiert das und führt uns tatsächlich bis zum nächsten Haus rechts. Gleich hinter der Haustür geht es links in eine kleine gemütliche Bauernstube, notdürftig erleuchtet durch eine kleine Birne, die an eine Autobatterie angeschlossen ist. Nach minutenlangem Warten und Hinundherrufen, das man vom Hausgang hört, erscheint schließlich ein ebenso junger wie verschlafener lieutenant, mustert uns und läßt sich mißvergnügt in einen altmodischen Fauteuil fallen. Die fragenden Augen sind allerseits, aber der Hauptmann wird nun ja wohl gleich vorbringen wollen, worum es sich handelt. Der Ami kommt zuvor, indem er eine Packung cigarettes hervorkramt und davon anbietet. Mich lungert in diesem Augenblick so, da es mich schon in den Fingern reißt. Aber – o Schreck, o bittere Enttäuschung! – der Hauptmann lehnt brüsk ab. Der Boden unter meinen Füßen gerät ins Wanken. Mein Kohldampf ist doch so groß, daß ich ihn wieder mal, wie so oft in den letzten Tagen, hätte wegrauchen müssen. Statt dessen erleide ich die Pein des Mitriechenmüssens, denn der Ami hat sich selbstverständlich eine angesteckt. Und was für eine! Alle großdeutschen Einheitstabaksdüfte, alle Machorkaerinnerungen vergehen zu nichts angesichts dieser Herrlichkeit. Da sitzt wirklich der Sieger dahinter! Und welch herber finanzieller Verlust, denn als uns dergleichen by black market zugänglich wurde – sagen wir, ein halbes Jahr später –, da hatten wir zwischen RM 4,– und 8,– dafür zu zahlen.

Ich ringe um Fassung und wenig später um Vokabeln, denn nun macht der Hauptmann mit militärischer Knappheit klar, er habe einen Marschbefehl nach Dambeck und habe diesen auszuführen. Mit ihm seien soundsoviel Mann und soundsoviel Fahrzeuge mot. und er bäte dienstlich um die Marscherlaubnis noch heute nacht. Ein Deutschamerikaner kann er nicht sein, der sich da zunehmend im Sonntagsfauteuil räkelt, denn er guckt verständnislos bald zum einen und bald zum anderen. Und die Langeweile, die er ausstrahlt, ist provozierend. Na –, nun bin ich dran! Du liebe Güte —, auf der Penne war es doch gar nicht schlecht mit meinem Englisch. Nun kratze ich in meinem armen Kopf zusammen, was davon geblieben ist. Es ist kümmerlich. Die mißbilligenden Blicke des Hauptmanns und die überlegenen des lieutenants aus God's own country bestätigen es. „We have to go to Dambeck. We have order. Please, allow!" Was die Sprache nicht hergibt, sollen Hände und Augen verdeutlichen. Aber auch ein Hinweis an Hand der Karte kann nicht helfen. Dem Kauderwelsch ist nach langem Hinundher zu entnehmen, daß er, der lieutenant, für uns nicht responsible sei. Es reicht ihm nun auch mit uns. Er greift zum Feldtelefon und spricht offenbar mit einem Vorgesetzten. Ich höre noch etwas von „colonel, two German officers (schönen Dank für die Beförderung!), who want to go to Dambeck" und dann nimmt diese unwirkliche Szene ihr Ende.

Aber gleich wird ihr die nächste folgen: Der Posten fordert uns durch Fuchteln mit der MPi auf, zu gehen. Er dirigiert uns in der Dunkelheit über die Straße. Vermutlich haben wir ein Tor passiert und befinden uns nun auf einem großen Gutshof. Er ist vollgestellt mit Fahrzeugen, dazwischen lärmende GI's. Die Tragikomödie, zu deren Akteur ich geworden bin, scheint nun den letzten Sinn verloren zu haben; aber der Hauptmann hat immer noch sein Stichwort „Dambeck" parat, das er gleich dem nächsten Akteur geben wird. Das ist ein sergeant auf der Treppe des Gutshauses, dem wir sichtlich ungelegen kommen. Mißmutig führt er uns ins Haus und ist froh, daß er uns dem nächstbesten Offizier übergeben kann. Mein Englisch ist inzwischen nicht besser geworden, und so ergibt das nachfolgende Palawer eigentlich gar nichts. Wir haben in der Halle zu warten.

Die ist vollgestellt mit Kochmaschinen, wie ich sie noch nie gesehen habe. Und die Düfte, die ihnen entsteigen, sind das Äußerste, was man einem Ausgehungerten zumuten kann. Das Wasser läuft mir in derartigen Mengen im Mund zusammen, daß ich kaum noch dagegen anschlucken kann. Dann überkommt mich eine ganz gemeine Scheißangst, es könnte mir schwarz werden vor Augen und ich könnte zusammensacken, ausgerechnet jetzt, wo ich die Jahre an der Front unversehrt überstanden habe. Aber wider Erwarten überwinde ich die Qual. Mit einer erstaunlichen Ungerührtheit kann ich das Ende der Essenausgabe abwarten. Ich bin sogar so weit, daß ich ohne Neid registriere, daß die Sieger in drei Gängen speisen. Wann waren wir zuletzt in solch glücklicher Lage? ! Nun stehen wir immer noch und warten.

16

Dambeck rückt inzwischen in unerreichbare Ferne. Und es löst sich in nichts auf, als endlich in den Nebenraum, in den man uns gebracht hat, ein gefangener deutscher Nachrichtenoffizier im Majorsrang geführt wird. Endlich ein Dienstgrad, denke ich, auf den auch mein Hauptmann zu hören hat. Und endlich ein Deutscher, der fließend englisch spricht, stelle ich mit Erleichterung fest. Der anwesende amerikanische major — so viel verstehe ich doch — macht deutlich, daß wir amerikanisch POW's seien, Befehle abzuwarten und demnach hier auf dem Regimentsgefechtsstand nichts zu suchen hätten. Damit es auch der Hauptmann kapiert, übersetzt der Nachrichtenoffizier. Am Schluß tut er ein übriges, indem er leise hinzufügt: „Hauen Sie ab. Aber schnell!" Der Hauptmann salutiert mit versteinertem Gesicht, ich schlage die Hacken zusammen — gelernt ist gelernt! —, und der Vorhang fällt. Mangels Publikum haben wir weder Applaus noch Buhrufe zu erwarten. Der Posten bringt uns in die Wirklichkeit zurück. Als er an der Straße zurückbleibt, ist auch der Lichtkegel seiner Taschenlampe weg, und wir tasten uns mühsam zu unseren Fahrzeugen zurück. Es mag inzwischen 23.oo Uhr geworden sein; ich falle neben dem Fahrer meines Fahrzeugs in den Schlaf der Erschöpfung, zu kaputt, um vorher noch eine Zigarette zu rauchen. Für heute kann mich erst mal die ganze Welt...! Und der Hauptmann im besonderen.

3.5.

In jeder Einheit gibt es Idioten, die glauben, vor allem in Nebensächlichkeiten, immer die Ersten sein zu müssen. So beginnt die Unruhe, zuerst ein Rumoren, dann der bei Landsern übliche Lärm — einer wirft sogar den Motor an, um zu prüfen, ob er noch fahrtüchtig ist — bereits bei Sonnenaufgang. An Weiterpennen ist nicht mehr zu denken. Wie gerädert steige ich aus, gucke fröstelnd um mich, ohne die Situation zu begreifen. Erst eine Zigarette bringt mich in die Wirklichkeit zurück. Was die Verpflegung angeht, so kann auch Paul nicht mehr helfen. Da ist jeder sein eigener Fourier. Wir Funker haben zum Glück noch ein Brot und gönnen uns davon eine Scheibe. Wieder kommen Parolen auf, aber von einem Zusammengehen mit den Amis spricht nun keiner mehr. Statt dessen kommt ein Marschbefehl: Um 10.oo Uhr werden wir weitergeleitet werden.

Eine große Kolonne formiert sich, angeführt, durchsetzt und beschlossen von amerikanischen Jeeps. Und dann beginnt die Fahrt. Keiner weiß, wohin. Ein Ortsschild belehrt uns darüber, daß wir Schwerin erreicht haben. Wir atmen erleichtert auf, denn für unsere Frontbegriffe ist die Stadt fast heil geblieben. In den Straßen drängen sich Flüchtlinge; sie wissen so wenig wie wir, wohin sie noch kommen werden. An einer Kreuzung biegen wir nach rechts ab und fahren nun in nordwestlicher Richtung weiter durch die Stadt. An ihrem Ende kommen wir an eine große Kaserne, die offenbar von den Amis belegt ist. Aber davor ist ein riesiges Gelände für die deutschen Gefangenen freigehalten, von denen viele schon da sind, als unsere Kolonne ankommt. Weitere kommen in kurzen Abständen dazu, und am Nachmittag sind es Tausende; für den, der dazwischensteht, eine unübersehbare Menge. Die Fahrzeuge sind in Reih und Glied seitwärts abzustellen, und wir haben sie zu verlassen. Nur unser weniges persönliches Eigentum dürfen wir mitnehmen. Wir versuchen zusammenzubleiben, als wir in die hin und her wogende Menge zurückkehren. Das ist ein heilloses Durcheinander aller möglichen Dienstgrade, aller Altersstufen, aller Waffengattungen, aller Mundarten von Nordschleswig bis Südtirol, vom Elsaß bis ins Memelland.

Aber bald soll Ordnung in dieses Durcheinander kommen: Irgendjemand bringt die Parole auf, alle hätten sich um einer schnellen Entlassung willen geordnet nach Postleitzahlen aufzustellen. Noch nie habe ich so drastisch bestätigt gefunden, was für ein blödes Herdenvieh der Mensch sein kann! Die ganz Eifrigen haben lange Stöcke organisiert — der Teufel weiß, woher! — und befestigen daran Pappdeckel mit der jeweiligen Postleitzahl. Sie stellen sich in größeren Abständen, Front zum Kasernengelände, auf; die 1, wie sich's gehört, am linken Flügel. Ihr folgen — Es lebe die deutsche Gründlichkeit! — alle höheren Nummern. Und nun bricht ein Schieben und Drängen und Sichdurchboxen aus, wie es sich der, der es nicht miterlebt hat, nur schwer vorstellen kann: Am besten sind die dran, die nur noch einen Wäschebeutel besitzen, denn sie kommen am leichtesten durch das Gewühl. Gestraft sind die, welche, meist Angehörige von mot. Einheiten, schwarze Verpflegung in Säcken und Kisten zu transportieren haben. Die müssen sich schinden und ecken überall an, wie sie sich zu ihrem Ziel durchquälen. Manchmal hat man den Eindruck, die deutsche Sprache bestünde nur noch aus wenigen Vokabeln, denn bald hört man nichts mehr als: „Platz! Halt die

Schnauze! Leck mich am Arsch!" — Das alles dauert Stunden. Als es zu dunkeln beginnt, ist die neue Ordnung hergestellt. Ich höre zwar nur noch fränkische Laute in der Kolonne 13a um mich, habe dafür aber keinen meiner Kameraden mehr bei mir. Und der Abschied war zu flüchtig, da war keine Zeit mehr für ein gutes Wort.

Ja — und nun stehen wir also. Und stehen und sitzen in den Abend hinein. Und während einer ganzen langen und kalten — Feuermachen natürlich verboten! — Mainacht. Kein Schlaf, keine Verpflegung —, nichts außer ein paar Zigaretten, die auf den leeren Magen schon lange nicht mehr schmecken, und dem Rest einer Tafel Schokolade, die man vor quälendem Durst kaum hinunterkriegt. Und vor allem: Die Amis bewachen uns wie zuvor, sicher unfähig zu begreifen, was sich die Deutschen da geleistet haben. Ab und zu das Licht einer Taschenlampe. Hin und wieder eine Leuchtkugel, damit die Bewacher sehen, daß wir noch immer geordnet stehen. Selbstverständlich kommt keiner von ihnen, um die angebliche Schnellentlassung in Gang zu bringen. Als der Tag heraufkommt, ist endlich klar, daß wir allesamt einem Spinner zum Opfer gefallen sind. Daran können auch alle Kraftausdrücke, die nun massiver als zuvor laut werden, nichts mehr ändern.

4.5.

Vormittag kommt erneut Bewegung in die Massen: Die Offiziere schreien sich heiser, und wer etwas hört, sagt's schnell weiter, denn nun suchen sie die Trümmer ihrer jeweiligen Einheit wieder zusammenzubekommen. Ob es allen gelingt, weiß ich nicht. Aber unser Hauptmann hat Erfolg: Gegen Mittag sind wir wieder beisammen und feiern das Wiedersehen, freilich mit nichts als rauher Herzlichkeit, wie sie unter Landsern üblich ist. Es heißt, wir kommen heute weg von hier. Wohin, weiß niemand. Auf jeden Fall soll die Verlegung mit den eigenen Fahrzeugen erfolgen. Wie ich zu unserem Funkwagen komme, muß ich feststellen, daß er aufgebrochen wurde: Die Funkgeräte sind „rausorganisiert", ein Kanister Schnaps, den ich letzte Woche ergattern konnte, und das Brot, das ich als letzte Reserve gehütet hatte, sind verschwunden, so wird der Kohldampf also noch quälender werden.

Am zeitigen Nachmittag ist es dann so weit: Eine große Kolonne formiert sich aus unseren Fahrzeugen. An die

Spitze setzt sich ein Jeep. Wir erreichen die nach Nordwesten führende Straße und fahren –, ich weiß nicht mehr, wie lange. Ich bin mit meinem Fahrzeug hinter dem Jeep. Der hält plötzlich. Ich höre von dem amerikanischen Offizier, der nach links deutet: „Here camp." Der Fahrer biegt im rechten Winkel ab, und über eine schmale Brücke, die eine Eisenbahnlinie überquert, fahren wir in einen großen Buchenwald oberhalb eines Sees. Da sind wir nun –, Arme und Reiche. Die einen haben weder eine Zeltbahn noch irgendeine Verpflegsreserve. Die fallen bei der ersten besten Gelegenheit apathisch irgendwo um und versuchen das ganze Elend zu verpennen. Die anderen sind besser ausgerüstet; sie haben noch Decke und Zeltbahn, noch eine kleine Verpflegsration, Zigaretten und teilweise sogar noch eine Feldflasche voll Schnaps. Sie richten sich ein, wie man so sagt, und bleiben über unserer mißlichen Situation. Meine Verhältnisse sind zum Glück so, daß ich zwar nicht üppig leben, aber doch mit allem fertigwerden kann.

7.5.

Mit Dösen in den spärlichen Sonnenstrahlen tags, mit Frieren nachts, mit quälenden und doch fruchtlosen Gesprächen über das „Warum", mit Zufallsverpflegung und gelegentlichem Organisieren unseres zusammengewürfelten Waldlagers gehen zwei Tage dahin. Für das Morgen weiß keiner etwas, für das Heute hat keiner einen Trost, nur das Gestern wird gelegentlich lebendig, wenn einer sagt: „Weißt Du noch? Damals!" Hin und wieder wird irgendeine Ansage durch den Wald weitergegeben, meistens quittiert durch ein vielstimmiges: „Nu leckt uns doch endgültig am Arsch!"

Da höre ich wieder mal: „Alle Mann herhören und hier auf die Höhe kommen!" Die meisten quittieren wieder wie gehabt. Ich aber erkenne auf der Höhe, flankiert von zwei Offizieren, einen Zivilisten: groß gewachsen, abgemagert wie wir alle, schäbiger Kamelhaarmantel, der seinen Träger früher sicher einmal vor anderen ausgezeichnet hat, schäbiger Hut zwischen den Händen, dastehend und auf Zulauf wartend. Der Kohldampf hält uns nieder. So geht aus meiner Umgebung niemand auf die Höhe. Mich aber stellt die Neugierde auf die Beine, und ich gehe in die angegebene Richtung. Und ich traue meinen Augen nicht –, nein, das ist unmöglich, das kann er einfach nicht sein, nein, das gibt es nicht, Aber er ist es doch: Mathias Wieman, das männliche Filmidol unserer Jugend. „Unternehmen Michael" schießt es mir durch den Kopf, damals in Leipzig, wo ich die Darstellung eines Frontoffiziers aus dem ersten Weltkrieg mit Erschütterung bewundert hatte. Ich möchte am liebsten auf ihn zugehen, um ihm die Hand zu drücken. Inzwischen sind aber andere herangetreten, so daß ich das unterlasse. Insgesamt ist es nur ein kleines Häuflein, das sich vor ihm aufbaut und ihn anstaunt, genau wie ich. Zunächst ergreift der Oberst das Wort: Der Staatsschauspieler M. W. sei in Berlin total ausgebombt und auf der Flucht zu seinem Stab gestoßen. Nun sei er hier, uns in unserem Elend beizustehen. Man sei ihm dafür zu großem Dank verpflichtet. Dann spricht M. W. selbst, stockend zuerst, dann immer lebhafter und leidenschaftlicher: Es gibt kein Ende, das nicht zugleich einen neuen Anfang in sich birgt. Und wenn wir die Zeichen dieser schrecklichen Zeit nur recht verstehen, dann wird sich der Geist über alles Elend erheben und uns einer besseren Zukunft entgegenführen. Beschwörend bittet er jeden von uns, ihm nach Kräften bei seinem Vorhaben zu helfen. Nach der Bitte um Wortmeldungen tritt minutenlanges Schweigen ein, so überrollt sind wir von dem, was wir gerade so gänzlich unverhofft gehört haben. Plötzlich sagt neben mir ein Unteroffizier mit kesser Berliner Schnauze: „Wenn ick 'n Akkordeon hätte, brächt ick die janze Meute hier in Schwung. In Balin ha' ick nur in erste Häuser jespielt." Das klingt ungewöhnlich in dieser Situation, aber der Bann ist gebrochen. Und so melde ich mich denn auch zu Wort und schlage vor, es solle bald ein Chor ins Leben gerufen werden. Das findet Zustimmung mit dem Hinweis, ich solle mich in den nächsten Tagen beim Ic melden; dann könne man alles weitere besprechen.

Was hier im ersten Anlauf getan werden konnte, ist zunächst geschehen. M. W. muß weiter, um im ganzen großen Bereich ebenfalls zu gemeinsamem Tun aufzurufen. So gehen wir auseinander und zu unseren Kumpels zurück. Mich erfaßt eine tiefe Erregung, und ich komme in den nächsten Tagen nicht mehr zur Ruhe. Wenn man nichts mehr hat, als das durch Jahre hindurch gerettete Leben, dann kann einen das Pläneschmieden die rauhe Wirklichkeit bald ganz vergessen lassen.

8.5.

Waffenstillstand an allen Fronten.

Jahre später erfahre ich, daß die Reste der Heeresgruppe Kurland und die Trümmer meiner alten Einheit im Weichselbrückenkopf samt und sonders in russische Gefangenschaft geraten sind und, wenn überhaupt, erst nach Jahren heimkehren konnten.

9.5.

Ohne jede Vorankündigung haben wir um 6.oo Uhr morgens unsere Notunterkünfte abzubauen, Latrinen zuzuschütten, unsere Sachen zu packen, die Fahrzeuge startbereit zu machen. Wieder bildet sich unsere Kolonne, wieder fährt ein Jeep voraus und wieder wissen wir nicht, wohin die Fahrt gehen wird. Auf Parolen kann man ohnehin nichts geben. Jedenfalls erreichen wir das sogenannte „Lager Weiß", ein riesiges Luftzeuglager, dicht an einem See gelegen. Große Lagerhallen mit Gleisanschlüssen, Betonstraßen, Baracken unter Kiefern, sandige Nebenwege —, alles weiträumig angelegt und daher gar nicht zu übersehen. Die Fahrzeuge sind abzustellen und endgültig zu verlassen. Auf dem Funkwagen liegen immer noch die Panzerfäuste; sie werden nun also ganz diskret planmäßig übergeben. Wir bekommen unsere Zeltplätze am Rande gleich hinter dem Zaun mit Blick übers weite Land. Hier läßt sich's erst mal leben, hier kann der Sommer schön werden. An die Zukunft ist freilich nicht zu denken, denn wir müssen zunächst die Zelte errichten und für unseren kleinen Bereich tun, was uns möglich ist. Gut so! Nur keine lähmende Langeweile! Am Abend können wir das gute Gefühl haben, daß etwas geschehen ist, was uns ein ganz kleines Stück vorangebracht hat.

10.5.

Vormittag wird durchgesagt, wir sollten uns bereithalten zur Besichtigung durch unseren neuen „Kommandeur", einen Obersten. Der Kommentar läßt nichts aus von dem, was in jedem Landserlexikon steht. Und da heißt es auch schon: „Vor den Zelten antreten!" Gibt's das noch? Jawoll, das

gibt's! Und es gibt auch Kritik am Zeltbau und so. Und wir hätten nun Steine zu sammeln, um geschmackvolle Einfriedungen zu schaffen und so. Und wir hätten uns der soldatischen Haltung zu befleißigen, die man noch immer erwarten dürfe und so. Hören wir richtig? Jawoll, wir hören. Als er sich mit seiner Begleitung zum Gehen wendet, können wir mit Verachtung nur feststellen, daß dieser „Heimattreue" sich total vergriffen und lächerlich gemacht hat.
— Später sah ich ihn, wie er Kohlen in seine armselige Flüchtlingsbehausung schleppte. Da merkte ich, daß der Kommiß zu Ende war, jedenfalls so wie er ihn verstanden hatte.

11.5.

Bei einem ersten Gang durch einen Teil des Lagers — zu viel kann man sich bei der unzureichenden Verpflegung nicht zumuten — treffe ich auf einen jungen Flaksoldaten: Nicht groß, blond, Milchgesicht, sieht nach Notabitur aus. Ich weiß nicht mehr, was uns aufeinander zugehen ließ. Auf jeden Fall sage ich meinen Namen, worauf er belustigt sagt: „Alexander Wagner aus Berlin." Wir duzen uns, nachdem ich ihm die Anrede: „Herr Wachtmeister" abgewöhnt habe. Was er denn zu tun gedenke? Nun, die Jüngsten wie er würden wohl am ehesten entlassen werden, und er hoffe, auf jeden Fall hier bald abhauen zu können. Er müsse allen Widerständen zum Trotz bald anfangen zu studieren. Was denn? Musik natürlich; etwas anderes käme für ihn nicht in Frage. Für mich ist es das erste Mal seit Jahren, daß ich mit einem Gleichgesinnten über Musik sprechen kann. Glücklich über unser Zusammentreffen sind wir bald ins Fachsimpeln vertieft; er meist fragend, ich aus meinen bisherigen Erfahrungen berichtend. Ich hatte festgestellt, daß meine Erinnerungen an die Vorkriegszeit sehr stark eingeschränkt waren. So oft meine Gedanken in diesen Tagen lebendig wurden, waren sie immer irgendwo an einer Front hängengeblieben. Was davor gewesen war, war wie von einem Schleier verhängt, den ich nicht zu durchdringen vermochte. Jetzt ist es das erste Mal, daß er sich lichtet: Ich kann von allem berichten, was ich als Musiker bisher erlebt habe. Wir gehen in die Richtung auf mein Zelt und setzen uns ins Gras nahe dem Zaun. Und ich erzähle von meinem Studium in Leipzig, von der harten Arbeit als Korrepetitor am Reußischen Theater in Gera, von der interessanten Tätigkeit, zuletzt als Leiter

der Schauspielmusik, in Nürnberg und von meiner HJ-Spiel-
schar, von der mir vor Jahren der Abschied besonders
schwer geworden war. Wir sprechen von der kommandier-
ten Kultur im Dritten Reich und davon, daß nun, falls wir
tatsächlich überleben würden, alles anders und besser werden müsse. Und ich spreche schließlich von der Begegnung
mit M. W. und bitte Alexander zu gemeinsamem Neuanfang
bei mir zu bleiben. Aber er ist nicht zu gewinnen. Es drängt
ihn fort, um auf eigene Füße zu kommen. In der ersten
Abenddämmerung gehen wir mit guten Wünschen auseinander. Wir haben uns nie wiedergesehen.

Er ist seit Jahren Professor an der Nordwestdeutschen
Musikakademie in Detmold.

12.5.

Seit wir Kurland verlassen haben, hat die Läuseplage erheblich abgenommen, aber hin und wieder spürt man doch, wie
einem die eine oder andere noch unters Hemd oder in die
Unterhose kriecht. Da werden Erinnerungen an böse Zeiten
lebendig: Man denkt an Feldwachen bei klirrendem Frost,
wo man glauben konnte, die Biester hätten einen verlassen.
Kaum aber kam man in die Wärme zurück, feierten sie
schamlos wahre Orgien unterm Hemd und ließen einen
nicht mehr zur Ruhe kommen. Für uns Nachrichtenleute
waren da die Fernsprech- und Funkwachen geradezu be-
gehrt, denn dabei ergab sich die beste Gelegenheit zur Jagd:
Hemd runter, Hose auf und dann mit Kennerblick und Fingerspitzengefühl auf sie! Nicht auf den freien Flächen, nein,
in den Nähten saßen sie; große, kleine, junge schlanke, alte
fette; helle, die noch nicht gesogen, und dunkle, die sich
gerade vollgepumpt hatten. Und dann gab es kaum noch ein
Entkommen, denn zwischen den Fingernägeln hauchten sie
ihr frivoles Dasein aus. Nachts war man dieser Arbeit enthoben. Da war es das besondere sadistische Vergnügen, sie
im flüssigen Wachs des Hindenburglichts ihr Leben beschlie-
ßen zu lassen, während die schlafenden Kameraden, sich
kratzend und gelegentlich stöhnend, noch immer diese Pein
über sich ergehen lassen mußten. Eine Strichliste über ge-
habte „Abschüsse" war dem nachfolgenden Posten ein
schöner Ansporn zu eigener Jagd!

Jetzt sind wir sie allesamt los! Kann man sich vorstellen,
was das bedeutet? Es ist wie ein Geschenk des Himmels! Es
scheint uns eine geradezu unverdiente Vergünstigung zu

sein, die wir auf der Stelle noch gar nicht ganz begreifen können. Die Klamotten stinken zwar nach Lysol, aber darunter befindet sich ein Körper, sauber und lecker, wie seit Jahren nicht mehr! Und welch ein Genuß, sich zusätzlich noch ein sogenanntes Kulturbad zu gönnen: Dazu braucht man nur einen Eimer Wasser, Einheitsseife und womöglich noch einen Kumpel, der einem den weißgrünen Seifenschlamm mit einer Zusatzdosis Wasser abspült. Trocknen mit Handtuch und klarem Maiwind, der nach Kiefern duftet, und man ist wie neu geboren. Das Selbstbewußtsein hebt sich, denn nach einem ungläubigen Blick in die Unterhose hat man festgestellt, daß auch die allerletzte Laus verreckt ist. Wer's noch nicht glaubt, der kann ein kleines Fusselchen — das ist ihre sterbliche Hülle — im Wind verwehen lassen und ihm triumphierend nachschauen.

Beglückt ob solcher Begebenheit und mit einem letzten Gruseln an Gewesenes kann ich am Abend ins Zelt kriechen, den Schlaf des Gerechten zu schlafen.

13.5.

Es ist Sonntag. Ich setze der gestern eingekehrten Sauberkeit noch die Krone auf, indem ich frische Wäsche anziehe, die sich noch in meinem armseligen Gepäck findet. Einer leiht mir Kleiderbürste und Schuhputzzeug; so bin ich nach der entsprechenden Prozedur, selbstverständlich schon wieder gewaschen und rasiert, fast paradefähig. Gespräche mit den Kameraden nach dem Frühstück — „Karo-Einfach", belegt mit Daumen und Zeigefinger, gut verrührt mit der Zunge, dazu zwei Becher vom schäbigsten Muckefuck — bringen nicht viel.

Mir steht der Sinn nach anderem: Ich möchte wissen, wie die Aktion Wieman weitergehen wird und wie ich mich dabei nützlich machen kann. So gehe ich los, um Erkundigungen einzuziehen. Ich habe schneller Erfolg, als ich dachte, denn wie ich an die große Lagerstraße komme, sehe ich in einem Kasten die Ankündigung der ersten Veranstaltung. Heute nachmittag um 16.00 Uhr soll unten am See eine Feierstunde stattfinden. Alle sind herzlich eingeladen. „Wat heeßt hier Feiastunde, wa?" „Was ham wir denn zu feiern in dera beschissenen Zeit?" Mensch hab'n die Nerven! Feierstunde! Die wissen wohl noch nicht, wie wir auf die Schnauze gefallen sind? Verrückt!" Diese und ähnliche Äußerungen werden laut von den Kumpels, die mit mir den Aushang le-

sen. In mir steigt eine jähe Freude auf. Feierstunde her —
Feierstunde hin; jetzt geschieht etwas. Zum ersten Mal wird
der Versuch unternommen, die Gefangenen — es sollen
10 000 bis 12 000 im Lager sein — aus ihrer Niedergeschla-
genheit herauszubringen.

Und ich muß hin. Ich muß dabeisein. Die Zeit bis dahin
ist mir jetzt schon viel zu lang. Die Vorfreude nimmt so zu,
daß das Warten zur Qual wird. Ich tue das Meine zur Wer-
bung, vor allem im Kreis meiner Kameraden. Aber da finde
ich nur ein geringes Echo, und als es an der Zeit ist, den
Platz am See zu suchen, gehen nur wenige mit mir. Unten
am Ufer ist eine große Senke. Da steht ein Leutnant und
weist uns ein. Der Tag ist sonnig und schön, der See und das
Land ringsum gleichen einem Bilderbuch. Der Zuschauer-
platz füllt sich, aber längst nicht so sehr, wie ich mir das
vorgestellt hatte. Als es auf 16.oo Uhr geht, mögen sich,
wenn es hoch kommt, etwa hundert Landser aller Dienstgrade und Waffengattungen eingefunden haben. Nun gut —,
es ist ja auch erst der erste Anfang! Mein Platz ist — sagen
wir, 1. Parkett — am Rande der Senke, und ich vermute,
daß Wieman sich auf den Hang etwas seitlich von mir stellen
wird. Und so geschieht es, denn als er den Weg herkommt,
bleibt er tatsächlich an dem Platz stehen, den ich mir für
ihn ausgedacht hatte. Keine Begrüßung, keine Förmlichkeit.
Alle Blicke sind ihm zugewandt, wie er die Szene, die sich
bietet, zu erfassen sucht. Sie ist ihm offenbar so ungewohnt
wie uns, denn sein Gesicht ist gesammelt und läßt die Konzentration ahnen, die notwendig ist, nicht nur vor der Ka-
mera in Neubabelsberg oder auf den Bühnen der großen
Theater zu bestehen, sondern auch vor uns, den Geschlagenen, den Ausgedörrten, die nun nach Jahren darnach lech-
zen, etwas Außerordentliches zu erleben. Was wird er uns
zu sagen haben? Wird er eine Ansprache halten, werden
nach ihm noch andere sprechen wollen, vielleicht Offiziere? Oder wird er etwas vorlesen oder aus seinem Leben
erzählen? Keiner weiß das. Dadurch erreicht die Spannung
ihren Höhepunkt.

In diesem Augenblick „geht er in Stellung", d. h. er
wechselt mehrfach die Beinstellung, bis er festen Stand gefunden hat, wendet mit den ihm eigenen ruckartigen Bewe-
gungen den Kopf in verschiedene Richtungen, wie um nach-
zusehen, daß überall Ruhe herrscht, und dann sagt er mit
lauter Stimme: „Fangen wir an!" Und ehe sich's einer versieht, vernehmen wir:

> Der Mensch hat nichts so eigen,
> so wohl steht ihm nichts an,
> als daß er Treu erzeigen
> und Freundschaft halten kann.

Das ist in dieser Situation ungeheuerlich! Das ist nach Jahren des Sieges, nach Jahren der Niederlage, nach Flucht und Zusammenbruch einfach nicht zu fassen. Wir sind in diesen Sekunden verdutzt, ratlos und der Hilflosigkeit ausgeliefert. Murmelnde Stimmen: „Was soll das bloß! Da sieht man's wieder, daß ein Zivilist den Soldaten einfach nicht verstehen kann!" Während ich versuche, meiner eigenen Verwirrung Herr zu werden, höre ich die Stimme in der ihr eigenen unverwechselbaren Sprachmelodie wie aus der Ferne:

> Das Leid einander klagen,
> so uns betreten hat.

Und:

> Mit diesen Bundsgesellen
> verlach ich Pein und Not,
> geh auf den Grund der Höllen
> und breche durch den Tod.

Dann haben wir uns gesammelt und lauschen der Stimme voller Ergriffenheit. Wir vernehmen klar den Schluß des Gedichts:

> Ich bin auch ihnen wieder
> von Grund der Seele hold,
> ich lieb euch mehr, ihr Brüder,
> als aller Erden Gold!

Da sind wir endgültig in Bann geschlagen. Es herrscht atemlose Stille. Nichts rührt sich. „Das war ein Gedicht von Simon Dach, und ich habe vor, Ihnen weitere Gedichte aus der Zeit des Barock nahezubringen", sagt M. W. Und dabei hält er einen kleinen Gedichtband in Händen, vermutlich eine Anthologie. Ihr entnimmt er einen Zettel, auf dem sein Programm skizziert ist, überblickt ihn kurz, vergewissert sich noch einmal und spricht weiter: Verse von Andreas Gryphius, Angelus Silesius, Friedrich v. Logau —, ich weiß sie nicht mehr alle. Es waren solche, die ich kannte, weil sie mir in der Schule verekelt worden waren; solche, die ich irgendwann und -wo während einer Kampf- oder Marschpause in einer kleinen zerknitterten Frontausgabe gelesen hatte. Es waren solche, die ich zum ersten Mal hörte und die mich darum besonders beeindruckten. Dazwischen

Texte alter Volkslieder —, ich hatte nie gewußt, daß sie, so gelesen, auch ohne Weise und Satz schon Musik sein können. Alles handelte von Leben und Tod, von der Natur, von Zeit und Ewigkeit, von der bisher verschüttet gewesenen Würde des Menschen und — trotz allem, was geschehen war — vom Wert des Lebens, eines schönen und einfachen Lebens, das wir neu zu beginnen hätten. Der Lobgesang klingt aus mit Paul Gerhardts Sommerlied:

> Geh aus, mein Herz, und suche Freud
> in dieser lieben Sommerszeit
> an deines Gottes Gaben.

Es endet mit der Strophe:

> Ich selber kann und mag nicht ruhn.
> Des großen Gottes großes Tun
> erweckt mir alle Sinnen.
> Ich singe mit, wenn alles singt,
> und lasse, was dem Höchsten klingt,
> aus meinem Herzen rinnen!

Da ist es ganz still, noch stiller, als in der vergangenen Stunde. M. W. überblickt seine Zuhörer und sagt: „Damit ist unser gemeinsamer Anfang gemacht. Ich wünsche Ihnen allen einen guten Rückweg in die Unterkünfte."

Einige gehen auf ihn zu und bedanken sich. Andere bleiben sitzen und überdenken, was über sie niedergegangen ist. Sie blicken über den See, und in ihren Augen ist nichts als Heimweh. Andere versuchen, mit einer Zigarette, zu der sie sich mit Fünfen zusammentun, über ihre Ergriffenheit hinwegzukommen. Ich selbst gehe an der Gegenseite den Hang hinauf. Ich kann mit einem „Dankeschön" nicht entgelten, was ich gerade erlebt habe. Es war mir zu sehr unter die Haut gegangen, wie man heute sagen würde. Ich laufe ziellos im Lager umher, und erst der Kohldampf treibt mich zur Zeit der Essenausgabe zu meinem Zelt zurück. Der Abend kommt und verklärt das Erlebnis dieses Tages.

14.5.

Es läßt mir keine Ruhe. Ich muß M. W. treffen. Da ich ihn in der Baracke des Ic vermute, gehe ich hin, und als ich davorstehe, sehe ich ihn mit einigen Offizieren bereits im offenen Fenster. Aber ich muß noch warten, wird mir gesagt. Also gehe ich auf und ab und male mir dabei aus, wie das bevorstehende Gespräch wohl verlaufen könnte. „Ooch zu Wieman?", sagt es neben mir. Ich erkenne den Dienstgrad, mache Front, nehme Haltung an und rassele, wie jahrelang geübt, herunter: „Jawoll, Herr Leutnant!" „Mann, lassense bloß den Leutnant weg. Ick heeße Biedermann, Otto Biedermann." Sowas Blödes: „Wachtmeister W., Herr Leutnant!", ist meine Antwort. So krampfig bin ich also geworden! „Nu woll mr uns mal vernünftig unterhalten." Und es beginnt ein langes Gespräch über Herkunft und beiderseitige Entwicklung und über die Pläne mit M. W. Am Schluß heißt es: „Ich heiße Otto, aber das hör ich nich so gern. Kannst Pit zu mir sagen." „Herzlichen Dank", sage ich und bin froh, daß mir der „Herr Leutnant" endgültig im Hals steckengeblieben ist.

Da werde ich auch schon gerufen. „Mach's gut und dann bis bald!", ruft Pit mir noch nach, und dann bin ich in der Baracke und stehe vor M. W. „Sie sind also Wachtmeister W. Bitte, Herr W. (die erste zivile Anrede nach Jahren!), setzen Sie sich. Erzählen Sie mir, was Sie mögen. Ich will gern zuhören." Da bricht es zum ersten Mal völlig aus mir heraus. Ich berichte ohne Hemmung von mir und meiner Entwicklung, was ich nur sagen kann. Es wird die Bestandsaufnahme meines bisherigen Lebens. Von allem anderen abgesehen, ist meine Dankbarkeit dabei deshalb so groß, weil mir hier zum ersten Mal ein Mensch zuhört, geduldig und mit aller Anteilnahme. Wie lange, weiß ich nicht mehr. Meinen Dank für die gestrige Stunde am See wehrt er ab, und dann geht das Wort unmerklich an ihn über. Ich erfahre, daß er noch vor wenigen Wochen in Prag gefilmt hat, in Berlin total ausgebombt, auf abenteuerliche Weise noch herausgekommen ist und sich dann mit seiner Frau auf die Flucht nach Norden begeben hat, im Koffer die letzten Habseligkeiten. Hier ganz in der Nähe, an der Straße nach Wismar haben beide bei einem Bauern ein notdürftiges Unterkommen gefunden. Nun sei er entschlossen, solange wie möglich, mit den Soldaten zusammenzubleiben. Da ergäben sich in dieser fürchterlichen Zeit die besten Möglichkeiten für kulturelle Arbeit und menschliche Hilfe. Und damit seien nicht nur unsere Offiziere einverstanden, sondern auch der amerikanische Lagerkommandant. Und mit einer Handvoll Gleichgesinnter würde er mehr aus allem machen können, als wir uns jetzt im Augenblick vorzustellen vermöchten.

„Einige Bücher habe ich schon aufgetrieben. Es sind auch Liederbücher dabei. Wollen Sie mal sehen? " Ich sehe

nach und entdecke eine Kostbarkeit: Das Aufrecht Fähnlein, Liederbuch für Studenten und Volk im Auftrag des
Bundes der Freischaren herausgegeben von Walther Hensel
(Dr. Julius Janiczek), verlegt bei Johannes Stauda in Augs-
burg, 1926. Da habe ich also die Erstausgabe des Lieder-
buches in der Hand, das, aus der Finkensteiner Singbewe-
gung entstanden, zu einem der grundlegenden Liederbücher
überhaupt geworden ist! Ganz unsicher und zaghaft frage
ich, ob ich das haben dürfte. „Alle Spender haben die
Bücher den gefangenen Soldaten geschenkt. Bitte nehmen
Sie es, und wenn Sie es für alle nutzbar machen, dann ist es
gut." Ich bin ganz verwirrt und sage unbeholfen meinen
Dank.

Pit steckt den Kopf zur Tür herein und fragt, ob er nun
auch einiges vorbringen dürfte. Er habe ja schon so lange
gewartet. Da verabschiede ich mich schnell. Mit der Kostbarkeit — das ist sie noch heute! — in der Hand gehe ich zu
meinem Zelt zurück.

15.5.

So oft es möglich ist, klemme ich mir das Buch, das ich
gestern bekommen habe, unter den Arm und setze mich
damit am Lagerzaun ins Gras. Es ist z. Zt. mein kostbarster
Besitz, eine schier unerschöpfliche Fundgrube zum Thema
Volkslied. Seine Sprache, seine Weisen quer durch fast alle
deutschen Landschaften, seine Geschichte, seine vielfältigen
Themen —, alles wird lebendig. Verschüttetes wird in mir
wieder frei, Neues lerne ich hinzu und fühle mich bestärkt
in dem Bemühen, diese Schätze bald mit Gleichgesinnten
zum Klingen zu bringen, denn ich bin zutiefst davon überzeugt, daß wir unsere Arbeit in dieser Zeit beim Volkslied
beginnen müssen.

Andere Liederbücher, die mir später in die Finger kamen, hielten vor Walther Hensel nur selten stand. So sollte
er für lange Zeit mein Lehrmeister bleiben, vor allem dann,
als es galt, selbst Volkslieder zu sammeln und herauszu-
geben.

16.5.

M. W. hat mir Bescheid sagen lassen, daß ich morgen mit
ihm nach Schwerin fahren soll. Der amerikanische Lager-

kommandant hat sich davon überzeugen lassen, daß wir Bücher und Noten für unsere Arbeit besorgen müssen.

17.5.

Am Schlagbaum, dort wo die große Straße das Lager verläßt, steht ein Jeep mit Fahrer und Beifahrer, beide bewaffnet, versteht sich. Ich weiß nicht, ob das unserer ist, und warte daher erst mal ab. M. W. kommt. Wir begrüßen uns herzlich, und sogleich führt er mich zu dem Jeep. Die Amis kennen den einzigen Zivilisten, der im Lager zu sehen ist, sie kennen den „famous German actor" und bedeuten uns einzusteigen. Das Wetter ist wie geschaffen für solch einen unvermuteten Ausflug, und unsere Stimmung ist dementsprechend gut. Der Fahrer singt leise vor sich hin. Der Beifahrer, die Knarre zwischen den Knien, läßt sich vernehmen: „Germany very nice country." Nun —, das meinen wir auch; wenn es nur nicht zu Tode getroffen am Boden läge. „Have a cigarette and some chocolate." Und schon halten wir eine „Lucky Strike" und feinste amerikanische Schokolade in den Fingern, ein Kraftfutter in diesen Hungerzeiten. Ein Glück, daß es das dazugab, denn ohne hätte ich von der Zigarette wohl Schweißausbrüche bekommen.

In der Stadt angelangt, müssen wir mehrmals anhalten, um nach einer Musikalienhandlung zu fragen. Jedesmal bildet sich eine Menschentraube um uns. Wir scheinen eine wahre Attraktion zu sein: Zwei Amis, ein baumlanger Zivilist und ein Wachtmeister in einem Jeep! Das hat nichts Gutes zu bedeuten. Wer weiß, wogegen die beiden verstoßen haben! Nun werden sie vor die Besatzer gebracht. „Hoffentlich wird es nicht zu schlimm. Vielleicht sind Sie schon morgen wieder frei." Einmal wird M. W. erkannt. Dann heißt es: „Aber Herr Wieman, das tut uns ja so leid für Sie." Mit unserer Bitte freilich geraten wir meist an Flüchtlinge, von denen die Stadt voll zu sein scheint, und die selber nicht Bescheid wissen. Endlich ein Einheimischer, der uns in die und die Straße weist und uns das älteste Musikaliengeschäft am Platze nennt. Na bitte! Wir werden zwar zuvorkommend bedient, aber viel ist da nicht mehr zu haben. Das wenige bezahle ich großzügig. Ich habe ja einen Haufen Geld, denn ich hatte längst keine Gelegenheit mehr, welches auszugeben.

Dann schildern wir den Sinn unserer heutigen Aktion und bitten um Mithilfe. So werden wir an den Domorganisten verwiesen, zu dem wir nun fahren wollen. Aber „unsere" Amis, was werden die dazu sagen? Nun –, entweder haben sie Order „the famous German" zu fahren, wohin er möchte, oder sie haben keine Lust zum Wachdienst im Lager oder sie wollen „the beautiful town" sehen oder sie sind einfach ausnehmend gutartig. Das letztere scheint zuzutreffen, denn nun gibt's erst mal wieder eine Runde Zigaretten und Schokolade.

So gestärkt werden wir schließlich an der Wohnungstür vom Domorganisten freundlich empfangen und hereingebeten. Mir wird ganz wunderlich zumute: Die ganze Wohnung unversehrt; darin ein Arbeitszimmer mit Flügel, Schreibtisch, Bücherei und Sesseln, in die wir uns fallen lassen können, bis wir darin schier versinken! Was sich im Gespräch herausstellt – unter dem Siegel der Verschwiegenheit, wie es die Zeitläufte erfordern –, ist dies: In dem und dem Zimmer in dem und dem Schrank, natürlich ganz hinten, liegt ein Packen Noten, meist Kammermusik alter Meister, sowie Spielmusiken, die für unsere Zwecke wohl geeignet wären. Aber die könne man heutigentags nicht mehr ans Licht ziehen, denn sie stammen von der Gebietsführung der HJ und sind beim Näherrücken der Fronten hier zur Verwahrung abgegeben worden. Und er, der Domorganist, müsse sein Versprechen halten und sie weiterhin verwahren. Und wenn wir von Amis gefahren würden, wäre ohnehin alles viel zu gefährlich. Ich weiß nicht, wie lange wir einzeln und vereint auf ihn eingeredet haben. Der immerzu wiederholte Appell an sein gutes Herz vermochte es schließlich, daß er den Stapel holte und uns „zu treuen Händen" übergab. Mit vielem herzlichen Dank verabschieden wir uns, und ich trage den Stoß, jede Partitur und jede Stimme fein säuberlich mit dem Stempel der HJ inklusive Hoheitsadler, versehen, die Treppe hinab. Zum Glück interessiert der Stempel die Amis in keiner Weise. So kann ich hochbeglückt das ganze Notenmaterial im Jeep verstauen. Erst zur Zeit der Entnazifizierung hielt ich es für nötig, das Zeichen unseres großen Irrtums zu überkleben.

„You have been very successful", meint der Beifahrer, und mit „Have another cigarette", gibt der Fahrer Gas. Wir schlängeln uns aus der Stadt und erreichen die Straße, die uns dem Lager entgegenbringt.

M. W. spricht währenddessen auf den Fahrer ein; was, kann ich nicht recht verstehen. Ich höre nur immer wieder: „Okay." Und tatsächlich umfährt er das Lager und weiter Richtung Wismar. M. W. gibt ein Zeichen, der Jeep fährt rechts ran und hält an einem Bauernhof. Hier scheint M. W. bekannt zu sein: Der Bauer kommt, und nach zehn Minuten verfrachten wir einen Sack Kartoffeln in den Jeep. Der macht kehrt und hält im nächsten Dorf vor dem Haus, in dem M. W. mit seiner Frau untergekommen ist. Wir laden die Kartoffeln ab und fahren ins Lager zurück. Zum letzten Mal halten uns „unsere" Amis Zigaretten hin: „The last one for today. Bye, bye!" „Thank you very much indeed!" Das Schleppen des Notenschatzes zur Ic-Baracke fällt mir zwar schwer, aber ich tu es gern im Vertrauen auf die künftige Arbeit.

18.5.

M. W. hat den größten Teil der gestern besorgten Kartoffeln ins Lager geschleppt und in kleinen Portionen an diejenigen verteilt, die sich zur Zusammenarbeit mit ihm bereiterklärt haben. So bekomme auch ich meine Ration, vielleicht acht Stück. Am Rande des Lagers finde ich dürres Gras und Kiefernäste genug. Bald liegen die Kartoffeln in der Glut. Der Geruch allein treibt mir die Spucke im Mund zusammen. Dann trage ich die Herrlickeit zum Zelt. Dort bekommt zur großen Überraschung jeder von der alten Batterie eine köstliche Kartoffel; für mich bleiben zwei. Da sitzen wir im Kreis und sind auf einmal gut gelaunt. Und hinterher entspinnt sich ein langes Gespräch über die Kartoffel im allgemeinen und im besonderen. Der Fantasie sind keine Schranken gesetzt bis hin zu Bratkartoffeln, ganz raffiniert gewürzt natürlich, mit Eiern und Speck. Jeder sieht sie zum Greifen nahe vor sich und schmeckt sie bereits. Der Spieß schenkt mir eine Zigarette. So brauche ich dem Wunschbild nicht weiter nachzuhängen.

19.5.

Vorn an der großen Straße hängt ein Plakat. Es kündigt an, daß M. W. morgen am Pfingstsonntag aus Goethes „Faust" lesen wird. Ehe ich dieses Vorhaben registrieren kann, interessiert mich erst mal das Plakat: Es ist großformatig und so gut auf Schwarzweißwirkung angelegt, daß es nur von einem Fachmann stammen kann. Die Schrift ist ausgeschnitten und darum von besonderer Wirkung. Das einzige, was von Hand geschrieben ist, ist der Name des Herstellers. Da steht: John — Berlin. Donnerschlag, was muß das für ein Kerl sein, der hier und jetzt so unterzeichnet! Jeder weiß doch, daß die Reichshauptstadt nach allen grauenvollen Ereignissen erst mal aufgehört hat zu existieren. Und da steht unbekümmert optimistisch mit schöner Selbstverständlichkeit und offenbar mit unwandelbarer Liebe zur Heimat: John — Berlin. Den mußt du kennenlernen, denke ich noch, und dann kommen mir Äußerungen von M. W. in den Sinn, daß in dieser Zeit nichts wichtiger sei, als nach dem Gültigen, nach dem Ewigen zu forschen und es womöglich für uns weit herzuholen und auch vor kühnen Plänen nicht zurückzuschrecken, wenn es darum geht, Millionen von Geschlagenen wieder geistige Nahrung zu geben. Nun stürzt er sich also als erster in ein, wie mir scheint, tollkühnes Unternehmen, indem er allein Szenen aus „Faust" lesen wird. Kompromißlos, wie er ist, tut er es, um uns ein Beispiel zu geben und um Maßstäbe zu setzen, Maßstäbe, die bleibenden Wert bekommen sollten. Was ich an Voraussetzungen mitbringen kann, sind meine geringen Erfahrungen einer allzu kurzen Zeit am Theamter. Alles andere sind vorerst höchst unzulängliche Gedanken, die sich auf den morgigen Tag richten.

20.5.

Die großen Lagerhallen stehen parallel zueinander. Jede hat an jeder Seite eine Verladerampe mit Gleisanschluß. Der Platz zwischen je zwei Hallen ist gepflastert. Und hier auf einem solchen Platz findet heute am Pfingstsonntagnachmittag die „Faust"-Lesung statt. Als einziges Requisit ist ein von Pionieren roh gezimmertes Lesepult auf einer der Rampen zu erkennen. Als weitere Besonderheit stehen einige Stühle davor, aber die sind nicht für uns, sondern für den amerikanischen Lagerkommandanten, Major Baum, und seinen Stab. Ansonsten gibt es nur Stehplätze. Wer da nicht durchhalten wird, hockt sich auf den Steinboden. Der Platz füllt sich rasch. Nach kurzer Zeit haben sich Hunderte von Landsern eingefunden. Als Letzte kommen die Amis, und dann dauert es noch ein paar Minuten, bis M. W. erscheint. Er hat sich uns weitgehend angeglichen, denn er trägt nun eine schwarze Panzerbluse, um auch damit zu zeigen, wie sehr er zu uns gehört. An seiner Seite geht, klein und zierlich, seine Frau. Er verschafft ihr Platz auf einem bereitgestellten Stuhl und geht dann mit schlaksigen Schritten an das Ende der Rampe, steigt die Stufen hinauf und erreicht unter Beifall aller Anwesenden das Lesepult. Dann tritt völlige Stille ein. Die Spannung ist aufs äußerste gestiegen.

Nach der Lesung am See war nun gewiß noch Außerordentliches zu erwarten, aber ob das heutige Wagnis glücken würde, erschien mir doch fraglich. Allerdings: Ein Urteil konnte ich mir kaum erlauben, denn ich hatte Goethes Werk bisher im Theater noch nicht erlebt. Und der übrige Goethe? Seine Kenntnis beruhte im wesentlichen auf Schulerlebnissen oder auch keinen, denn statt uns seine Dichtung vom Klang der Sprache her nahezubringen, wurde gefragt, was hier Subjekt und Prädikat sei. Und damit erstickte das meiste in mir. Das „Habe nun, ach . . ." war zudem zu einer weitverbreiteten Blödelei geworden, wenn man glaubte, Schularbeiten gemacht zu haben, was ohnehin nicht immer der Fall war.

M. W. beginnt, nachdem er wieder mit den Beinen festen Stand gesucht und, den Brustkorb mächtig hebend, Luft geholt hat. Merkwürdig, daß mich hier bei dem größten Erlebnis, das ich durch ihn hatte, meine Erinnerung fast gänzlich im Stich läßt, während anderes, Geringeres bewahrt wurde. Ich weiß nur noch, daß Ungeheuerliches auf mich niederging. Die Gewalt der Sprache hob mich wie mit einer Riesenfaust bald in den siebenten Himmel und schleuderte mich dann wieder auf diese schnöde Erde zurück. Der Gegensatz zwischen Faust = Himmel und Mephisto = Hölle wurde erbarmungslos deutlich. Und der Gegensatz zwischen der großen Dichtung und dem öden Grau der Landser auf grauen Pflastersteinen zwischen hohen grauen Mauern tat ein übriges, mich vollständig zu überwältigen und gänzlich zu verwirren. Ich war mit vielen anderen in eine andere bessere Welt entrückt. Und immer die Stimme von der Rampe herab: Eine unendliche Skala vom Donnergetöse bis zu letzter Zartheit des Klanges, hervorgebracht durch eine psychische und physische Leistung, getragen von einem heiligen Feuer innerer Leidenschaft, wie sie ihresgleichen suchen.

Ich habe elf Jahre später die ungeheure Faszination erlebt, die von Carl Orffs berühmt gewordenem Einmanntheater ausging, das dieser begnadete Komödiant entfesseln konnte. Hier im „Lager Weiß" vor uns, den ärmsten Hunden, war es beispielhaft vorausgenommen.

Die letzte der ausgewählten Szenen ist gesprochen. Erst atemlose Stille, dann löst sich die ungeheure Spannung und dann setzt, zuerst zaghaft, dann immer stärker, brausender Beifall ein. M. W. verneigt sich sichtlich erschöpft und verläßt die Rampe. Er sucht seine Frau und nimmt sie in den Arm, sicher in dem Bewußtsein, auch für ihr gemeinsames Leben einen neuen Anfang gemacht zu haben.

Der amerikanische Kommandant — deutscher Herkunft, hat, wie zu hören ist, in Deutschland studiert — verneigt sich vor M. W. und seiner Frau und bringt erschüttert seinen Dank zum Ausdruck. Weitere Ovationen kann M. W. beim besten Willen nicht entgegennehmen, denn er hat sich völlig verausgabt und leidet ja den gleichen Hunger wie wir. So sieht er zu, daß er möglichst ungeschoren davonkommt, weg von allen, weg aus dem Lager und hin zu seinem Notquartier beim Bauern. Es wäre ja auch jedes Wort zu viel. Hier ist alles erschütternder gesagt, als man es fassen kann.

Pfingsten 45: Faust, der Himmel, der allen offensteht, die guten Willens sind, — Mephisto, die Hölle, durch die wir gegangen sind.

Heute hat der Geist über die Materie gesiegt.

21.5.

Im Lager geht viel Gerede um. Niemand weiß etwas Genaues, aber alle meinen, daß wir bald von hier wegkommen sollen. Manche behaupten sogar ganz kühn, Mecklenburg würde vom Iwan besetzt werden; und von Sachsen und Thüringen wisse man Ähnliches. Diese Abmachungen seien ja durch den Bruderkuß bei Torgau an der Elbe besiegelt worden. Leichtkranke und Verwundete, soweit sie gehfähig sind, kommen aus den umliegenden Lazaretten ins Lager, weil sie mit uns abtransportiert werden und auf keinen Fall dem vermutlich vorrückenden Iwan in die Hände fallen sollen. Daß wir hier nicht ewig bleiben würden, leuchtete mir ein, daß der Ami aber dem Iwan einen Teil erobertes Land abgeben würde, das wollte mir nicht in den Sinn. Ich hatte so vieles nicht wahrhaben wollen, was dann doch erbarmungslos geschehen war. Wahrscheinlich war ich auch jetzt wieder langsamer im Denken als die anderen.

Erkundigungen möchte ich aber doch einziehen. Pit muß ich suchen, denke ich, der scheint immer gut informiert zu sein. Ich treffe ihn nach einer Weile tatsächlich, aber nicht allein, sondern zusammen mit einem Pionierleutnant. Der geht mit großen Schritten, Pit mit kleinen, leicht schlurfenden Trippelschritten neben ihm. Da stehen wir voreinander:

„Morjen." „Morjen. John — Berlin, Wolfgang John." Und zu mir gewandt: „Wenn de ooch bei Wieman bist, kannste ooch Johnny zu mir sagen." Ich sage meinen Namen. „Is recht. Denn auf jute Zusammenarbeit." Handschlag mit ihm, Handschlag mit Pit, und die Zusammenarbeit, von der wir selbst noch keine rechte Vorstellung haben, ist besiegelt. Auch ist uns nicht bewußt, daß in diesen Augenblicken etwas entsteht, was dann für ein Jahr zu einem Gütezeichen werden sollte, nämlich die „Gruppe Wieman". Das nachfolgende Gespräch bestätigt die umgehenden Gerüchte: Wir kommen weg. Aller Wahrscheinlichkeit soll es nach Holstein gehen.

Ich hatte in unserer Einheit etliche Hiwis erlebt und davon gehört, daß es insgesamt viele Tausende waren, die im Dienst der Wehrmacht standen. Auch Wlassow-Offiziere hatte ich in Kurland gesehen. Aber ich hatte keine Ahnung davon, daß es auch Hiwi-Kapellen gab. So ist meine Überraschung mehr als groß, als am Nachmittag zwischen den Zelten abenteuerlich mit russischen und deutschen Klamotten gekleidete Musikanten auftauchen, die dem Platz am Rande des Lagers zustreben. Sie nehmen sozusagen meinen Lieblingsplatz in Beschlag und beginnen nach kurzer Zeit zu musizieren. Zwar sind sie nicht mehr voll besetzt, aber es reicht immer noch zu einem bunten Programm, dessen Hauptteil ukrainische Tänze einnehmen, die sie — wie könnte es anders sein — hinreißend musizieren. Der Beifall der Herzuströmenden läßt nicht lange auf sich warten und fordert Zugabe auf Zugabe heraus. Nachdem die letzte verklungen ist, versuche ich ein Gespräch mit dem Oboer, der mir als Typ des kultivierten Musikers besonders aufgefallen war und der von allen am besten deutsch sprach. In der Tat hatte er am Opernhaus in Odessa bessere Tage gesehen. Nun ist er mit seinesgleichen in einer völlig ausweglosen Situation: „Germanski gutt. Bolschewiki nix gutt. Und ich nicht wissen, wohin." — Woher sie ins Lager gekommen waren, konnte ich nicht herausfinden. Sie knackten Sonnenblumenkerne, von denen sie noch in der Tasche hatten, drehten sich Machorkareste in Zeitungspapier zu einer papirossy, packten ihre Instrumente zusammen und verschwanden, wie sie gekommen waren. Ich habe weder von ihnen gehört, noch sie jemals wiedergesehen.

22.5.

Die Offiziere kommen von einem Befehlsempfang beim amerikanischen Kommandanten zurück, und dann wissen wir Bescheid: Morgen wird die gesamte Belegschaft des Lagers verladen. Was in vierundzwanzig Stunden zur Vorbereitung abläuft, klappt wie am Schnürchen und stellt der deutschen Organisationskunst das beste Zeugnis aus. Aus den Lagerhallen, die voll sind bis unters Dach — Zelte, Bekleidung, Ausrüstungsgegenstände, kartografisches und optisches Gerät —, wird das herausgeholt, was für uns brauchbar ist und was die von den Amis wieder zur Verfügung gestellten LKWs fassen können. Nur mein Funkwagen taucht nicht wieder auf. So werden meine Kameraden und ich denen zugeteilt, die mit der Bahn verladen werden. Jeder hat zu tun. Das ganze Lager scheint in einen riesigen Ameisenhaufen verwandelt, und erst am Abend hat jeder alles „wie befohlen" erledigt. Dann gibt es eine Sonderzulage zur üblichen Rennfahrersuppe und endlich wird die Marschverpflegung empfangen. Sie besteht für die nächsten drei Tage aus einer kleinen Konserve und neun amerikanischen Keksen. Na, denn Mahlzeit!

An Ruhe ist in dieser Nacht nicht zu denken, denn der Lärm der Vorbereitungen ebbt nur wenig ab und geht im Morgengrauen in den Lärm des bevorstehenden Aufbruchs über.

23.5.

Wir bekommen einen Becher heißen Muckefuck und eine Handvoll knochenharten Zwieback. Dann haben wir die Zelte abzubauen und zusammenzulegen. Alles andere wird ein Nachkommando tun. Amerikanische Posten gehen durch das Lager und treiben uns zur Eile an. So strömen denn die Landser mit ihren letzten Habseligkeiten von allen Seiten der großen Lagerstraße zu. Von Pit oder Johnny ist nichts zu sehen. Dafür ist der Rest der einst stolzen Regimentsstabsbatterie AR 389 nach wie vor zusammen. Das wilde Durcheinander aller Waffengattungen — zunächst ist das ein reiner Sauhaufen! — wird organisiert, damit wir wenigstens ohne Schwierigkeiten durch das Lagertor kommen können. Dann beginnt der Marsch, wie mir scheint, auf Nebenwegen zu einem kleinen Bahnhof mit Namen Göries. Schon da wird deutlich, wie unsere Kräfte nachgelassen haben. Kleine Spaziergänge im Lager waren ein Genuß. Hier aber geht es um eine Leistung, der manche kaum noch gewachsen sind; und der Kohldampf ist jetzt am frühen Morgen bereits quälend. An Marschordnung ist nicht zu denken. Jeder schleppt sich dahin, jeder latscht, so schlecht er kann, neben sich die wohlgenährten drahtigen GI's, die die sich immer mehr in die Länge ziehende Schlange männlichen Elends beaufsichtigen. Trotzdem verstummen die ewigen Schwätzer, die neunmalklugen, auch hier nicht. Die Krönung aller Parolen, die verbreitet werden, besagt mit dem Anspruch auf absolute Echtheit, wir sollten nur dies noch auf uns nehmen, denn Hitler sei gar nicht tot. Vielmehr sei er zu einem unbekannten Hafen geflogen und von dort mit einem Spezial – U-Boot nach Japan gebracht worden. Von dort aus könne er dann doch noch tun, was er versprochen hätte, und diesen boys hier neben uns und ihresgleichen würde noch Hören und Sehen vergehen. Mir kommt eine andere Parole in den Sinn, die an allen Fronten umging. Sie ist zwar böse, scheint mir jetzt aber recht zutreffend: „Kameraden, laßt uns den Krieg genießen. Der Friede wird furchtbar sein!" In den schlimmsten Situationen habe ich mich nicht so erbärmlich als ganz armes Schwein gefühlt wie jetzt im Augenblick. Und: „Vorwärts, Kameraden, wir müssen zurück!" Noch weiter nach Westen, damit der Iwan noch mehr gewinnt, so geht es mir durch den Kopf. Und weiterlatschen, weiterlatschen! Nicht schlappmachen!

Da steht der Güterzug. Wie hieß es im Inneren jedes Wagens? 24 Mann oder 4 Pferde, woraus in bespannten Einheiten immer der logische Schluß abgeleitet wurde, daß Pferde viel komfortabler reisen als Soldaten. Die Zahl 24 galt schon lange nicht mehr, am wenigsten z. B. beim Rücktransport nach der Kesselschlacht von Tscherkassy. Was aber jetzt vor sich geht, ist absoluter amerikanischer Rekord: Wir werden in die Waggons gepfercht, bis keiner mehr umfallen kann. Ich habe Glück, denn ich steige als einer der letzten ein und bekomme dadurch einen Platz an der offenen Schiebetür. Da kann die Fahrt sogar interessant werden.

Nachdem die schlimmste Wühlerei überstanden ist und jeder sich trotz der fürchterlichen Enge „eingerichtet" hat, setzt sich der lange Zug in Bewegung. Wir sehen noch, wie auf den Nebengleisen der nächste Zug zusammengestellt wird. Dann gewinnen wir die freie Strecke und fahren mit zunehmender Geschwindigkeit durch das schöne mecklenburgische Land. Wohin, ist unbekannt. Aber nach einer Weile kann ich am Stand der Sonne feststellen, daß wir tatsächlich nach Nordwesten fahren. „Schönberg" glaube ich an einem Bahnhof erkannt zu haben, aber das sagt mir nichts, denn ich kenne die Gegend nicht. Es mag später Vormittag sein, als eine Stadt in Sicht kommt. Die Häuser rücken näher, die Strecke führt zwischen ihnen hindurch, das Gleisgewirr nimmt zu, wir durchfahren einen großen Bahnhof. Unser Transport ist das einzige, was sich darin bewegt. Alle anderen Lokomotiven und Wagen stehen still. Kaum ein Mensch ist zu sehen, und trotzdem funktioniert für uns alles, wie es sein soll. „Lübeck" — im Nu ist das Bahnhofsschild vorbei. Als der Zug wenige Minuten später an einem Fluß entlangfährt, doch wohl kurz vor seiner Mündung, da bin ich der Meinung, nun müsse die Fahrt gleich zu Ende sein.

Aber dem ist nicht so. Der Zug fährt immer weiter. Stationsnamen sagen mir nichts mehr; ich fahre ins Unbekannte hinein. Die Strecke verläuft jetzt dicht unterhalb der Küste. Wir sehen die See im hellen Sonnenschein. Im Norden ist wieder Land auszumachen. Es scheint sich also um eine Bucht zu handeln. In ihrer Mitte, nicht weit draußen, erkennen wir ein Schiff, das kieloben im Wasser liegt. Wir können nicht ahnen, daß es sich um die „Cap Arcona", ein ehemaliges KdF-Schiff (ausgerechnet!), handelt, das mit seiner schauerlichen Fracht den Fliegerbomben zum Opfer gefallen ist. Ein paar tausend Kz-Häftlinge, die man noch wer weiß wohin bringen wollte, mußten ihr Leben lassen.

Noch ein paar Minuten, und der Zug verlangsamt seine Fahrt. Die Bremsen kreischen. Der Transport ist auf einem Güterbahnhof zu Ende. Daß dem wirklich so ist, erkennen wir an Landsern mit weißer Armbinde, Kennzeichen dafür, daß die was zu sagen haben. Schon laufen sie am Zug entlang und rufen: „Alles aussteigen!" Erst als wir rausgeklettert sind, erfahren wir auf Befragen, wo wir uns befinden. „Neustadt in Holstein" ist die Antwort.

Das Durcheinander, das nun ausbricht, gleicht dem, das wir am Morgen beim Verladen erlebt haben. Der Hauptmann führt unser Häuflein etwas abseits. Da sollen wir warten, bis er von einer Offiziersbesprechung zurückkommt Wir hocken irgendwo auf dem Boden. Manche ergeben sich dem Stumpfsinn, andere haben Glück, denn sie können sich zu Mehreren zu einer Zigarette zusammentun, andere ma-

40

chen sich an ihre kärgliche Marschverpflegung und stopfen sie gierig in sich hinein, um wenigstens einmal einigermaßen satt zu sein. Ich greife sie noch nicht an, denn wenn ich es täte, würde mich der Kohldampf gleichfalls um jeden Verstand bringen. Der Hauptmann kommt zurück und erklärt uns die Lage anhand zweier Generalstabskarten, die er empfangen hat und von denen er eine mir gibt. Demnach befinden wir uns vor einem Sperrgebiet für Kriegsgefangene, das die Engländer dadurch schaffen, daß sie Ostholstein etwa von der Kieler Förde quer durch das Land bis hierher abriegeln. Alle Gefangenen der hier einlaufenden Transporte haben sich dorthin in Marsch zu setzen. Unser heutiges Tagesziel: Bliesdorf. Wir sollen es bis zum Abend noch erreichen. Als wir das Nest — es liegt nördlich von hier dicht unterhalb der Küste — auf der Karte endlich gefunden haben, gucken wir uns entgeistert in die Augen: Etwa 10 km. Wie soll das zu schaffen sein, ausgemergelt, wie wir sind? Aber es hilft alles nichts. Da es keine andere Möglichkeit für uns gibt, müssen wir uns in den großen Strom einreihen, der um uns herum bereits in Bewegung gerät.

Jeder sucht quer über Schotter und Gleise den kürzesten Weg aus dem Gelände des Güterbahnhofs heraus hinüber zur Straße, die schnurgerade auf die Stadt zuführt. Jeder schleppt sich mit seinen paar Habseligkeiten mühselig vorwärts. An Ordnung ist nicht zu denken. Mit uns geht es noch, denn wir legen unser Tempo so an, daß jeder mitkommen kann und wir einander nicht verlieren. Das geht nicht lange gut, ohne daß häufig Pausen eingelegt werden. Die erste ist auf der Brücke fällig: Kein Blick für den Hafen, die unversehrten Häuser, nur Anlehnen ans Geländer, Hinhocken, Verschnaufen, kümmerliche Kräfte sammeln für den nächsten Abschnitt bis zur nächsten Pause. Wir haben den Berg mühsam geschafft und stehen am Markt. Wieder Anlehnen, Hinhocken, Kräfte sammeln. Es ist himmelschreiend, was aus uns geworden ist! Da kommen Teile der LKW-Kolonne an uns vorbei, die am Morgen das „Lager Weiß" verlassen haben. Brauchte ich die doch wenigstens nicht noch zu sehen, diese Mot. — Heinis, die ich bei Vorund Rückmärschen schon so oft verwünscht hatte, wenn wir als Bauernartilleristen hinter unseren Fahrzeugen marschieren mußten, weil „unsere lieben Tierchen" immer zu schonen waren. Auf diese Weise habe ich runde viertausend km runtergelatscht, und die fahren sogar noch in die Gefangenschaft! Eine Affenschande, denke ich verbittert! Hätte man noch ein Schießeisen, sollte man in die Reifen schießen, um diesem Treiben ein Ende zu bereiten. Die Wut gibt mir neue Kraft, die nächste Strecke zu überwinden. Weiter geht's, koste es, was es wolle!

Die Stadt ist voll von Flüchtlingen. Viele Ausländer scheinen dazwischen zu sein. Wie aus weiter Ferne höre ich gelegentlich lettische, polnische oder ukrainische Laute. Vermutlich ist unser Elendszug Thema ihrer Gespräche. Manche zeigen mit unverhohlener Schadenfreude auf den einen oder anderen von uns, auf uns, „die Helden der Nation", „die Garanten des Sieges!" — Beim Ausbruch aus dem Kessel von Tscherkassy hatte ich einen Ritterkreuzträger erschöpft und weinend im Schnee hocken gesehen; die Nerven waren ihm durchgegangen. „So also ist das mit dem Heldentum!", dachte ich damals.

Wir haben die Stadt hinter uns gebracht. Die Reichsstraße 207 geht geradeaus, wir müssen rechts abbiegen und gönnen uns die nächste Rast. Einen Keks muß ich mir nehmen. Ich verrühre ihn im Mund, so lange es geht, und verdrücke ihn in kleinen Klumpen, um möglichst viel davon zu haben. Merkendorf, das erste Dorf, in das wir kommen, ist voller Landser. Da scheint in keinem Haus, keinem Stall, keiner Scheune mehr ein Platz frei zu sein. Die darin hausen, sind guter Dinge. Sie haben die Schinderei, in der wir uns noch befinden, bereits hinter sich und reden uns gut zu, wir sollten nur auch versuchen, bald ein möglichst gutes Quartier zu bekommen. „Endlich hab'n wir Ruhe. Keiner hat uns mehr zu kommandieren, kein Tommy weit und breit zu sehen! Na, woll'n erst mal pennen, daß ein Auge das andere nicht sieht; — verschärfter Feldschlaf, alles andere is' wurscht!"

Derweil nehmen wir Anlauf zur nächsten Strecke. Es ist schon später Nachmittag, als wir uns die lange Steigung hinter Merkendorf hinaufkämpfen. Und es ist dunkel, als wir in Bliesdorf ankommen. Unsere naive Meinung, hier ständen Quartiere bereit, wird im Nu zunichte. Kein Gedanke daran! Also trennen wir uns, und jeder sucht auf eigene Faust ein Unterkommen. Scheune, Stall, Spritzenhaus —, mal sehen. Nur nicht mehr weit, nur irgendwo hinfallen zum Pennen —, weiter nichts. Mehr ist für heute nicht mehr möglich. Ich klopfe am nächsten besten Haus. Wie die Tür aufgeht, fallen mir die Landser fast entgegen, so überfüllt ist es bereits. Ich scheine im schmalen Lichtschein einen erbärmlichen Eindruck zu machen, denn wider Erwarten höre ich die Hausfrau aus dem Hintergrund rufen, man solle mich noch einlassen. Was dann kommt, nehme ich nur noch unbestimmt wahr: Das Ehepaar, zwei Töchter, lärmende Landser um mich. Bis unters Dach werden Schlafplätze verteilt; nicht zu glauben, wie viele ein kleines Haus bei gutem Willen hergibt. Ich bekomme meinen auf einem ausgezogenen Tisch, der im Hausflur neben die Treppe gestellt wird. Ich ziehe meine Stiefel aus und höre nichts mehr vom Grunzen und Schnaufen und Schnarchen derer, die mit mir pennen.

24.5.

Der Morgen ist kalt. Wasser von irgendwoher; ein Becher für Gesicht und Hände, einer zum Trinken. Dazu drei von den Keksen und eine Messerspitze von dem Konservenfleisch, und man ist für die nächsten Stunden vor dem Schlappmachen bewahrt — hoffentlich! Auf der Dorfstraße wartet einer auf den anderen, bis unser „Verein" wieder beisammen ist. Die „Stimmung der Truppe" ist heute nicht schlecht, möchte ich sagen. Der Schlaf hat doch vieles von der mangelhaften Verpflegung ersetzt. Also gehen wir los. Auf der Hauptstraße, die am Dorf vorbeiführt, schleppt sich noch immer oder schon wieder der graue Elendszug dahin. Wir reihen uns ein und latschen mit. Über die Höhe, von der man die See sieht, kommen wir nach Grömitz. Rast wie gehabt: Zusammensacken, Hinhocken, Verschnaufen, Dösen; wenn man Glück hat, drei Züge aus einer Gemeinschaftszigarette.

Weiter geht's! Aus dem Ort hinaus. Die vielen Windungen der Straße sind ärgerlich, denn für uns bedeuten sie verlorene Kraft. Wir versuchen diesen Umstand dadurch zu mildern, daß wir alle Kurven schneiden. So wälzt sich die Schlange auf der Straße immerzu von rechts nach links und von links nach rechts.

Das Haus rechts am Waldrand, am Beginn eines Ortes, der sich Cismar nennt, die Apotheke, ist so schön, daß sich für kurze Zeit meine Dumpfheit löst. Hier ist die nächste Marschpause, und hier bekommen wir von Zivilisten etwas zu trinken. Der Wald heimelt mich an. Er ist daheim im Vogtland zwar ganz anders, aber es ist doch Wald.

Der Ort zieht sich lang hin. Mittag mag inzwischen vorüber sein. Da legen wir eine weitere Pause ein, weil wir mehr nicht leisten können. Wir halten sie rechts der Straße auf der Zufahrt zu einem mittelalterlichen Bauwerk mit niederdeutschem Treppengiebel. Staunend und bewundernd hocke ich davor. Alles hätte ich auf diesem Marsch vermuten können, nur nicht dieses Zeugnis längst vergangener Baukunst.

Ich konnte nicht ahnen, daß fünf Jahre später im Sommer hier eine Bach-Woche stattfinden sollte, zu der sich weit über fünfzig Musikhungrige und Singbegeisterte um mich scharten, auf der wir alte und neue Chormusik erarbeiteten, und an zwei Flügeln, die in den Altarraum gestellt waren, Bachs „Kunst der Fuge" erklang, die letzte Fuge genau zu seiner Todesstunde. Ich konnte nicht ahnen, daß im späteren Landesheim Kloster Cismar zahlreiche weitere Singwochen und Wochenendsingen stattfinden sollten. Ich konnte nicht ahnen, daß hier für fünf Jahre mein „Junger Chor Schleswig-Holstein" aus dem ganzen Land zusammen kommen sollte, um sich an vielen Wochenenden auf Konzerte, Rundfunksendungen und Auslandsreisen vorzubereiten. Und ich konnte nicht ahnen, daß sein hier gefundener Chorspruch „Sine musica nulla vita", zuerst in der Vertonung Heinrich Spittas und dann anderer Komponisten, von der singenden Jugend Europas aufgegriffen und bei internationalen Chorfesten wie in Passau oder Charleroi erklingen würde. Am wenigsten aber konnte ich ahnen, daß ich hier in einer Außenstelle des Freiherr-vom-Stein-Gymnasiums Oldenburg die Kinder derer unterrichten würde, deren angestammte Heimat diese Landschaft ist, oder derer, die mit mir elend und ausgemergelt jetzt in diese Landschaft kommen.

Wir brechen wieder auf und schleppen uns und unsere Klamotten weiter. Aber nur ein kurzes Stück bis zu einer Straßengabel. Der Wegweiser zeigt rechts nach Grube. Links zeigt er nach Oldenburg, und das bringt uns in große Verwirrung, denn keiner kann wissen, daß es ein zweites Oldenburg gibt. „Mensch, wir sind doch gestern durch Lübeck gefahren; das weiß ich ganz genau. Wie können wir heute westlich von Bremen sein? So lang hat die Eisenbahnfahrt ja gar nicht gedauert. Wie ist das möglich?!" Das ist die Stimme der Umstehenden. Ich muß auf der Karte längere Zeit suchen, bis ich das kleine Oldenburg finde. Und damit ist der Fall geklärt. Manche biegen nach links ab. Für uns entscheidet sich der Hauptmann für die rechte Straße. Wir kennen zwar unser heutiges Marschziel nicht, dafür aber das Endziel, das wir erreichen sollen. Es heißt Sulsdorf. Wir haben noch einen langen Marsch vor uns.

Also weiter: Links, rechts; vor sich hin starren, um am Straßenrand liegenden Steinen auszuweichen; nicht stolpern; Asphalt meiden, weil er die Füße noch mehr schmerzen läßt; nicht umknicken mit den müden Fußgelenken; Kurven schneiden; den Rucksack nicht verrutschen lassen; immer weiter links, rechts und dabei an nichts denken.

Es ist Nachmittag, als wir ein langes Dorf passieren. Ich weiß nicht, wie es heißt, denn ich habe das Ortsschild übersehen. Dahinter windet sich die Straße einem großen Wald zu, und dort machen wir für heute Schluß. Es geht nicht mehr. Wir geben zusammen, was wir noch an Zeltbahnen haben, knüpfen sie und bauen die Zelte auf, rechts von der Straße in einem Buchenwald. Die Häuser nennen sich Gruberhagen. An einem von ihnen klopfe ich, und nach meiner Bitte um Wasser wird mir die Tür vor der Nase zugeschlagen. Verständlich, denke ich nachher, denn mancher Bauer an unserer Elendsstraße hat einen hochwertigen Feldstecher für ein Brot eingehandelt, und ich habe dergleichen nicht zu bieten. Der Wald ist noch nicht ausgetrocknet. Das Laub, das wir als Matratze zusammenkratzen, ist feucht und modrig. Trotzdem bleibt uns keine andere Möglichkeit, als es zu nehmen. Was wir an Decken und Mänteln noch haben, breiten wir darüber und verkriechen uns bei einbrechender Dunkelheit.

25.5.

Am Morgen hat sich unser Sani — Oberfeld auf der Wiese links der Straße, also gegenüber dem Wald, in dem wir gepennt haben, niedergelassen, um mit dem wenigen, was er noch mit sich schleppt, zu helfen, so gut es geht. Andere Sanis kommen per Zufall hinzu, und bald gleicht die Wiese einem kleinen Feldlazarett. Durchfälle und andere Erkrankungen sind zum Glück selten. Aber kaputte Füße gibt es mehr, als behandelt werden können. Blasen sind schnell aufgestochen und bepinselt. Aber manche armen Teufel haben große aufgescheuerte Stellen und jaulen wie die jungen Hunde, wenn der Sani drankommt. In einigen Fällen sieht es so aus, als seien die Kumpels im eigenen Blut dahingelatscht. — Ich setze mich am Rand der Wiese an einen Graben. Meine Füße sind noch heil, aber die Socken stinken, als hätten sie in den Stiefeln gekocht. Runter damit und die Füße ins kalte Wasser! Eine Wohltat ohnegleichen. Sie wird gekrönt durch ein Paar frische Socken, die ich noch bei mir habe. So kann ich dem heutigen Tagesmarsch fast mit Optimismus entgegensehen.

Auch etwas anderes stimmt mich zuversichtlich: Ich sehe von der Wiese aus Bauernwagen auf der Straße, die beladen sind mit Landsergepäck. Dahinter trottet, sichtlich erleichtert, jeweils eine Gruppe von Landsern. Das ist die Masche, denke ich! Der Fall wird besprochen, und der Findigste von uns — der Koch macht das mit rheinischem Charme — hat bald einen alten Mann aufgetrieben, der bereit ist, einen alten Klepper anzuspannen und unsere Klamotten für die nächste Strecke zu fahren. Mal sehen, vielleicht bis nach Grube, dem nächsten Ort. Andere Kumpels kommen herzu, und bald ist der Wagen so voll, daß ihn der Gaul gerade noch ziehen kann. Aber so menschenfreundlich, wie es schien, ist der Alte nun auch wieder nicht: „Zehn Mark pro Mann!" Das ist ein stolzer Preis, denke ich; aber er soll sein Geld haben. Wenn sich damit nur die Quälerei mildern läßt!

Wohin die Straße geradeaus führt, weiß ich nicht. Wir müssen jedenfalls links abbiegen. Gemessen an gestern kommt uns der jetzige Marsch wie ein Spaziergang vor. Aber nur für die ersten Kilometer, dann werden Hunger und Durst wieder so quälend, daß der Abstand zwischen dem Wagen und uns größer zu werden beginnt. Wir latschen schon wieder genau so kümmerlich dahin wie gestern.

Das Beispiel, das wir abgeguckt haben, macht weiterhin Schule, denn nun sind bereits viele Wagen zu sehen, hochbeladen und hinter sich eine Schlange von Landsern. Die Bauern merken auch bald, daß sie das Geschäft des Tages machen können, denn eine Fuhre von ca. 5 km Länge bringt zwischen RM 100,— und 200,—. Dann kann er mit dem leeren Wagen zurückklappern und die nächste Fuhre übernehmen. Und das wird tagelang so gehen, denn das graue Elend wird auch dann noch ins Land ziehen.

Unser Alter wartet in Grube auf uns. Weiterfahren will er nicht. Da sollten wir uns mal einen anderen suchen. Erst als wir ihn bereden und uns schließlich weigern, unsere Klamotten abzuladen, geht die Fuhre weiter. Ein Becher Wasser, der uns vor einem Haus gegeben wird, erfrischt uns für die nächste Strecke. Hinter dem Ort könnte man eine Rast einlegen, denke ich nach einem Blick auf die Karte. Da muß der See sein, der Gruber See, wie er laut Karte heißt. Wir halten nach allen Seiten Ausschau, aber der See ist nicht zu entdecken. Erst später sollten wir erfahren, daß unsere Karte veraltet war; der See war Jahre zuvor trockengelegt worden.

Das Gehen ist auch ohne Gepäck so quälend wie gestern. Manche hängen sich mit einem Arm ans Fahrzeug, bis er das nicht mehr aushält. Manchmal faßt ein zweiter in das Koppel des ersten oder gar ein dritter in das des zweiten, aber das geht alles noch weniger gut. Weiterlatschen, weiterlatschen, Kurvenschneiden, nicht stolpern! Morgen ist alles überstanden. Dann werden wir das Nest, das sich Sulsdorf nennt und da oben irgendwo liegt, erreicht haben.

An einer Straßenkreuzung — rechts nach Rosenfelde (klingt das schön!), links nach Oldenburg, von dem wir nun wissen, daß es existiert — liegen und sitzen Landser und halten Rast. Wir kommen dazu, weil wir so erschöpft sind, wie die anderen auch. Es ist Mittagszeit, und da verbreitet sich wie ein Lauffeuer die Kunde, daß es im nahegelegenen Augustenhof Suppe geben soll. Alle kommen auf die Beine, machen die Kochgeschirre klar und gehen hin: Ein langer Zug hungriger Männer. Ob das überhaupt wahr ist? Oder fallen wir einer Parole zum Opfer? In der Gutsverwaltung bekommt aber tatsächlich jeder, der darum bittet — und wer bittet nicht! —, einen kleinen Bon, mit dem er die Suppe empfangen kann. Draußen bildet sich eine lange Schlange. Sie bewegt sich schrittweise vorwärts und biegt sich nach rechts, dann wenn jeweils einer den Schlag ins Kochgeschirr bekommen hat. Und dann verliert sie sich Richtung Koppel, wo manche schon mit Löffeln fertig sind, andere noch schlürfen und wieder andere sich einen Platz suchen, wo sie gemütlich zu Werke gehen können.

Ich weiß nicht mehr, wie es möglich war, so viele Hungrige unverhofft zu speisen; es muß wohl eine spontan improvisierte Aktion gewesen sein. Ich weiß auch nicht mehr, was ich gegessen habe. Ich weiß nur noch, daß ich nach der Mahlzeit gesättigt einen erquickenden Schlaf tat, während die Mittagssonne auf meinen zufriedenen Bauch schien.

Der Fuhrmann hatte an der Straßenkreuzung längst kehrtgemacht. Ein neuer ist nicht aufzutreiben. Also heißt es, nachdem wir zu uns gekommen sind, Gepäck auf und weiterlatschen. Im nächsten Dorf — Fargemiel — haben wir Glück: Ein Bauer ist zu überreden und bringt unsere Sachen nach Heringsdorf, wo wir für heute Schluß machen wollen. Es ist inzwischen später Nachmittag geworden. Wir finden den Sportplatz und schlagen dort unsere Zelte auf. Irgendwo können wir den Dreck und Schweiß des Tages abwaschen und das vorletzte Mal von unserer Marschverpflegung naschen. Ein letzter kümmerlicher Rest muß für morgen noch bleiben.

Ich bummele ohne Ziel durch das Dorf. Weit komme ich nicht, denn ein alter Mann zieht mich ins Gespräch. Er ist

für mich der erste Mensch, der dem Gewesenen nicht nach-
trauert, sondern die Überzeugung äußert, daß nun alles besser werden würde, wenn wir nur den Neubeginn aus dem
Nichts heraus meistern. Seine ruhige sichere Art zu sprechen, die Festigkeit seiner Überzeugung machen großen
Eindruck auf mich. Es ist fast dunkel geworden, als ich
nachdenklich zum Zelt zurückgehe. War das alles nun so
falsch gewesen, wie er es darstellte? Waren alle Opfer, die
Millionen gebracht haben, wirklich umsonst gewesen? Hatte
er recht mit seinem Ausblick in die Zukunft? Ich konnte
mich nicht entscheiden, und es sollte Jahre dauern, bis ich
alles begriff und meinen eigenen Standpunkt fand.

26.5.

Die Nacht war kühl und hart, dafür aber trocken und nicht
so muffig wie unter den Buchen. Ein Becher Wasser, dazu
der Rest unserer Marschverpflegung und wir sind bereit, die
letzte Strecke unseres Marsches in Angriff zu nehmen. Zwar
müssen wir alles schleppen, weil sich kein Fuhrmann findet,
aber wir wissen, daß wir heute mittag oder nachmittag am
Ziel sein werden. So fühlen wir uns den Umständen entsprechend gut und sind zuversichtlich. Also los! Reißen wir uns
zusammen, wie wir das so oft hatten tun müssen!
 Die Straße führt bergauf aus dem Dorf hinaus, über eine
Bahnlinie, und windet sich hinauf zu einer Anhöhe. Hier
erkenne ich zum ersten Mal die Schönheit der Landschaft,
in die wir verschlagen sind. Noch weiß ich nicht, was ich in
der Ferne nach Süden und Südwesten sehe. Im Südosten
schimmert die See im hellen Sonnenschein. Noch weiß ich
nicht, wie Dörfer und Höfe heißen. Ich empfinde es nur
tröstlich, zum ersten Mal in mich aufnehmen zu können,
was sich dem Auge bietet. Und ich habe diesen Augenblick
bis heute nicht vergessen. Vielleicht habe ich die ostholstei-
nische Landschaft auch nie wieder so stark in mich aufgenommen wie damals. Wie hätte ich als Vogtländer auch
darauf gefaßt sein sollen, wo es in der Schule doch immer
hieß, nördlich des Harzes käme die norddeutsche Tiefebene
und dann sei alles flach. Das wurde aus unserem Bergland
heraus gelegentlich sogar nicht ohne Geringschätzung gesagt.
 Die Straße neigt sich nun sanft bergab, so daß das Gehen
wieder leichter wird. Rechts, halb im Straßengraben, ist ein
Panzerspähwagen liegengeblieben. Was der wohl noch hier

wollte, noch dazu — welch böser Witz! — mit einem ange-
bauten Generator für Holzgasbetrieb! Wie ich diesen Anblick zu verkraften suche, wird mir das irrsinnige Ende des
Krieges zum letzten Mal deutlich, und ich weiß endgültig,
daß alles vorbei ist. Und Volkssturmmänner und Hitlerjungs
kommen mir in den Sinn, die vor Danzig so verheizt worden
waren, wie der letzte Knüppel, der diesen Karren hier vielleicht noch ein paar Meter weitergetrieben hätte, um dann
doch zu verenden.

Wir müssen weiter, um ans Ziel zu kommen; nur dort
wird es wieder etwas zu essen geben. Mit allen möglichen
Redereien machen wir uns gegenseitig Mut. Hauptsache, es
macht keiner jetzt noch schlapp! Wie sehr wir uns aber auch
anstrengen —, die Kräfte gehen zu Ende. Neukirchen nehme
ich noch zur Kenntnis, dann weiß ich nichts mehr von dem,
wie wir weitergekommen sind. Ich nehme nichts mehr
wahr, außer den Stiefeln meines Vordermanns, die genau so
mühselig einer vor den anderen gesetzt werden, wie meine
eigenen. Und: Vorsicht beim Latschen! Nicht stolpern,
nicht hinfallen! Die schwachen Kräfte schonen, so sehr es
geht, sonst kommst du nicht ans Ziel!

Wir haben die große Straße verlassen und schieben uns
nun auf Sand- und Schotterwegen vorwärts. Sie führen an
einem Dorf vorbei, vor dem ein Wegweiser nach Heiligenhafen zeigt. Und dann kommen die letzten Kilometer zwischen Feldern hindurch, und wir sind am Ziel, in Sulsdorf.
Rechts hinter den wenigen Höfen erkennen wir Zelte, errichtet von denen, die motorisiert von Mecklenburg gekommen sind, die das Schwein hatten, nicht marschieren zu
müssen und die nun diese gute Tat für uns vollbracht haben.
Ich bitte ihnen alles ab, was ich so häßlich über sie gedacht
hatte!

Es mag etwa 13.00 Uhr sein, als wir bei den Zelten ankommen. Und da sind sie alle wieder: Der Hauptmann, der
Spieß, der Rechnungsführer und alle anderen vom alten
Haufen. Der Koch — ich habe nie erfahren, wie er so schnell
von Neustadt hierher gekommen ist — steht bereits an der
Feldküche. Ob er das, was darin bereits kocht, hier an Ort
und Stelle organisiert hat? Der Teufel weiß es! Jedenfalls
haben wir gerade unsere Klamotten ins Gras geworfen, als
er, freundlich aufmunternd, in die Runde ruft, was er schon
früher immer dann gerufen hatte, wenn die Verpflegung
miserabel war: „Meine Herren, es ist noch Suppe da, dünn
aber kräftig! Kommt her, Jungs!" Ja, sie ist dünn: Wasser
mit Grütze und ein paar Kartoffelstückchen als „Sondermel-

dung". Aber sie ist kräftig für den, der vorher nichts hatte. So wird sie mit großem Behagen geschlabbert und geschlürft. Danach fallen wir ins Gras, die „satten Bäuche" der Sonne darzubieten und zu Fünfen oder Vieren oder Dreien, je nach Glücksfall, eine Zigarette zu rauchen. Jeder beobachtet eifersüchtig die Züge des anderen. Der letzte kann, wenn er die Kippe auf eine Nadel spießt, noch einen Zug mehr herauswirtschaften, als wenn er sich nur die Finger versengt. Der Sani-Oberfeld ist bereits wieder in Form. Wie er uns in den schlimmsten Situationen an der Front, sogar im Kessel von Tscherkassy, ablenkte und erheiterte, so beginnt er auch jetzt, in dieser Atempause zwischen Gewesenem und unbekanntem Künftigen: „Na, Leute, wollt ihr mal'n Gedicht hören?" Jeder weiß, was kommt. Die meisten kennen die äußerst maskulinen Strofen längst auswendig. Aber jeder spitzt die Ohren zum xten Mal wegen des Charmes und der Delikatesse, die im Vortrag liegen. Der Sani-Oberfeld richtet sich ein wenig auf, blickt genüßlich in die Runde, läßt die erste Zeile wie im Vorgriff auf der Zunge zergehen und hebt an:

> Necho war ein großer König.
> Geld jedoch hat er sehr wenig.
> Drum sprach er zur Tochter Isis:
> ‚Kind, wir stehn vor einer Krisis.
> Du mußt in ein Hurenhaus,
> da springt sicher Geld heraus.'
> Bald erscholl's von allen Tempeln:
> ‚Prinzeß Isis . . . '

Alle machen Gesichter, die immer wieder Erwartung auf das Kommende, immer wieder genußvoll Gehörte ausdrücken. Gesichter, die schmunzeln. Und Gesichter, die Sehnsucht erkennen lassen, Sehnsucht nach Geborgenheit, nach einem Bett, nach einer Frau. Das rohe Männerlachen verbietet sich von selbst. Der Beifallgewohnte, auf die Ellenbogen gestützt, dankt mit leichtem Kopfnicken und sagt wie üblich: „Das habt ihr nun aber wirklich zum letzten Mal gehört!" Nun gut. Mit heutiger Vokabel würde ich sagen: So schön kann Pornografie sein!

Im Hof, hinter dem die Zelte stehen, muß Wasser beschafft werden, nicht nur zum Spülen der Kochgeschirre, sondern vor allem zum Waschen. In allen möglichen Gefäßen wird es hergeschleppt. Wer Glück hat, kann sich ein Vollbad aus der Schüssel leisten, wer nicht, verschiebt es auf später und wäscht wenigstens Hände, Gesicht und die zuschanden gelaufenen Füße. Und dann werden die Zeltplätze verteilt. Mich lädt der Hauptmann ein, in das seine zu kommen. Erst denke ich, ein Kumpel wäre besser. Aber dann erweist sich die Aufforderung als günstig: Hatte er das Wenige, was hier zu tun war, erledigt, war er stundenlang, auch abends, meist zum Skatspiel, unterwegs. Weiß der Himmel, wo er immer wieder neue Skatbrüder auftreibt! Mir dagegen ist es lieb, allein zu sein, um nachdenken zu können, um einen Weg zu finden, der wenigstens einen winzigen Zukunftsschimmer verheißen kann.

Erst mal aber falle ich auf dem mir zugedachten Platz im Zelt auf die ausgebreitete Decke und schlafe; verschlafe den Nachmittag, verschlafe den Kanten Brot, den es am Abend gibt, und verschlafe die folgende Nacht. Nur ein Landser kann so pennen. So intensiv wie damals habe ich es später nie mehr vermocht. – Was mit Pennen in solcher Vollendung gemeint ist, dafür ein Beispiel: Als Anfang Juli 44 der Großangriff auf unsere Stellungen im Raum Polozk begann, hatten wir auch feindliche Luftangriffe zu bestehen. Einer erfolgte im Morgengrauen. Als er begann, versuchten die Kameraden mich zu wecken. Als das mißlang, liefen sie aus der Hütte in den nahen Deckungsgraben, derweil ich weiterschlief. Dann ging der Segen in nächster Nähe nieder; es gab Verwundete. Keiner meiner Kameraden gab mir noch eine Chance. Ich aber war indessen durch den Luftdruck eines großen Koffers aus der selbstgezimmerten Liege in die Mitte der Hütte geflogen. Als die Kameraden nach dem Zauber verdreckt von draußen zurückkamen, wußte ich von nichts, guckte sie verwirrt an und konnte nicht fassen, daß ich wieder mal davongekommen war. Am nächsten Tag, ehe der große Rückzug begann, gab es Marketenderware. Ich lud alle Kameraden von der Funkerei ein, und wir feierten in einer schönen Mittsommernacht den wundersamen Schlaf und meine Errettung.

27.7.

Sonntag. Er bringt eine Überraschung: Helmut, der Rechnungsführer hat tatsächlich die Batteriekasse bis hierher geschleppt. Mir scheint, daß er damit seiner unentwegten Redlichkeit die Krone aufsetzt. Wenn Rückmärsche in Flucht ausarteten, habe ich mehrmals gesehen, wie Rechnungsführer oder Zahlmeister die Geldkiste öffneten, weil sie glaubten, sie nicht mehr in Sicherheit bringen zu können, und sich dann alle Taschen vollstopften mit Geld, das ihnen nicht gehörte. Unser Rechnungsführer, Bankbeamter von Beruf, ist nicht von dieser Art. Jetzt, wo alles vorbei ist, wo es keine Stelle mehr gibt, bei der man abzurechnen hätte, schlägt er dem Hauptmann vor, das Geld gleichmäßig auf alle zu verteilen, die hier sind und die den kümmerlichen Rest der ehemaligen Regimentsstabsbatterie AR 389 darstellen. Der Vorschlag findet nicht nur des Hauptmanns, sondern unser aller Zustimmung. So bekommt jeder sein Teil, ordnungsgemäß gegen Quittung. Wir sollten bald merken, wie notwendig solch ein zusätzlicher Groschen für uns alle werden würde. Die Zeit des schwarzen Marktes war näher, als wir ahnen konnten.

Gegen Abend haben sich alle Landser, die den Zeltring um das Dorf bilden und Scheunen, Dachböden und Ställe bewohnen, an der Dorfstraße unter schönen alten Bäumen zu versammeln. Irgendwer sagt irgendwas an; das ist für uns ohne Belang. Wichtiger ist bei dieser Gelegenheit das Wiedersehen mit dem einen oder anderen, der einem schon im „Lager Weiß" sympathisch war und mit dem man auch hier ein kurzes Wort wechseln kann.

Eine Woche ist es her, daß M. W. aus dem „Faust" gelesen hat. Er soll im nächsten Dorf sein, und ich muß zu ihm. Ich muß zu ihm, um diesem Leben seinen Sinn zu erhalten, um nicht abzusacken in die Millionenmasse derer, die ohne Hoffnung sind.

29.5.

Ich bitte den Hauptmann um meine Versetzung zum Ic, der gleichen Dienststelle, auf der im „Lager Weiß" die Zusammenarbeit mit M. W. ihren ersten tastenden Anfang genommen und vor deren Baracke ich Pit und Johnny kennengelernt hatte. Sie befindet sich nun in Neuratjensdorf, kaum 3 km von hier. Ein musischer Mensch ist der Hauptmann nicht, sehr im Gegensatz zu meinem ersten Batteriechef, damals 41 vor Kiew. Aber er versteht dennoch, daß ich nun den alten Haufen verlassen muß. Formalitäten gibt es kaum noch. Ein Schein mit seiner Unterschrift genügt, und ich kann morgen ziehen.

Bis in den Abend sitzen wir, die letzten der Batterie, beisammen und erzählen von gemeinsamen Erlebnissen. Und vor allem von den Kameraden, die im Weichselbrückenkopf oder später bei der heillosen Flucht auf der Strecke blieben. Wir sprechen von Arwed, dem Maler, Drucker und Schnitzer, der auf der Regimentskartenstelle Dienst tat. Als Altparteigenosse kam er in Tuckum vor das Kriegsgericht, weil er seiner Frau unverblümt geschrieben hatte, daß es für uns nichts mehr zu gewinnen gäbe. Wir sprechen von Jack und Xaver, den Funkern; der eine, der Köllsche Jung, gesegnet mit unverwüstlichem Humor, der andere, gebürtig aus der Pfalz, ein halbes Kind noch und darum Bub genannt. Wir sprechen von dem Obergefreiten aus Ostbrandenburg, der darum „Die Eiche" hieß, weil er, wenn vom Alkohol befeuert, zu sagen pflegte: „Und wenn ick steh, uff Posten un so, dann steh ick wie ne Eiche. Da könn mir ooch zehne von die Iwans nischt wolln." Er war der kleinste in der Batterie, etwa 1,50, und hatte trotz seiner Jugend ein faltiges Greisengesicht. Alles in allem ein uniformierter, bewaffneter und dabei herzensguter Gnom. Wo sie jetzt auch sein mögen, gefallen im letzten Ausverkauf oder auf dem endlosen Marsch nach Osten in die Gefangenschaft —, sie alle sind noch einmal bei uns. Nicht zu vergessen derjenige Unteroffizier, der zu den merkwürdigsten gehört, die mir begegnet sind und von dem ich hörte, daß er nach seiner Versetzung zu einer anderen Einheit gefallen sei: Er war Zwölfender und ein Haudegen, der sich nirgendwo einfügen konnte. Er trug EK II und I, silbernes Verwundetenabzeichen, Artilleriesturmabzeichen, einen Ärmelstreifen von irgendeinem Kessel und was weiß ich noch. Er war hochgekommen bis zum Offizier, degradiert worden zum Kanonier und hatte es dann wieder bis zum Unteroffizier gebracht. Bei Aufstellung unserer Einheit war es in Torigny-sur-Vire wieder eingelocht worden, den Verhältnissen entsprechend aber nur behelfsmäßig, so daß er heimlich alles zugesteckt bekommen konnte, was sich nur denken läßt. Als er rauskam, bedankte er sich reihum und versicherte, wie ein Fürst gelebt zu haben. Und wenn er blau von Cidre und Calvados in irgendeiner Kneipe saß, dann sagte er, sein Vater habe irgendwo im Rheinland eine Gaststätte; dahin würde er mich als Pianist und Alleinunterhalter mitnehmen. Es würde ja sowieso alles schiefgehen, und dann sei ich für solch ein Unterkommen gewiß dankbar.

Im Zelt finde ich an diesem Abend lange keinen Schlaf. Die Erlebnisse der letzten Jahre lassen mich nicht zur Ruhe kommen. Es sind weniger ihre Schrecken, als vielmehr die Erinnerung an gute Menschen, denen ich begegnet bin und die mich nun nicht schlafen lassen.

Da ist Madame Bannier, die alte Wirtin eines gemütlichen

petit café avec une mercerie in Torigny, die ihre Rechnungen an Monsieur Ermann, chef de la cantine, richtete, damals, als ich die Marketenderei betreute, weil ich als Musiker auch etwas vom Saufen verstünde, wie der Spieß meinte.

Da ist der Pan in Tschigirin, der alte Säufer, den die Matka zur Ausnüchterung auf einen Haufen Maiskolben hinter dem Haus beförderte. Beide zogen mich beim Abschied vor die Ikone und küßten und segneten mich. Die Kameraden waren hinterher neidisch, weil ich neben der drallen Nadja stehen durfte. Kenner meinten, sie habe die größten und festesten Brüste, die man je gesehen habe.

Ich denke an Olianka, das späte Mädchen, das zwei Tage, nachdem wir in ihrer Isba Quartier bezogen hatten, blaugefroren erschien. Sie hatte fliehen müssen und war nach einem Vorstoß unserer Einheiten aus der Gegend von Kamenka durch Schnee und klirrenden Frost zurückgekommen. Ich war der Held des Tages, denn sie fand heraus, daß ich einige umherirrende Ziegen eingefangen und in ihren Stall gesperrt hatte. Mit ihr kamen andere Weiber: „Spassibo, pan Chermann, spassibo!" Sie wurde die Mutter unserer Funkerei, wusch die Wäsche, kochte Zusatzverpflegung, die sie irgendwo auftrieb, und hatte unsere ungeteilte Zuneigung. Und ich denke an flüchtige Begegnungen mit Ukrainern, die, selbst noch in der Aussichtslosigkeit von Tscherkassy, den letzten Becher Milch mit uns teilten.

Auch an Jans Reimanis muß ich denken, den Landarbeiter und Dorftrompeter von Zemelnieki in Kurland, der mir lettische Volksmusik zugänglich machte. Anfang November 44 schmiß nachts eine Rollbahnkrähe Brandkanister auf sein Dach. Im Nu stand die Hütte in hellen Flammen. Er, seine Frau, sein Sohn und wir retteten nur das nackte Leben. Ich weiß nicht, was uns mehr erbarmte: Das Elend dieser drei guten Menschen oder die Tatsache, daß wir selbst nichts mehr besaßen und auf Socken im gefrierenden Schlamm standen. Keine Klamotten mehr, kein Kochgeschirr, nichts. Gerade, daß einer von uns im letzten Augenblick hatte die Funkgeräte durch ein geborstenes Fenster nach draußen ziehen können!

Iwan Iwanowitsch Dereschtschuk nimmt einen besonderen Platz ein: Als Kiew gefallen war, und wir am Nachmittag in einen großen Häuserblock eingewiesen wurden, um in den Wohnungen von Kommissaren, sonstigen Funktionaren und Offizieren Quartier zu nehmen, stand er als Hausverwalter mit einem riesigen Schlüsselbund bereit, die Türen zu öffnen. Er war im ersten Weltkrieg in österreichischer Gefangenschaft gewesen und brachte sein lückenhaftes Deutsch im tiroler Dialekt an den Mann, was einen sehr merkwürdigen und manchmal auch belustigenden Eindruck machte. Noch am Abend des 19. September 1941 ging ich zu ihm, lernte Julia Makarowna, seine Frau, Julia Dimitrowna, die Tochter, und Maria, die Enkelin kennen und wurde eingeladen zu Wodka und Salzgurken. Von den folgenden Abenden habe ich die meisten in der Wohnung Nr. 23 verbracht bei Krimwein aus der Marketenderei, bei Wurst und Käse, bei aufgetischtem Borschtsch und Wodka und schier endlosen Gesprächen, die immer wieder um den Glauben kreisten, daß in einer freien Ukraine im Bund mit dem Reich alles so gut werden würde, wie man es sich nur wünschen kann. Im Morgengrauen eines frühen Oktobertages setzte sich die Batterie im Verband der ganzen Division in Marsch nach Westen. Iwan Iwanowitsch stand auf dem jenseitigen Gehsteig der „Straße des Oktober", an der sein Häuserblock lag, zog die Mütze, verneigte sich tief und schlug das Kreuz, uns zu segnen.

Was mag aus der Mutter mit den drei Mädchen geworden sein? Sie war aus Hamburg nach Ostpreußen evakuiert gewesen. Auf der Flucht von dort war sie in Danzig hängengeblieben. Soweit wir helfen konnten, halfen wir auch hier: Ich nahm sie auf unserem Fahrzeug mit von Langfuhr quer durch die Hölle der untergehenden Stadt, über den Holm nach Osten. In Heubude, wo wir noch gar nicht glauben konnten, alles überlebt zu haben, mußten wir uns trennen.

Und der weißhaarige Schulrat aus Westfalen, der sich freiwillig in die Ostgebiete des Reiches gemeldet hatte, nun in einer operettenhaften Volkssturmmontur steckte und mir an Bord der uns rettenden „Eberhard Essberger" von seinem Schicksal berichtete? Und die hilfsbereite Dorfschulmeistersfamilie in Mecklenburg? Sie hatten mich, erschöpft wie ich war, kurz vor ihrer eigenen Flucht rasch noch ins Bett gepackt, wo ich ein paar Stunden fest schlief. Ich sah sie noch einmal kurz vor Güstrow, wo der Stadtkommandant die Panzersperren so früh hatte schließen lassen, daß für uns, Soldaten und Zivilisten, kein Durchkommen mehr war. Dafür marschierte in einer Nebenstraße eine Werwolfeinheit. Ein abenteuerlicher Haufe! Männer und Mädchen in Reih und Glied, Brust und Brüste ordensgeschmückt, besangen den bevorstehenden Endsieg.

Der Film, den die Erinnerung heraufbeschworen hat, läuft immer schneller; schließlich so schnell, daß sich in meinem Kopf alles verwirrt, so daß ich nichts mehr fassen kann. Erst bin ich neidisch auf den Hauptmann, der neben mir mit absoluter Gleichmäßigkeit atmet. Dann beruhigt mich dieses Gleichmaß, und ich schlafe endlich ebenfalls ein.

30.5.

Meine paar Habseligkeiten sind schnell gepackt. Dann kommt der Abschied. Sein erster Teil ist fast rein dienstlich: „Wachtmeister W. meldet sich von der Regimentsstabsbatterie AR 389 ab." „Viel Glück, mein Lieber." „Danke sehr, Herr Hauptmann, und ebenfalls alles Gute." Das geht wie geölt. Doch dann kommt der zweite Teil, und der wird bitter. Die Kameraden stehen im Halbkreis vor den Zelten. Meine Schritte zu ihnen werden langsam und unsicher. Dann stehen wir voreinander. Ein letzter Blick in das von Entbehrung und Hoffnungslosigkeit verhärmte Gesicht des anderen, ein letztes Maßnehmen, um bestätigt zu finden, daß er in jeder Situation ein Kerl und ein guter Kamerad war, und dann der letzte Händedruck: „Bleib gesund." „Mach's gut." „Halt dich senkrecht!" „Schreib mal", sagt keiner, denn niemand weiß, wohin es ihn noch verschlagen wird, ehe er wieder Boden unter die Füße bekommt. Um den Abschied nicht zum Jammer werden zu lassen, nehme ich schnell meine Sachen und gehe los. Einmal drehe ich mich noch um und winke. Die da stehen, habe ich großenteils nicht wiedergesehen. Nur ein paar Briefe sind gelegentlich noch hin und her gegangen, damals, als einer vom anderen wissen wollte, was aus ihm geworden ist.

Dann habe ich meinen Weg erreicht. Und ich habe den Weg zu einem entscheidenden Abschnitt meines Lebens gefunden. Ich gehe auf eine Straße zu, die quer zu meiner verläuft. Da ich Neuratjensdorf, so wie es mir beschrieben worden ist, bereits liegen sehe, biege ich nach links ab. Mit Genugtuung stelle ich fest, daß ich wieder ordentlich gehen kann; das mühsame Dahinlatschen ist überwunden. Der Hunger freilich ist geblieben; er sollte noch für Jahre zum Dauerzustand werden.

Links von der Straße, gegenüber vom ersten Hof des Dorfes steht das erste Zelt, an dem ich vorüberkomme. Dann muß ich rechts in die Dorfstraße einbiegen. Die gehe ich entlang, bis ein Schild nach links, zwischen zwei Höfen hindurch, zum Ic weist. Ich frage mich durch und finde den

Hauptmann, bei dem ich mich zu melden habe. In einem kurzen Gespräch spüre ich, daß er nicht nur ein tatenfroher, sondern auch ein musischer Mensch ist. „Gut, ich bringe Sie zu Mathias Wieman." Wir finden ihn am Rande der Koppel vor dem ausgeschlachteten Funkanhänger, den ihm der amerikanische Kommandant des „Lagers Weiß" überlassen hat. Die Begrüßung ist herzlich: „Willkommen und auf gute Zusammenarbeit!" Seine Frau tritt herzu. Ich werde vorgestellt und auch von ihr herzlich willkommen geheißen. Wir sind noch im Gespräch, als Pit und Johnny daherkommen. „Da bist du ja, du alte Flasche!" „Wir haben dich schon erwartet!" Rauh, aber herzlich.

Die Frage nach meiner Unterkunft ist zunächst nicht zu beantworten, denn alles ist überbelegt. Jedes Dorf hat Hunderte — manchmal sind es mehr als tausend — zusätzlicher Bewohner. Johnny meint schließlich, vorn schräg hinter der Schule müßte noch was zu machen sein. „Komm, los, nischt wie hin!" Also gehen wir. Tatsächlich steht da ein Zelt, abseits von den anderen am Rande einer Koppel. Davor sitzt — ich traue meinen Augen nicht — der Feuerwerker vom Stab meines Regiments. Ich hatte ihn, ich weiß nicht mehr durch welche Umstände, in den letzten Tagen aus den Augen verloren. Nun ist die Freude groß. Da er allein in dem großen Zelt wohnt — komfortabel mit Tisch, Stuhl, zwei Liegen —, ist er selbstverständlich bereit, mich aufzunehmen. Er bietet mir damit die Möglichkeit, in Ruhe zu arbeiten, zum ersten Mal nach den Jahren, in denen ich keine Note hatte schreiben können. Und er ist, Vogtländer wie ich, ein stiller Mensch und ein verständnisvoller Kamerad. Besser kann ich es nicht haben.

Der Tag vergeht mit einem Gang durch das Dorf, mit Gesprächen, die sich zufällig ergeben und mit Pläneschmieden. Der Fantasie sind keine Schranken gesetzt. Am Abend weiß ich, daß ich die Geborgenheit soldatischer Kameradschaft verlassen habe und dafür in eine künstlerische Gemeinschaft aufgenommen worden bin.

2.6.

Ich muß mir Arbeitsmaterial beschaffen: Die Liederbücher, die M. W. für mich verwahrt hatte, habe ich zurückbekommen. Woher aber Notenpapier nehmen? Johnny weiß Rat und Hilfe. Nicht weit von meinem Zelt steht am Rande des Dorfes ein anderes. Darin hausen Angehörige einer ehemaligen Kartenstelle. Die haben Papier und Gerät aus dem „Lager Weiß" mitgehen lassen und sind zur Hilfe bereit. So bekomme ich in den nächsten Tagen im Handbetrieb hergestelltes Notenpapier. Und der Grafiker unter ihnen liefert Umschläge für meine Arbeiten, heftet sie mit Fallschirmschnur und malt die Titelseite. Es ist mehr, als ich für den Anfang erwarten kann!

3.6.

Bei einem Gang aus dem Dorf hinaus treffe ich auf zwei SS-Männer, die an der Böschung neben der Straße sitzen und singen. Sie lassen sich durch mein Hinzutreten nicht stören und singen das Lied zu Ende. Ein Gespräch wird schwierig, denn es sind junge Franzosen von irgendeiner europäischen Einheit, Studenten aus Grenoble, begabt mit schönen Stimmen und ausgerüstet mit einem reichen Schatz an Volksliedern, die sie zweistimmig mit wahrer Delikatesse singen. Ich sitze dabei und kann mich nicht satthören. „Auprès de ma blonde" klingt seither in meinen Ohren nie so schön, als wenn ich an diese Vormittagsstunde zurückdenke. Mit „Merci beaucoup" und „Au revoir à demain!" gehen wir auseinander. Aber ich konnte sie nie mehr hören. Als ich sie am nächsten Tag vermißte, erfuhr ich, daß sie weggekommen waren. Das Aussortieren von Ausländern und vor allem von SS-Angehörigen aus der Millionenmasse von POW's hatte begonnen.

M. W. ist noch nicht so viel unterwegs wie später, wo er fast jeden Tag mehrere Lesungen zu bestehen hatte. So wird es Brauch, daß sich abends alles vor seiner Behausung versammelt, was sich zugehörig fühlt. Ist das Wetter gut, braucht man nur die Kühle des frühen Sommerabends über sich ergehen zu lassen. Der Kreis derer, die sich an Diskussionen über alle uns bewegenden Themen oder auch heiteren Gesprächen beteiligen, ist dann sehr groß. Ist schlechtes Wetter, versammeln sich die, die rechtzeitig da sind, in der Behausung. Nicht zu glauben, wie viele der alte ausgeschlachtete Funkanhänger zu fassen vermag! Dicht an dicht sitzen, hocken und stehen wir, während der Regen auf das Dach prasselt. Der Mief, den die feuchten Klamotten verströmen, stört keinen; nur beisammen sein, das ist der nicht zu hemmende Wunsch. — Nicht ein Mal habe ich erlebt, daß Frau Wieman solche zusammengeballte Männlichkeit zu viel war; nicht einmal, daß sich M. W. diesen dauernd anbrandenden Besucherstrom verbeten hätte. Mit gleichbleibender Zuneigung ist er für jeden von uns da. Und keiner ist, der diese Zuneigung nicht tagtäglich erwidert.

4.6.

Auf der Wiese sitzt ein singender Mensch, der sich auf der Gitarre begleitet. Es ist ein Oberstfeldmeister des RAD, Charly genannt. Er fühlt sich gleichfalls dem Kreis um M. W. zugehörig. Sein Volksliedschatz scheint unerschöpflich, und gleichermaßen unerschöpflich scheint seine Begabung, immer Neues zu produzieren, neue Verse und neue Weisen zu erfinden. Als Jugendbewegter, als „ewig Fahrender", wie er sich selber nennt, kommt er dabei von Löns und Jöde her. Nicht alles gelingt, manches ist nicht eigenständig genug, aber als er später von Dorf zu Dorf zieht, hat er Landser und Flüchtlinge stets auf seiner Seite. Jeder fühlt sich angesprochen, wenn er hört: „Nun stehn wir waffenlos am Meer, für heut sind wir am Ende . . ." — Charly ging nach seiner Entlassung weiter nach Westen und ist in der Jugendarbeit Nordrhein-Westfalens führend tätig gewesen.

6.6.

Wir sind nicht die einzigen, die den Kopf voller Pläne haben und alles daransetzen, aus dieser Not eine Tugend zu machen, d. h. alle produktiven Kräfte zu mobilisieren. Da ist ein Major der Luftwaffe, gleichfalls alter Jugendbewegter. Der hat sich eine Handvoll Landser zusammengeholt und mit ihnen in kurzer Zeit ein Hans-Sachs-Spiel einstudiert: „Das Kälberbrüten". Die Aufführung findet vor „ausverkauftem Hause" statt, d. h. Landser und Zivilisten, das ganze Dorf versammelt sich hinter einem großen Hof, dort, wo sich die Wiese einen Hang hinunter streckt. Unten an der tiefsten Stelle des „Amphitheaters" ist aus Balken, Brettern und Latten die Bühne errichtet. Die Erwartung derer, die Kopf an Kopf im Gras hocken, ist sehr gespannt, denn hier soll der Ankündigung zufolge zum ersten Mal der Versuch gemacht werden, uns die Not vergessen zu lassen und uns aufzuheitern. Das wird durch die kurze Einführung, die der Major gibt, noch unterstrichen. Und dann geht's los: Die Kumpanei betritt die Bühne. Die Vorstellung beginnt. Die Hälse der Zuschauer werden länger, weil jeder genau verfolgen möchte, was sich begibt. Ja, was sich da begibt, ist, wie man heute sagen würde, blutvolles und engagiertes Theater, voller Saft und Kraft und voller Naivität, wie der Autor sie fordert. Ich meine, der „Schuh-macher und Poet dazu" kann zufrieden sein, denn hier sind zu seinem Lob Kräfte frei geworden, von denen die Spieler selbst zuvor keine Ahnung gehabt haben dürften. Sie sind mit Leib und Seele bei ihren Rollen und haben die Umwelt vergessen. Sie stecken in abenteuerlichen Kostümen; man glaubt nicht, wie man abgewetzte Landserklamotten mit wenig Mitteln drapieren und zum bühnengerechten Kostüm umgestalten kann! Naturgemäß finden die drastischen Szenen besonderen Anklang. Und Beifall auf offener Szene brandet auf, wenn zeitbezogene Improvisationen zu hören sind. Manche, hintergründig, müssen überdacht werden. Andere lassen an Schlagkraft nichts zu wünschen übrig und sind von zwerchfellerschütternder Wirkung. Zum Schmunzeln sind die kleinen Pannen, die vorkommen. Aber wer da glaubt, die Spieler würden dabei unsicher, der irrt sich gewaltig. Dieses Armeleutetheater, mit dem sich jeder identifiziert, ist so gekonnt, daß es am Schluß der Vorstellung mit tobendem Beifall bedacht wird. M. W. sitzt im Publikum und schlägt sich die Schenkel vor Vergnügen. Und ich meine ehrlich, daß kein Theater, an dem ich tätig gewesen bin, je eine so überzeugende, eine so zündende, eine so unroutinierte Aufführung zustandegebracht hat, wie die Kumpanei auf der armseligen Bretterbühne von Neuratjensdorf. Die Darsteller können nur unbeholfen abwehren, wenn sie immer wieder Lob und Dank hören und viele Hände schütteln müssen. Sie und ihr Spielleitermajor sind die Helden des Tages. So schön, so befreiend, so erheiternd war das alles!

9.6.

An unserem üblichen Treffpunkt bei Ic sind mehrere Anschlagbretter errichtet worden, an denen Neuigkeiten zu lesen sind. Die Lokalnachrichten sind reichlich: Verloren — (seltener) Gefunden; Einteilung eines Arbeitskommandos für einen Bauern, dessen abgebrannte Scheune wiederaufgebaut werden soll; Anordnungen für das Sauberhalten der Unterkünfte; gelegentliche Veranstaltungen, auch in den Dörfern der Umgebung; Hinweis auf eine Bücherei mit Ausleihe in Heiligenhafen. Vom Geschehen draußen in der Welt dringen die Nachrichten nur spärlich zu uns, und was da nicht steht, wird durch Parolen ersetzt. Die Fakten allein

sind schlimm genug, die Gerüchte weit schlimmer. Jedenfalls ist der Führer — ich hatte ihn 1925 nach Entlassung
aus der Festungshaft zum ersten Mal gesehen und war ihm
später trotz aufsteigender Zweifel immer wieder gefolgt —,
Hitler ist in Berlin also keinen Heldentod gestorben. Die
Größen aus Partei, Staat und Wehrmacht sind entweder um-
gekommen oder untergetaucht oder verhaftet. Die Sieger
führen uneingeschränkt das Regiment über die Besiegten.
Montgomerys Verlautbarung an die Deutschen mit ihrem
infamen Anfang: „Wir Engländer sind ein freundliches
Volk. Wir lächeln gerne . . .“ und dem nachfolgenden
Fraternisierungsverbot sollten nicht mehr lange auf sich
warten lassen. Das Schlimmste im Augenblick aber ist die
Nachricht, daß die Westmächte nicht nur im Falle Berlin
den Iwan hatten den Vorgriff tun lassen, sondern ihm nun
auch noch Mecklenburg, Sachsen und Thüringen überlassen,
indem sie diese Gebiete entweder schon geräumt haben
oder baldigst räumen werden. Die Sorge um die Heimat, um
Frau und Kinder steigert sich bis ins Unerträgliche . . . Jeder
Kumpel, der gleichfalls dort zu Hause ist und den man
spricht, greift sich an den Kopf angesichts solcher Verblen-
dung und kann diese Vorgänge so wenig fassen wie ich
selbst.

11.6.

Geht man vom Ostrand des Dorfes, dort wo unsere Zelte
stehen, ein kleines Stück zwischen Feldern und Wiesen hindurch, kann man den Turm einer vermutlich recht alten
Kirche sehen. Der Karte nach muß das Neukirchen sein.
Dorthin oder auf einen nahegelegenen Hof namens God-
derstorf soll es einen Unteroffizier verschlagen haben, der
den Organistendienst versieht. Mein erster Gedanke: Da
mußt du hin! Den mußt du wiedersehen! Doch gleich
kommt der zweite Gedanke: Das kannst du dir ja gar nicht
leisten, denn bei der dürftigen Verpflegung ist der Weg
dahin nicht zu schaffen! Und wenn schon, dann will ich
Kräfte sparen, um gelegentlich nach Heiligenhafen zu kommen; der Bücherei wegen, und weil es eine gemütliche kleine
Stadt sein soll. — Vorerst aber: Ich versuche, eine der wenigen Fahrgelegenheiten zu bekommen, die zwischen den einzelnen Einheiten verkehren, aber das mißlingt immer wieder. Und so wurde aus dem Wiedersehen nichts. Umso
stärker gehen meine Gedanken zurück:

Zu meinem privaten Klavierunterricht bei Ernst Flade, Reger-Schüler, später international bekanntgewordener Silbermann-Forscher, kam ein Jahr danach Orgelunterricht beim Kantor der Lutherkirche meiner Heimatstadt. Beide gehörten zu den führenden Köpfen des Musiklebens, das vor allem bis zum Weggang von Generalmusikdirektor Heinz Dressel 1930 in Konzert, Theater, Gesangvereinswesen und Kirchenmusik in hoher Blüte stand. So war es nicht ungewöhnlich, daß im Spätherbst 1931 ein Orgelkonzert stattfand, das von Karl Hoyer, Straube-Schüler, einem der besten Orgelvirtuosen der damaligen Zeit, gegeben wurde. Er kam aus Leipzig, wo er Organist an St. Nikolai und Dozent am Kirchenmusikalischen Institut des Konservatoriums war. Einen seiner besten Schüler, eben jenen Unteroffizier, der nun in Neukirchen saß, hatte er als Registranten mitgebracht. Er eröffnete damals das Konzert; ich glaube mit der Dorischen Toccata und Fuge von Bach. Ich war im Innersten angerührt, denn dergleichen hatte ich von unserem Organisten noch nie gehört. Eine Welt tat sich mir danach auf, als der Meister den Hauptteil des Programms spielte und wie mit einem großen triumphalen Lobgesang beendete. Bach, Reger und Kompositionen Hoyers stürmten derart auf mich ein, daß ich wie ohne Besinnung die Kirche verließ.

Es war beschlossen, mit den Gästen im gegenüberliegenden Ratskeller noch zusammenzusein, ehe sie mit dem Nacht-D-Zug zurückfahren konnten. Und ich durfte mitgehen! Man traf sich in einem Extrazimmer und nahm Platz, ich natürlich verwirrt und verschüchtert als Letzter und am weitesten vom Meister, wie er von seinem Schüler angeredet wird, entfernt. Das Bild, das sich mir bietet, kann ich kaum verarbeiten: Karl Hoyer sitzt, umgeben von der musikalischen Prominenz der Stadt, stopft sich eine Riesenpfeife — später erzählte er mir, daß er am liebsten Schweizer Stumpenabschnitte, vorher in Cognac getränkt und getrocknet, raucht — und spricht mit offensichtlichem Genuß einem Bier nach dem anderen zu. Alles in allem bietet er ein Bild vollendeter Urwüchsigkeit. Soweit es im Rahmen der Höflichkeit erlaubt ist, starre ich zu ihm hin, unfähig zu begreifen, daß dies derselbe Mensch ist, der vor einer Stunde für mich einen neuen Himmel aufgetan hat. Doch ich muß endlich zur Besinnung kommen, soll mir gelingen, was ich aus dieser sich nicht mehr bietenden Gelegenheit zu machen habe: Ich fasse mir also ein Herz und bitte den Kantor, mich vorzustellen. Schon meine Verbeugung ist linkisch, und als mir ein Stuhl angeboten wird, weiß ich kaum noch, wie man sich darauf setzt. Die Worte, mit denen ich deutlich zu machen suche, daß ich die Absicht hätte, vom nächsten Jahr an in Leipzig Musik zu studieren, sind die Ausgeburt aller nur möglichen Hemmungen. Gerade das jedoch scheint auf ihn sympathisch zu wirken, denn ich kriege Boden unter die Füße, als es mit warmer Menschlichkeit an mein Ohr dringt, gesprochen in der unverfälschten Mundart Ostthüringens: „Nu ma ruhig Blut, junger Mann! Trinken Se e Glas Bier mit mir? " Welch ein Glück; meine Aufregung hat ohnehin allen Speichel aufgezehrt! Und dann: „Wenn Se de Aufnahmeprifung bestehn, könn Se mein Schiler werdn. Meldn Se sich dann bei mir." — Ein halbes Jahr später war ich es und blieb es bis 1934, bis ich die Kirchenmusik aufgab, weil sich meine Kritiklosigkeit der Kirche gegenüber immer mehr ins Gegenteil zu verkehren begann. Hermann Abendroth kam an die Leipziger Musikhochschule — damals noch Konservatorium —, und ich lief mit Begeisterung und dem Tatendrang meiner jungen Jahre zu ihm über.

Diese Erinnerungen sind lebendig beim Zurückdenken an den Unteroffizier, den Organisten und späteren Kirchenmusikdirektor von Stollberg im Erzgebirge, der nun nur ein paar Kilometer entfernt mein Schicksal teilt.

12.6.

Zwischen den vielen Landsern und den wenigen Zivilisten, die das Dorf bevölkern, sehe ich fast täglich drei Kinder: Der Junge ist vielleicht zehn. Das Mädchen, das er an der Hand führt, ist zweifellos seine Schwester. Und sie wiederum geht Hand in Hand mit dem jüngeren Bruder. Sie erinnern mich schmerzlich an meine eigenen Kinder, von denen ich seit Monaten nichts mehr weiß. Die Sehnsucht, immerzu vorhanden, aber in erträglichem Maß, bricht übermächtig auf und droht mich zu übermannen! Die Kinder und ich, wir kennen uns nun schon, und als ich sie nach mehreren Begegnungen anspreche, bekomme ich bereitwillig Auskunft: „Ich bin Uwe und das ist Frauke, meine Schwester. Und da ist noch Eckart ... Ja, und mein Vater ist der Lehrer. Nein, zu Hause ist er noch nicht, kommt aber hoffentlich bald, weil der Krieg ja nun aus ist. Die Mutti? Ja, die ist hier ... Und ein Klavier haben wir auch!" Bis zu diesem Stichwort habe ich diesem allem und noch mehr zugehört. Aber nun hält mich nichts mehr. Ich nehme die

Kinder bei der Hand, Frauke rechts, Eckart links — der Große geht allein — und strebe dem Schulhaus zu. Ich brauche nur meinen Namen zu sagen; alles andere erledigen die Kinder, offensichtlich stolz, nunmehr „ihren" Soldaten zu haben. Jedenfalls sitze ich ein paar Minuten später im Wohnzimmer am Klavier und spiele, wenn auch mit gänzlich ungeübten Fingern, so doch mit allem Überschwang, was mir in den Sinn kommt. Wie lange, weiß ich nicht. Verwirrt sage ich meinen Dank und laufe aus dem Dorf, um in den Feldern zur Ruhe zu kommen. — Ich durfte wiederkommen, wann immer ich wollte, durfte auch den Freunden, die zuhören wollten, gelegentlich vorspielen.

Mit der Lehrersfamilie und dem Schulhaus ist auch die Entdeckung einer neuen Tabaksorte verbunden. Um es mal wieder zu sagen: Die Not der Raucher ist himmelschreiend und ohne Zweifel größer, als der ewige Kohldampf. Irgendeiner macht es vor und viele machen's nach: Er schneidet von den Büschen neben der Schule Blüten dessen ab, was ich als Holunder kenne, was man hierzulande jedoch Fliederbeere nennt. Er bringt sie zu einer nahebei vorbereiteten Feuerstelle und röstet sie in einer „organisierten" Pfanne so lange, bis sie braun und mürbe geworden sind. Alsdann fallen sie von den Stielen und sind „pfeifenfertig". Nun denn! Der Koksofen wird — für Neulinge mit großer Erwartung, für Geübte mit einem gewissen Ekelgefühl, das es mannhaft zu überwinden gilt —, also der Koksofen wird entzündet, und beim ersten Zug schießt einem der Speichel von allen Seiten in solchen Mengen in den Mund, daß man nicht mehr weiß, ob man wieder ziehen oder nicht lieber nur noch spucken soll. Nicht zu reden von den Hustenanfällen derer, die versuchten, auch noch zu inhalieren!

Uwe, Frauke und Eckart sind später meine Schüler gewesen und längst in die Welt gezogen.

13.6.

Ordnung muß sein. Und nicht nur bei uns Deutschen, wie man nunmehr beobachten kann; auch die Besatzer können da mit beachtlichen Fähigkeiten aufwarten. Jetzt vor allem gilt es, die Übersicht zu behalten über diese Germans, über die Massen von Piodabbljuhs. Man muß sie sortieren. Man muß nicht nur die SS zusammenfassen, man muß auch die Marine aussondern. Schließlich braucht man ja nur an die aus Geleitzügen heraus versenkten BRT zu denken, um zu wissen, wie gefährlich auch dieser Wehrmachtsteil gewesen ist. Nun denn: Alle Mariner auf die Insel Fehmarn! Also setzen sie sich in Marsch von überallher, von den Garnisonen in Neustadt, in Plön, vor allem aber von Kiel. Ja, sie, die des Gehens unkundig sind, sie buckeln den Seesack oder was sie sonst haben und schleppen sich nach Osten, nach Nordosten, nach Norden, je nachdem. Manche — sie sind ganz fein raus — haben Handkarren oder Kinderwagen oder wenigstens deren Fahrgestell organisiert, um vom Fleck zu kriegen, wovon man sich nicht trennen kann.

Vor dem nordöstlichen Ende des Dorfes teilt sich der Weg: Nach links steht „Heiligenhafen" auf dem Wegweiser, nach rechts „Fehmarnsund". Also schleppen sich diejenigen, die hier entlangkommen, nach rechts dem Sund und der Fähre entgegen, die sie auf die Insel bringen wird. Die Schadenfreude der anderen gegen die Mitglieder des „feinen Vereins", der sich Kriegsmarine nannte, macht sich auf drastische Art Luft. Ich kann da nicht mit einstimmen, vielleicht gerade weil ich als Funker der „Bauernartillerie" so viel marschieren mußte und oft genug unter den Strapazen gelitten habe.

15.6.

Ich sitze vor dem Zelt und mampfe „Karo-Einfach", als ein Melder des Ic kommt — langsam und mißvernügt, wie es sich bei solchen Verpflegsrationen gehört — und mir mitteilt, irgendein Kapitän habe von irgendwoher angerufen, um den Musikfachmann der Gruppe Wieman zu erreichen. Da dies nicht möglich gewesen sei, käme er, der Kapitän, noch heute vormittag ins Dorf, und ich solle auf ihn warten.

Ein Kapitän? Zu mir! Wie mag der aussehen? Sowas habe ich ja in all den Kriegsjahren nicht zu Gesicht bekommen. Ich habe doch nur gelernt, woran der Soldat einen General von weitem erkennt. (Für mich ging aus dieser Formulierung übrigens immer hervor, daß der kleine Marschierer sich einem hohen Tier also niemals zu nähern habe. Auch darf man nicht sagen, „den General von weitem", weil damit der Eindruck entstehen könnte, er hieße so und sei aus altem Adel.)

Ich überlege hin und her, was es mit dieser Ankündigung auf sich haben könnte und komme über die vagesten Vermutungen nicht hinaus. An die Musik denke ich dabei schon gar nicht. Am Weg nach Heiligenhafen setze ich mich ins Gras, denn sicher wird der Käpt'n von dort kommen. Woher sonst?

Es geht schon auf Mittag, als sich von der Höhe eine Staubwolke nähert, aufgewirbelt durch einen VW-Kübel. (Sagte man so? Jeep auf jeden Fall nicht!) Ich springe auf und strebe zurück zum Dorf. Dort beim ersten Haus haben mich Fahrzeug, Insassen und Wolke eingeholt. Der Schotter knirscht. Der VW steht. Drin sitzt — ich traue meinen Augen nicht bei so viel Blau und Gold! — der Kapitän; tatsächlich, ein richtiger Kapitän! Und außer ihm der Fahrer — Infanterist — und ein Leutnant in Tropenuniform, vermutlich nicht mehr in Afrika getragen, sondern im „Lager Weiß" mitgenommen, wo sich aus den Riesenbeständen ja viele neu eingekleidet haben. Es geht, wie häufig in solchen Situationen, mal wieder schneller, als ich denke. „Wir möchten zur Gruppe Wieman und suchen da einen Wachtmeister W." „Jawoll, Herr Kapitän!" „Vielleicht sind Sie das sogar?" „Jawoll, Herr Kapitän!" „Ach, lassen Sie doch den Dienstgrad." Und er nennt seinen Namen. „Jawoll, Herr Kapitän!" Was mag er bloß wollen? Kein Gedanke an Musik! Inzwischen ist er ausgestiegen, und mit ihm der Leutnant. Auch er nennt seinen Namen, und damit beginnt sich die kommissige Starre zu lösen. „Sie sind sicher sehr überrascht, daß wir hier aufkreuzen. Aber wissen Sie, wir sind dabei, ein Streichquartett zu gründen und haben bisher nur das Cello — das spiele ich — und eine Geige zusammen. Können Sie uns weiterhelfen?" Ich ringe um Fassung: Hier am Rande der Welt in dieser bitteren Armut steht ein leibhaftiger Kapitän vor mir und spricht von Musik und einem ganz konkreten musikalischen Plan. Wer soll das in dieser einen Sekunde begreifen? „Schade", denke ich im nächsten Augenblick, „dann wirst du als Pianist ja nicht gebraucht." Ich sage das und bekomme eine überraschende Antwort: Genau das wäre richtig und gut, denn man brauche ja auch einen Studienleiter oder, bescheidener gesagt, einen, der die Proben und das Zusammenspiel überwacht. Ob ich diese Aufgabe nicht übernehmen wolle? Ja, gewiß, aber Kammermusikerfahrung hätte ich noch nicht viel. Mein Werdegang? Nun gut, dann könnten Laien wie sie doch genug von mir lernen. Den Fahrer interessiert das alles nicht. Er liegt dösend, die Mütze über den Augen, im Gras. Umso mehr sind wir drei Musikanten in alle möglichen Fachsimpeleien versponnen. Schließlich bittet der Fahrer um Aufbruch. Die Verpflegung sei so gering, daß man sie wenigstens pünktlich empfangen müsse. „Sie hören wieder von mir. Und ich habe

mich sehr gefreut, Sie kennenzulernen. Machen Sie's gut!"
„Danke sehr, Herr Kapitän. Und auf Wiedersehen! Wiedersehn, Herr Leutnant!"

Das erste Streichquartett, das ich gehört hatte, war das Amar-Quartett, das mehr als einmal in meiner Heimatstadt zu hören gewesen war. Dabei erlebte ich Paul Hindemith als Bratscher, auch bei seinem Streichquartett op. 10, das damals wohl ständig im Programm war und auch mich sehr beeindruckte, nicht weil ich es verstanden hätte, sondern weil ich es als Aussage der Zeit empfand und mich freute, daß es Komponisten nicht nur in der Vergangenheit gegeben hatte, sondern daß welche mit uns lebten, für uns schufen und, wie zu hören war, für uns musizierten. — Zuletzt hatte ich ein Streichquartett vor etwa einem Jahr gehört: Die Division befand sich im Raum Witebsk—Polozk; der Divisionsgefechtsstand jenseits der Drissa auf einem bewaldeten Hügel, der Artilleriegefechtsstand diesseits des Flusses. Der Tag war heiß gewesen, die Stellung verhältnismäßig ruhig, so verdächtig ruhig, daß der nächste Angriff wohl nicht mehr lange würde auf sich warten lassen. So war Gelegenheit, zum Fluß zu gehen und im Schein der Abendsonne zu baden. Nicht zu beschreiben, wie gut das tat; erst als die Dämmerung zu kühl wurde, stieg ich wieder in meine Klamotten. Und in den Abend hinein hörte ich, offenbar von Angehörigen des Divisionsmusikkorps gespielt, ganz unwirklich von jenseits des Flusses unter den Bäumen hervor und vom Hügel herab Mozarts „Kleine Nachtmusik". Weder zuvor noch danach habe ich Musik so stark empfunden, wie in dieser letzten halben Stunde vor Vergehen des Tages dort an der Drissa. Zwei Tage später begann der Großangriff der Sowjets, dem wir uns erst in Kurland wirksam entgegenstellen konnten.

18.6.

Ich muß nach Heiligenhafen! Es gibt dort Bücher und Noten zu leihen, irgendwo in einer Marinekaserne, die jetzt als Lazarett dient. Also nicht an Kohldampf denken, sondern losgehen! Schon habe ich das Dorf hinter mir und folge dem Weg eine langgezogene Höhe hinauf. Was ich da binnenwärts sehe an Dörfern, Wäldern und Höhen, weiß ich nicht, denn die große Karte habe ich nicht bei mir. Nach Norden versperrt ein weiterer Höhenzug die Sicht; dahinter aber muß Heiligenhafen liegen und wird die See zu sehen sein. Also weiter! Der Weg führt in einer Windung in eine Senke hinab und steigt dann wieder an zu einer Höhe, die ich eben vor mir sah. Es geht schneller, als ich dachte, denn schon stehe ich oben und habe vor mir die kleine Stadt, dahinter ein Binnenwasser, dem eine Landzunge vorgelagert ist, und dahinter die offene See mit der Insel Fehmarn. Niemand ist unterwegs, kein Landser, kein Zivilist. So kann ich ungestört dieses großartige Bild in mich aufnehmen. Lange sitze ich am Wegrand, ohne mich sattzusehen.

Der Weg führt geradeaus den langgestreckten Berg hinab auf die Stadt zu. In wenigen Minuten habe ich die ersten Häuser erreicht: zuerst noch Schotter, dann Kopfsteinpflaster, gemütliche Häuser, teilweise noch mit gewölbten Fensterscheiben. Alles wäre Behaglichkeit, könnte man alles in Ruhe betrachten. Aber die Stadt ist überfüllt von Landsern und Flüchtlingen, und sie nehmen einem eben diese Ruhe. Immerhin bin ich sehr beeindruckt, zumal es die erste norddeutsche Küstenstadt ist, die ich zu Gesicht bekomme. Mühlenstraße: Wohl denen, die im Haus unter der prächtigen Kastanie hinter den Fensterscheiben sitzen und wissen, wohin sie gehören! Am Markt bleibe ich stehen: Er hat kaum Sehenswürdigkeiten und ist doch wert, in sich aufgenommen zu werden, wie mir Binnenländer scheinen will, als Bild der niederdeutschen Kleinstadt.

Rechts, gegenüber von einem Backsteinbau, der wohl das Rathaus sein wird, geht eine Straße weiter, in die es hineinströmt und wieder herauskommt: Da ist wenige Häuser weiter das Kino. Welcher Film läuft und zieht die Menschen an? „Träumerei". Wer spielt die Hauptrolle? Mathias Wieman als Robert, Hilde Krahl als Clara Schumann. Meine Abneigung gegen Musikerfilme war schon immer groß, aber diesen Film muß ich sehen. Und wenn ich dazu auch heute keine Zeit habe, will ich es mir doch für die nächste Gelegenheit vornehmen.

Nun —, zunächst muß ich zurück, am Rande des Marktes entlang und in eine Straße hinein, die offenbar stadtauswärts führt. „Wo komme ich denn zur Kaserne?", muß ich an einer Parkanlage fragen, weil ich nicht mehr weiter weiß. „Hier schräg durch den Stadtpark, am Teich längs und dann die Straße geradeaus." Der es sagt, spricht so, wie ich die Bauern im Dorf habe sprechen hören. Also ist er ein Einheimischer und seine Auskunft wird stimmen. Schön ist es hier, denke ich. Nicht ahnend, daß diese Strecke mein täglicher Weg vom Flüchtlingslager I zur Stadt und zurück werden sollte; nicht ahnend, daß gleich schräg links eine meiner

68

Töchter zur Welt kommen sollte —, fünf Jahre später. Der Eindruck wird noch stärker, weil man rechts das Binnenwasser mit der Landzunge dahinter sieht; man nennt sie „Warder", wie mir später erklärt wurde. Nun bin ich in der Straße, die geradeaus führt.

Viele Landser — alle Waffengattungen und Dienstgrade durcheinander, wie üblich — gehen in meiner Richtung. Fast ebenso viele kommen entgegen. Ein Hinundher grauer Gestalten. Plötzlich — es ist nicht zu fassen — kommt mir der ... Meine Güte, wie hieß er noch, dieser nette Kerl aus Südtirol ...? Ach, Mensch, der war doch mit mir bei der 9. Batterie der 7. Gebirgsdivision ... Aigner! Richtig: Aigner, hieß er. „Gustl, Mensch, wo kommst Du denn her?" „Griaß Di. Jo, i kemm von Norwegen. Bin hier untersucht worden und muß zu einer Sonderentlassungsstelle für Südtiroler, als italienischer Staatsbürger, woaßt." Gut. Wir treten an den Rand der Straße, und Gustl berichtet in Stichworten von meinem alten Haufen: Bis zum Herbst 44 geschah nichts ungewöhnliches, droben im alten Abschnitt Kiestinki nördlich des Topsees. Aber dann mußte die Division, wie alle anderen Einheiten auch, nach Nordwesten, um in Nordnorwegen deutsches Besatzungsgebiet zu erreichen. Die Verluste bis dahin waren unverhältnißmäßig hoch, die Stimmung weit unter Null! „Lebt der noch, ... lebt der noch ...?" Ich nenne einige Namen. Die meisten sind wohl durchgekommen. Gefallen ist der Unteroffizier — zuerst Geschützführer —, der mir im Kreis der VB-Funker meiner alten Batterie einer der liebsten gewesen war, gefallen 1944, wo der Soldatentod noch weniger Sinn hatte, als in den Jahren zuvor. „Servus, ich muß weiter! Mach's gut und pfü di Gott!" Händedruck, Schulterklopfen und schon ist Gustl im Gewühl verschwunden. Mir bleibt die Erinnerung an Wassilkow, an Kiew, an Grafenwöhr, den Wolchow, an Reval und Finnland.

Rasch noch die Straße zu Ende, dann bin ich am Tor des jetzigen Marinelazaretts. Passieren kann offenbar jeder, keiner wird an der Wache gefragt; wäre bei der Menge Landser, die sich hier hin und her bewegt, auch ganz unmöglich. Nach mehrfachem Fragen und vergeblichem Umherlaufen in dem großen Gelände — es liegt sehr schön oberhalb des Binnenwassers und mag aus mehr als zwanzig Häusern bestehen — finde ich endlich an einer Kellertür einen Pappdeckel, auf dem die gesuchte Bücherei angezeigt ist. Was kriege ich da alles zu sehen! Es ist wie in den besten Zeiten: Musikalien vom Soldatenliederbuch bis zur Kammermusik,

Partituren und Klavierauszüge, Musikgeschichte, Biografien; — es scheint aus der Welt der Musik nichts zu fehlen. Auf meine Frage erfahre ich, daß hier ungefähr alles zusammengebracht worden ist, was an musikalischem Betreuungsmaterial des Kommandos Ostsee der Kriegsmarine noch gerettet werden konnte. Wieder erweist sie sich als „feiner Verein", denn an solche Herrlichkeiten war beim Heer überhaupt nicht zu denken. Aber das ist mir jetzt egal! Die Kundschaft ist recht spärlich vertreten, die Nachfrage dementsprechend gering. Also kann ich bekommen, so viel der mitgebrachte Wäschebeutel faßt. Mich überkommt ein Glücksgefühl wie damals in Schwerin beim Domorganisten. Eigentlich mehr noch, denn hier bekomme ich etliche Veröffentlichungen der letzten Jahre von namhaften Komponisten meiner Generation in die Hand. „Herzlichen Dank, und dann bis zur Rückgabe in zwei Wochen!"

Die Zeit ist schnell vergangen. Wenn ich bis zur Verpflegsausgabe wieder im Dorf sein will, muß ich den Rückweg antreten. Also dann zurück durch das Tor, die Straße ohne Namen entlang, dann links nochmal einen Blick zum Wasser, rechts in die andere Straße zum Markt und wieder rechts und aus der Stadt hinaus. Der Kohldampf ist zum Dauerzustand geworden; ich spüre ihn nur noch, wenn er sich ungewöhnlich verstärkt. So ergeht es mir nun, wie ich den langgestreckten Berg hinaufstrebe. Dazu zerrt der Wäschebeutel immer mehr, so daß ich das Gefühl habe, die Arme werden immer länger, erst der rechte, dann der linke. Wäre ich doch nicht so unmäßig gewesen! Oben auf der Höhe muß ich Pause machen: Ich muß verschnaufen, muß die Noten absetzen, muß — es hilft alles nichts — die letzte wohlgehütete Zigarette rauchen, um den Hunger zu vertreiben. Und ich muß noch einmal das Bild von der kleinen Stadt und von der See in mich aufnehmen, ehe ich endgültig weiter nach Süden dem Dorf und meinem Zelt zugehe.

Wie weit ist die Welt und wie schön dazu, auch wenn sie in unserem Teil so übel zugerichtet ist wie in der Gegenwart!

19.6.

Ich halte mich für einen ganz glücklichen Menschen: Nichts lenkt mich vom Studium der aus Heiligenhafen mitgebrachten Schätze ab! Nur die kurzen Mahlzeiten oder kleine

Gänge durch das Dorf oder durch die Felder unterbrechen das Klingen, das ich so intensiv schon lange nicht mehr in mir vernommen habe.

24.6.

Ernst Jünger —, sein Name war mir ein Begriff seit dem Ende der zwanziger Jahre. Wie im Fieber habe ich damals sein Buch „In Stahlgewittern" gelesen, dieses Heldenepos aus dem ersten Weltkrieg, gelesen mit dem Gelöbnis, daß ich, falls nötig, meine Pflicht genau so bedingungslos tun wollte wie zuvor die Generation meines Vaters. Im Kreis der Klassenkameraden redeten wir uns die Köpfe heiß über dieses harte und tapfere Buch. Als unser Deutschlehrer, selbst ehemaliger Frontoffizier, unsere Begeisterung nicht teilen wollte, da haben wir Grünschnäbel ihm mit der Frechheit unserer Jahre so Bescheid gesagt, daß es nach der Stunde zu einem allgemeinen Klassenkrach kam. – Und nun? Nun bin ich wie der Vater gleichfalls durch Stahlgewitter gegangen, durch Not, Hunger, Elend, wie sie jeder Beschreibung spotten. Und was ist nach dem zweimaligen Gang durch Stahlgewitter geblieben? Jeder mag an sich selber abwärtsblicken, mag auf die schauen, die gleich ihm überlebt haben, auf die Heimatlosen, denen nichts mehr blieb, mag sich alles Elend dieser Tage vergegenwärtigen, um die richtige Antwort zu finden.

Ernst Jünger —, sein Name steht auf einigen abgegriffenen schmierigen Blättern mit abgezogenem Text, der nur noch schwer zu lesen ist, weil das Ganze schon durch unzählige Hände gegangen ist. Über dem Namen steht als Titel dieser Schrift: „Der Friede". M. W. hat die Blätter von irgendwoher bekommen und wacht nun eifersüchtig darüber, daß möglichst viele sie erhalten, keiner sie aber länger behält, als unbedingt notwendig. Es fällt mir schwer, mich damit auseinanderzusetzen. Vielleicht werde ich noch Zeit brauchen, auch Andersdenkende verstehen zu lernen. Ich war in den zurückliegenden vier Jahren gewiß nicht unkritisch gewesen, aber ich habe meine Pflicht getan. Und ich hatte in Kurland kein Verständnis für die Tat des 20. Juli. Nun, da der Held der Stahlgewitter, verehrt seit meiner Jugendzeit, Bedenken vorzubringen hatte gegen das Gesetz, nach dem ich angetreten, begann die festgefügte Ordnung, der ich mehr als zwölf Jahre vertraut hatte, zum ersten Mal ernsthaft zu wanken.

Solche wie M. W., die mehr wissen als ich, berichten dazu, daß die Schrift bereits 1941 entworfen und etwa ab 1943 in Abschriften und Abzügen verbreitet gewesen sei, ehe Jünger deshalb 1944 aus der Wehrmacht entlassen wurde.

Nicht nur ich komme nicht zu Rande, auch Diskussionen im Kreis um M. W. bringen keine klare Stellungnahme.

Was ich abseits aller Polemik, die sich an der Schrift entzündet, einfach schön finde, sind Inhalt und Sprache des Schlusses:

> „Der eigentliche Kampf, in dem wir stehen,
> spielt sich ja immer deutlicher
> zwischen den Mächten der Vernichtung
> und den Mächten des Lebens ab.
> In diesem Kampfe stehen die gerechten
> Krieger Schulter an Schulter
> wie je die alte Ritterschaft.
> Der Friede wird währen,
> wenn das zum Ausdruck kommt."

Das scheint mir gültig, gestern, heute und morgen.

26.6.

Je ärmer der Mensch ist, umso kühner sind die Pläne, die er schmiedet. Johnny, Pit und ich, wir können uns dabei so steigern, daß wir keinen Boden mehr unter den Füßen haben; so schön ist die geträumte künftige Welt. Ich komme mir dann vor wie der Finnenjunge Kananainen, den ich in der Nachfolge von Nils Holgersson für meine Töchter erfunden hatte: Fast in jedem Brief schilderte ich Erlebnisse, berichtete von neuen Eindrücken, die er hatte, wenn er auf einem Pelzmantel hoch über Wälder und Seen Finnlands dahinschwebte.

In diesen Tagen geht es zwischen uns Dreien um realere Dinge. Es geht vor allem um unseren bevorstehenden Umzug nach Heiligenhafen. Eigentlich wollen wir den gar nicht, aber den vorgebrachten Argumenten können wir uns nicht verschließen. M. W. und seine Frau können nicht länger in dem Wagen wohnen bleiben. Die Gelegenheit ist günstig: Sie werden schon bald Stube und Küche irgendwo unterm Dach beziehen können. Der Winter wird dann auch für uns schneller kommen, als wir vermuten. Wie sollen wir ihn im Zelt ertragen? Aber das Wichtigste: Die Gruppe Wieman besteht eigentlich nur zwischen uns; nach außen kann sie von hier aus kaum wirksam werden. Wir müssen aber die Voraussetzungen schaffen, unsere selbstgestellte Aufgabe zu erfüllen. Das ist der Punkt, über den es zwischen uns keine Diskussionen gibt. Also sind wir entschlossen, Stellungswechsel zu machen; M. W, mit seiner Frau, Johnny, Pit und ich. Ob noch jemand dazukommen wird, steht bisher nicht fest.

28.6.

Wie ein Lauffeuer muß es sich herumgesprochen haben, auch in den Nachbardörfern. Jedenfalls ist gegen 16.oo Uhr — um diese Zeit gibt M. W. seinen Abschied von Neuratjensdorf — die Dorfstraße voller Menschen. Sie stehen dicht an dicht und begrüßen M. W. bei seinem Erscheinen mit brausendem Beifall. Er dankt immer wieder und strebt dabei einer großen Kiste zu, die als Podium dienen soll. Die Menge beginnt sich ein letztes Mal hin und her zu schieben, weil jeder seinen Platz noch ein wenig verbessern möchte. Vor allem müssen die Köpfe noch „auf Lücke" gebracht werden, damit jeder etwas sehen kann. Dabei erfährt das Publikum das letzte Sichineinandermischen: Landser bunt durcheinander, wie gehabt; Flüchtlinge, arm und abgezehrt; Einheimische, die einzigen, die gut in Zeug sind. Der Himmel ist leicht bewölkt, und es ist ganz windstill. So wird jeder, wenn er nur zuhört, alles ohne Mühe verstehen können.

Indessen hat die Erwartung ihren Höhepunkt erreicht. M. W. hat die Kiste bestiegen und beginnt nach kurzer Begrüßung zu lesen; nein — großenteils auswendig zu sprechen. Er muß in letzter Zeit zahlreiche Bücher geliehen oder geschenkt bekommen haben, denn so viele hatte er noch nie bei sich. Das Programm ist dementsprechend umfangreich und vielfältig: Es reicht vom Barock über Klassik und Romantik bis hin zu Werner Bergengruen und seiner Generation. Die Stimme ist von zartester Verhaltenheit ebenso wie von großer Leidenschaft wie von edlem Pathos. Ich habe solch vollkommene Beherrschung der Sprache vor der Begegnung mit M. W. noch nie erlebt und bin nun von neuem glücklich, daß es so gekommen ist. Die Landser sind, von wenigen Ausnahmen abgesehen, in seinen Bann geschlagen. Flüchtlinge stehen in meiner Nähe; sie sind im Innersten gerührt. Und die Einheimischen können nicht fassen, was ihrem Dorf in dieser Stunde widerfährt.

Sie wird sich hier in Neuratjensdorf niemals wiederholen. Wann je könnte vor solcher hier versammelten Armut so viel geistiger Reichtum so vollendet wiedergegeben werden? Wann je könnten Gryphius, Goethe, Hölderlin, Claudius, Eichendorff, Hebbel, Mörike, Hesse oder Bergengruen so unmittelbar zum Erlebnis werden? Und: Ist es nicht der Trost der Stunde, daß es keine Dunkelheit gibt ohne die entsprechende Menge Licht?

Die Lesung ist zu Ende. M. W. hat sich, wie immer, völlig verausgabt. Die Hörer danken ihm mit lang anhaltendem Beifall. Er spricht wenige Worte des Abschieds mit der Hoffnung auf ein Wiedersehen in Heiligenhafen. Nachdem er von der Kiste gestiegen ist, recken sich ihm Dutzende von Händen entgegen, und er wird nicht müde, sie zu drücken und jedem ein gutes Wort zu sagen. Dann verläuft sich die Menge. M. W. geht mit seiner Frau dem abgetakelten Funkwagen zu, um sich dort, wie er es liebt, zu erholen, indem er sich vor den Mitmenschen verkriecht.

2.7.

M. W. und seine Frau haben Neuratjensdorf an einem der letzten Abende bereits verlassen. Zur persönlichen Habe sind noch einige Möbelstücke und etwas Wäsche gekommen, die ihnen Bauern des Dorfes, neu gewonnene Freunde und Verehrer, geschenkt haben. So ist das Nötigste vorhanden, sich fürs erste in Heiligenhafen einzurichten.

Wir anderen, die künftig als „Gruppe Wieman" aktiver werden sollen als bisher, haben unsere Habseligkeiten schnell gepackt. Wir treffen uns zur Abfahrt an Wiemans verlassenem Wohnwagen. Er ist bereits an einen LKW angekoppelt, denn er soll auf jeden Fall mit nach Heiligenhafen, wenn im Augenblick auch noch unklar ist, wie er verwendet werden soll.

Wir, das sind die drei ältesten Mitstreiter, Pit, Johnny und ich. Hinzukommen zwei Neue: Ein junger Schauspieler, der in Berlin bereits mit M. W. gefilmt hat. Der erste Eindruck sollte nicht trügen: Er war und blieb ein Einzelgänger, der zu einer großen Belastung für die Gruppe werden sollte. — Der andere ist besonders mir bereits bekannt: Ein junger Hauptmann, der Ia meines Regiments, mit dem ich vom Sommer 44 bis zum Ende zusammen war. Im Augenblick weiß ich nicht recht, was dieser für meine Begriffe amusische Draufgänger hier soll, aber er hilft mir dadurch aus der Verlegenheit, daß er uns erklärt, er habe sich nicht in unseren Kreis drängen wollen, sondern sei M. W. als Organisator unserer künftigen Arbeit empfohlen worden. Er bittet zugleich um gute Kameradschaft und trägt uns, als Jüngster zwar, aber mit dem höchsten Dienstgrad, das Du an. „Jut, is in Ordnung", meint Johnny, während ich nicht ohne gewisse Schwierigkeiten übe, einen Hauptmann zu duzen.

Wir besteigen den LKW, und die Fahrt geht los; vorerst zwischen zwei Höfen hindurch auf die Dorfstraße und dann zu meiner Überraschung nicht halbrechts, sondern links ab. Der direkte Weg ist zu schlecht, erklärt Günter, der Hauptmann. Wir müssen so bald wie möglich auf die Chaussee kommen. Also dann: Ein paar Bauernstellen links, Sulsdorf in einiger Entfernung rechts, und wir in guter Zuversicht auf das Kommende durch das sommerliche Land. In Gremersdorf erreichen wir die große Straße: Reichsstraße 207. Nach links ist Oldenburg ausgeschildert, das gleiche Oldenburg, dessen Existenz ich vor Wochen nur schwer begriffen hatte. Nach rechts — unsere Richtung — geht es nach Heiligenhafen und zum Fehmarnsund. Dort dürfte die Straße dann wohl enden. Schon biegen wir ein, und dann fahren wir auf schnurgerader Straße nach Heiligenhafen. Gewiß fahren wir nun besser als auf der Schotterstraße, aber die Chaussee ist während der Kriegsjahre bestimmt nicht ausgebessert worden. Schlaglöcher und Frostaufbrüche von den vergangenen Wintern geben uns mitunter das Gefühl, irgendwo hinter irgendeiner Front umherzufahren. Außer uns sind nur wenige Fahrzeuge unterwegs: Ein paar Pferdefuhrwerke, ein anderer Wehrmachts-LKW, ein VW-Kübel —, das ist alles.

Von der Höhe vor der Stadt ein noch eindrucksvollerer Blick, als ich ihn beim ersten Besuch Heiligenhafens hatte: Unter uns die kleine Stadt; dahinter wieder die Merkwürdigkeit, die ich hier zum ersten Mal gesehen hatte, nämlich die Reihe kleiner Häuser auf einer vorgelagerten Landzunge; dann schließlich die offene See mit dem Südwestteil der Insel Fehmarn im Hintergrund. Und das alles im hellen Licht sommerlicher Farben! Wer vermag schon unvermittelt zu glauben, daß sich die ramponierte Erde mit hoffnungslosen Menschen darauf in solcher Schönheit darbieten kann!

Günter, unser frischgebackener „Mänätscher", wie man heute sagen würde, weiß Bescheid. „Da drüben links sind die ehemaligen Kasernen, und dahinter liegt das Barackenlager. Da müssen wir hin." Und auf halber Höhe der Straße sagt Johnny: „Das muß die weiße Siedlung sein, in der M. W. die Dachwohnung bekommen hat." Bei den ersten Häusern am Ende des Berges ist eine Straßenkreuzung. Geradeaus geht die R 207 weiter durch die Stadt. Wir biegen links ab und fahren am Südrand der Stadt entlang. Als sich die Straße teilt — jetzt liegt die weiße Siedlung links von uns —, bleiben wir rechts. Die Straße verringert sich zum Schotterweg, bergauf am Zaun des Kasernengeländes entlang. An seinem Ende führt ein Weg nach rechts abwärts. Wir haben den Südostrand des Barackenlagers erreicht.

Ein Kaleu, offensichtlich der Kommandant des Lagers, nimmt uns in Empfang, begrüßt uns als „die Wieman-Künstler" und weist uns in eine Stube der Baracke 4 ein. Zuvor hatte jeder von uns zur allgemeinen Überraschung noch zweimal Bettwäsche erhalten, gegen Quittung, wie sich das gehört, natürlich.

Das Lager ist zweifellos zur Erweiterung der halbrechts gelegenen Kasernenanlage gebaut worden. Es liegt etwas höher als diese und ist terrassenförmig angelegt. Die obere Reihe ist gekennzeichnet durch zwei T-förmige Baracken für Verwaltung, Küche, Kantine u. ä. Dazwischen und davor sind freie Flächen, wie sie jede militärische Unterkunft benötigt. Unterhalb davon befindet sich eine Reihe von Baracken mit der Schmalseite zur See und davor noch eine mit der Längsseite dazu. Klo-Baracken dazwischen dürfen nicht fehlen. Lagerstraßen, Grünflächen, Bepflanzungen hatten die ganze Anlage ursprünglich verschönt. Seit der Überfüllung durch Flüchtlinge, beginnt sie unansehnlich zu werden.

Zu weiteren Betrachtungen ist jetzt keine Zeit mehr: Wir werden eingewiesen und gehen auf die bezeichneten Baracken zu; hinter uns der LKW mit Anhänger. Er hat es schwer, zwischen den Baracken durchzukommen. Ein Haus haben wir schon lange nicht mehr betreten, und ist es auch nur eine Baracke, so finden wir in der neuen Unterkunft eine große Verbesserung. Unsere Stube ist vom nördlichen Eingang her die erste rechts. Ein langer Korridor führt in der Längsrichtung durch den ganzen Bau zum südlichen Eingang. Rechts Stube an Stube, links Stube an Stube; in der Mitte je ein langer Waschraum. Klos gibt es hier nicht, dafür aber, wie schon gesagt, besondere Baracken. Weitere Erkundungen müssen dem heutigen Abend vorbehalten bleiben. Jetzt hatten wir uns erst mal um unseren Einzug zu kümmern: Gesagt, getan! Die Habseligkeiten werden abgeladen und neben die Eingangstür gelegt, der Anhänger wird abgekoppelt und in der Querrichtung neben Büsche und Bäume geschoben, die zwischen unserer und der nächsten Baracke stehen. Dann ist erst mal Pause mit einer Aktiven für alle. Der Fahrer — er musterte später bei der „Gruppe Wieman" an — bekommt eine extra. Ja, und dann nehmen wir unsere Stube in Augenschein und sind — allesamt pulverdampfgeschwärzte Krieger, wie Johnny sagt — recht zufrieden; fürs erste jedenfalls ist nicht mehr zu verlangen. Jeder findet sein Bett und seinen Spind, dazu Tisch und Stühle. Mehr ist nicht nötig. Ist noch die Frage des Anhängers zu klären. Wenn ich mir vorstelle, daß ich darin zum Arbeiten allein sein könnte, wenn ich mir vorstelle, daß ich den freien Blick auf die See hätte, und wenn ich mir vorstelle —; ja, dann möchte ich darin hausen, auch ohne Bett und Spind. Ich äußere mich ganz vorsichtig. Keiner von den anderen hat Interesse, alle reden mir zu unter der Bedingung, daß ich zu den drei Mahlzeiten in die Stube komme. Das ist eine gute Entscheidung, nach der ich meine Sachen gleich in den Anhänger bringe. Bis zum Empfang der Abendverpflegung, die Günter pünktlich von irgendwoher besorgt, hat jeder mit sich und damit zu tun, sich einigermaßen einzurichten, nach unseren verhärteten Landserbegriffen vielleicht sogar wohnlich.

Der Kanten Brot, im allgemeinen belegt mit Daumen und Zeigefinger, verrührt mit der Zunge und runtergespült mit dem bekannten 08/15-Muckefuck neuer Art, denn er ist dünner als je zuvor, dieses Minimum an Abendbrot ist schnell verzehrt. Ein Gespräch danach will nicht recht aufkommen, denn jeder möchte raus aus der Baracke, hinaus in den schönen Sommerabend, hinaus, um das Lager kreuz und quer zu erkunden. Pit macht kein Aufhebens; sang- und klanglos ist er verschwunden. Der Schauspieler sitzt noch eine Weile mit unverändert kummervollem Gesicht in einer Ecke, dann geht auch er. Günter muß sich umsehen für uns alle, damit wir bei der Lagerkommandantur ordnungsgemäß geführt werden und auf Dauer in Verpflegung bleiben und auch, so wertlos sie scheinen mag, unsere Löhnung empfangen können. Johnny und ich bleiben noch einen Augenblick, dann gehen auch wir los.

Schon die ersten Eindrücke sind erschreckend: In Neuratjensdorf — plötzlich denken wir mit einer gewissen Sehnsucht an „unser Dorf" zurück, trotz Barackenstube und Wohnwagen —, dort gab es die angestammten Bauernfamilien, dazwischen nur vereinzelt Flüchtlinge. Die Hunderte von Landsern lebten in Zelten, in Scheunen, Ställen oder auf Dachböden ihr Leben für sich. Eine gewisse, wenn auch spürbar gelockerte militärische Ordnung bewahrte ihnen dieses Eigenleben und sorgte immer noch für Zusammenhalt. — Hier gibt es keine holsteinischen Bauern, sondern nur die graue Masse der Flüchtlinge, Menschen ohne jede Hoffnung. Sie stammen zumeist aus Ostpreußen und rekrutieren sich aus solchen, die bereits nach Neujahr begonnen hatten, die Heimat zu verlassen, zuerst noch mit der Eisenbahn, später im Verband der Trecks, die unter barbarischen Bedingungen dem Westen zustrebten, solange es dazu noch eine Möglichkeit gab. Und sie rekrutieren sich aus denen, die diese Möglichkeit nicht mehr hatten, sondern ihr Leben — und nichts weiter als das — dem Einsatz der Kriegsmarine zu verdanken haben und dabei das Glück hatten, hier in der Nähe an Land gebracht worden zu sein ohne den monatelangen oder gar jahrelangen Umweg über dänische oder norwegische Lager. Die wenigen Landser, die wir sehen, bleiben bei weitem in der Minderzahl. Erst im Lauf der kommenden Wochen sollte sich ihr Anteil sehr stark vergrößern. Was uns hier mit allen, die dieses Schicksal erleiden, auf einen Nenner bringt, ohne Gnade, dafür mit aller zu Gebote stehenden Brutalität, das ist die Armut, die nach Qualität und Quantität ohne Beispiel ist. Viele werden noch aufgeben und sich treiben lassen. Andere leben ihren Tag wie die Tiere von einem Fressen zum anderen. Sie verstricken sich immer tiefer in ihre Hoffnungslosigkeit, weil der Kanten Brot nie ausreicht und die Wassersuppe nie sättigt. Und wieder andere haben das Bedürfnis, die Armut durch ein Sofakissen, mühevoll hergestellt aus Sackleinen oder Verdunkelungsstoff und Fallschirmseide, zu schmücken. Sie waren bereits am Werk und sind es noch immer.

Ich machte an mir die erstaunliche Beobachtung, daß der Kohldampf seine schlimmsten Schrecken verloren zu haben schien. Gelegentlich konnte ich erkennen, daß es möglich war, diesen schlimmsten Schweinehund zum Schweigen zu bringen, so daß ihm weit weniger Bedeutung zukam, als in „guten Zeiten". War dies erst erreicht, konnte ich mich mit bisher nicht gekannter Intensität geistigen Dingen zuwenden. Diese Einstellung war uns gemeinsam. Sie befähigte uns, in einem nicht für möglich gehaltenen Umfang künstlerisch tätig zu werden. Andere empfanden wie wir und wurden gleich uns aktiv. Ich selbst bin zutiefst davon überzeugt, daß alle Musikkultur sich von Grund auf erneuern muß, d. h. beim gemeinsamen Singen zu beginnen hat. So will ich schon in den nächsten Tagen versuchen, Gleichgesinnte um mich zu sammeln.

Bestürmt von den neuen Eindrücken dieses Abends und den Kopf zum Bersten voll neuer Gedanken gehe ich mit Johnny die Lagerstraßen auf und ab und auf kleinen Pfaden zwischen den Baracken hindurch. Alte verhärmte Menschen, Mütter mit kleinen Kindern wie mit Halbwüchsigen. Sie kommen aus den miefigen Barackenstuben, die mit Spinden und Decken oft so abgeteilt sind, daß sie bis zu vier kleine Räume ergeben. Meist in die Böschungen hinein, sind zahlreiche Feuerstellen gebaut. Wer hat, kann sich noch einen Schlag dünne Suppe für den Abend kochen. An den Büschen oder in den offenen Fenstern hängt hie und da Wäsche zum Trocknen. Wohl denen, die noch ein zweites Stück besitzen!

Es ist dämmerig geworden, und ehe die Nacht kommt, wollen wir noch hinauf auf den Hügel oberhalb des Lagers, damit dieser inhaltsschwere Tag einen friedlichen Ausklang findet. Die Konturen verwischen sich bereits. Bald wird die Dunkelheit das im Lager zusammengepferchte Elend gnädig zudecken. Die abendliche See zu sehen, muß uns für den Augenblick Trost genug sein. Schweigend lassen wir uns davon anrühren: Es gibt kein Ende, das nicht zugleich ein neuer Anfang wäre!

Ich konnte nicht ahnen, daß hier für die folgenden fünf Jahre meine Bleibe sein würde, zuerst als Wachtmeister und Chorleiter, dann als Zivilist und als solcher Bürger der Stadt Heiligenhafen, von Beruf immer noch Chorleiter, ferner Torfarbeiter, Schwarzhändler, der auch für die „von drüben" gekommene Familie einzustehen hatte. Vom Stempelbruder bis zum Musikerzieher am Gymnasium in Oldenburg war ein weiter Spielraum.

„Komm, Johnny, laß uns gehn." „Is jut. — Mann, bin ick müde. Am besten wäre, man könnte die janze Scheiße dieser Zeit verpenn'n."

3.7.

Frauen und Mädchen sind hier zweifellos in der Überzahl. So konzentrieren sich meine Pläne zunächst auf die Gründung eines Frauenchores. Ein Probenraum steht in der Kantinenbaracke ohne Schwierigkeit zur Verfügung. Wie aber soll ich den Chor zusammenbringen, wie diejenigen ausfindig machen, die Interesse haben könnten? Auch im Freundeskreis weiß keiner Rat. Da erweist sich der Platz, an dem mein Wohnwagen steht, als überaus günstig: Der Blick geht von meinem kleinen Arbeitstisch aus nicht nur auf die See, sondern vorerst auf die nahe Klo-Baracke. Da müssen die Bewohner mehrerer Baracken hin, also ist größerer Zustrom zu erwarten; von links die Männer, von rechts die Frauen, auf die es mir ankommen muß. Dabei sind die Stoßzeiten morgens und abends besonders zu berücksichtigen. Es bildet sich dann eine Schlange, aus der ich mir in aller Ruhe aussuchen kann, was in Frage kommen könnte: Ältere Frauen scheiden von vornherein aus, desgleichen von den jüngeren diejenigen, die einen ausgesprochen amusischen Eindruck auf mich machen. Wenn die wollen, können sie später immer noch dazukommen. Für den Anfang muß ich den guten Typ gewinnen, von dem ich überzeugt sein kann, daß er den Stamm des geplanten Chores bildet. Habe ich die Klo-Schlangen daraufhin mehrfach überprüft, muß ich mir draußen neben dem Wohnwagen zu schaffen machen und dabei beobachten, aus welcher Baracke die Frauen kommen und wohin sie zurückkehren. Auf die gleiche Weise kann ich dann an den anderen Klo-Baracken verfahren und zu einer Art vorläufiger Bestandsaufnahme kommen. So weit, so gut! Nun kommt die persönliche Kontaktaufnahme, d. h. wo ich die Frauen und Mädchen, die vor meinen Augen hatten bestehen können, im Lager treffe, spreche ich sie an und erkläre, was ich vorhabe. Die Reaktion reicht von völliger Verständnislosigkeit bis zu spontaner Zustimmung. Bald spricht es sich herum, daß hier ein Frauenchor entstehen soll, und wie ich für alle Fälle durch die Barackenstuben gehe, um mit knappen Worten zu werben, da wird mir in einzelnen Fällen die Tür vor der Nase zugemacht, insgesamt aber finde ich doch genug Bereitwillige, um den Chor schon bald zusammenrufen zu können.

Ja —, es geschieht tatsächlich, was hier niemand für möglich gehalten hätte: Wir singen! Es ist wirklich wahr: Ehemalige Angehörige von BDM und RAD, ehemalige Lehrerinnen, Fürsorgerinnen, Stabshelferinnen —, sie alle stehen im Halbkreis vor mir. Viele Worte werden da nicht gemacht. Dafür breiten wir unsere Schätze voreinander aus: Volkslieder, zu denen wir leichte Mehrstimmigkeit finden, oder Kanons, die zum Bestand aller gehören, die je in einem Chor mitgesungen haben. Die Dunkelheit ist hereingebrochen, als wir aufhören in dem Bewußtsein, von jetzt an einer Gemeinschaft anzugehören, die uns helfen wird, die Not der Zeit zu überwinden.

Ich bin noch mit Johnny und Pit zusammen, um über diesen Neuanfang zu berichten und mit ihnen über die Fortsetzung dieser Arbeit nachzudenken. Für mich ist klar, daß ein Frauenchor nicht die Gemeinschaft ist, die ich mir und uns wünschen muß. Anzustreben ist der gemischte Chor. Es muß ein Weg gefunden werden, ihn zu verwirklichen.

10. 7.

M. W. und E. W. kommen uns besuchen. Sie wollen sehen, wie wir hier untergekommen sind, und gleichzeitig mit uns über die weitere Arbeit sprechen. Was mich dabei betrifft, so kann ich von der ersten Probe des neugegründeten Frauenchores berichten. Wegen der weiteren Chorarbeit bringe ich die Notwendigkeit eines gemischten Chores deutlich zum Ausdruck. Das findet Zustimmung, aber auch M. W. weiß auf Anhieb nicht, wie man ihn zustandebringen soll. Da hat plötzlich einer aus der Runde die Idee: Frauenstimmen haben wir und können bei längerem Bestehen des Chores jederzeit noch welche dazubekommen. Die notwendigen Männerstimmen, die hier nicht aufzutreiben sind, sollen auf Wunsch hierher versetzt werden. Das leuchtet ein, und M. W. spinnt den Faden weiter: „Die Bismarcks müssen das machen!" Und sie machen es in der Tat. Sie sorgen dafür, daß alle Landser von der Korpsgruppe — das ist die höchste Dienststelle im Kral — entsprechend verständigt werden. Sie, das sind Philipp, Klaus und Günther von Bismarck, nach meiner Erinnerung ihres Dienstgrades Oberst, Oberstleutnant, Major und hochdekoriert dazu. Sie sollten sich künftig als unsere wahren Förderer erweisen, nicht nur, wenn es sich um eine Zigarette oder einen Teller Grütze handelte. Begegnet bin ich keinem wieder, nur im Fernsehen konnte ich bei Bundestagssitzungen gelegentlich Philipp von Bismarck erkennen.

Es dauert nur ein paar Tage, da kommen sie und melden sich zum „Wieman-Chor", wie er kurz und knapp in der betr. Mitteilung genannt worden war und auch weiterhin heißen sollte. Die da kommen, haben es genau so satt wie wir, nur herumzulungern und sich vom Kohldampf quälen zu lassen; gleich uns haben sie das unstillbare Verlangen nach sinnvoller Beschäftigung. Sie kommen von den verschiedensten Waffengattungen und aus vielen Gegenden des Reiches und bringen, durch Gesangverein die Älteren, durch

HJ-Sing- und Spielscharen die Jüngeren, fast alle Chorer-
fahrung mit.

Die Unterbringung der Sänger erfolgt mit Hilfe der Lagerkommandantur in der Kantinenbaracke, und zwar im gemeinsamen Vorraum vor einem kleinen und einem großen
Saal. Vollgestellt mit Doppelbetten und Spinden reicht er
für seinen neuen Zweck gerade aus.

Es muß bei diesem Zusammensein mit M. W. gewesen
sein, daß das Wort „Fürst" fiel. Jedenfalls waren wir noch
nicht lange in Heiligenhafen, daß wir ihn so nannten, zuerst
inoffiziell, dann höchst offiziell mit der Anrede: „Mein
Fürst!" Er akzeptierte sie, und beide Teile hatten wohl das
Gefühl, daß die besondere Anrede dem besonderen Verhältnis gerecht wurde, in dem wir zueinander standen.

Gelegentlichen Andeutungen zufolge beschäftigt ihn in
diesen Wochen eigentlich nur ein Plan: Den „Faust" zu
spielen und mit Gretchen und Mephisto als Berufsschauspie-
lern, im übrigen aber mit begabten Laien, wie sie hier zu
finden sein mußten, zu inszenieren. Ein von seiner Idee
Besessener konnte nur schwer erkennen, daß sie eines Tages
an zu vielen Unzulänglichkeiten würde scheitern müssen.

17.7.

Was tagelang vorbesprochen war, erst im ganzen Kreis, dann
zwischen dem Fürsten, Günter und mir, wird heute vor sich
gehen: Günter und ich sind beauftragt, aus Lübeck ein Gretchen — Inge Franzen, eine junge Schauspielerin — und einen
Mephisto — Will Quadflieg, den damals bereits namhaften
Schauspieler — zu uns zu holen. Um den Kral verlassen zu
können, hat Günter von irgendwoher ein gefälschtes Permit
besorgt, mit dem das Unternehmen gelingen soll; — fast
kommen wir uns vor wie bei einem Fronteinsatz. In Röbel,
einem Dorf zwischen Eutin und Süseler Baum (wenn ich das
richtig verstanden habe!) wollen wir die grüne Grenze passieren. Bevor wir Heiligenhafen verlassen, müssen wir noch
den Kantinenpächter an seinem Geschäft, das er am Ausgang der Stadt betreibt, abholen. Da hat Günter wohl ein
Geheimabkommen getroffen. Jedenfalls hat er vorher nichts
davon verraten, daß der Kaufmann jetzt einsteigt und im
Inneren des Fahrzeugs verschwindet, nicht ohne uns in Gestalt von Butterbroten und Zigaretten seinen Dank abzu-
statten für die großartige Gelegenheit, durch eine Verbindung Heiligenhafen—Lübeck in den schwarzen Markt ein-

steigen zu können. Hoffentlich bereut er seinen Entschluß nicht, wenn er nun für mindestens zwei Stunden im fahlen Halbdunkel des Wageninneren durcheinandergeschüttelt wird! Wir sitzen vorn: Der Hauptmann als Fahrer, der Wachtmeister als Beifahrer. So bieten wir sicher ein vertrauenerweckendes Bild. Niemand kann uns ansehen, daß wir drauf und dran sind, unsere Bewacher kräftig übers Ohr zu hauen.

Von der Höhe oberhalb der Stadt bietet sich wieder der weite Blick, diesmal freilich in umgekehrter Richtung, landeinwärts bis zu einem langgestreckten Höhenzug im Süden. Gremersdorf liegt hinter uns, Oldenburg in einer weiten Niederung, zu der sich die Straße hinabsenkt, vor uns. Dann enge Straßen mit Kopfsteinpflaster; der von Bäumen umstandene Marktplatz ist nur durch je einen engen Durchlaß zu erreichen bzw. zu verlassen. Und weiter nach Lensahn und von da durch eine bezaubernd schöne Landschaft, wie ich sie hier nie vermutet hätte, durch die Wälder Richtung Eutin bis hinter Kasseedorf. Wir wollen uns hier nicht aufhalten, denn es sind in der Gegend mehr Bewacher zu befürchten als anderswo, weil hier die Angehörigen der Waffen-SS zusammengezogen worden sind, doch einen Blick auf die Karte müssen wir tun. Richtig –, den nächsten Weg links ab; Zarnekau, und weiter nach Röbel. Die Straße ist alles andere als gut: schmal, gewölbt, Frostaufbrüche, nur gelegentlich gepflastert, im übrigen mit Schotter belegt. Was uns hier unter die Räder kommt, zwingt zu langsamer Fahrt; zu zahlreich sind die Schlaglöcher. Dennoch kommen wir dem Ende des „Kaffernkrals" immer näher und damit der Grenze und der Kontrolle mit dem Augenblick, der über Gelingen oder Mißlingen unseres Vorhabens entscheiden wird. Günter gibt sich, als er am Schlagbaum hält, so kalt, wie ich ihn an der Front erlebt hatte. Ich kann mich eines kribbeligen Gefühls nicht erwehren. Vom Kaufmann hinter uns ist nichts zu sehen und zu hören.

Der englische Posten, auf den wir hatten gefaßt sein müssen, ist nicht anwesend. Sein deutscher Gehilfe, durch eine weiße Armbinde kenntlich gemacht, erweist Günters Schulterstücken und dem hingehaltenen Permit – deutsch und englisch – den schuldigen Respekt. „Morjen!" „Morjen, Herr Hauptmann." „Alles klar? Kann ich weiterfahren?" Oogenblick. Ich mach gleich auf. Is ja sowieso nischt los hier." „Gut. Danke. Wiedersehn!" „Wiedersehn, Herr Hauptmann. Gute Fahrt!" Und draußen sind wir. Draußen, wo du dich frei bewegen kannst, wo zwar Besatzer sind, wo du aber nicht mit Tausenden zusammen gefangengehalten wirst. Dieses Wonnegefühl ungewohnter Freiheit zusammen mit dem Triumpf, daß wir die Bewacher hinters Licht geführt haben, — das wollen wir erst mal genießen. Die Straße — R 76 — ist schnell erreicht. Rechts ran. Anhalten, Zigarette. Der Kaufmann darf das Fenster öffnen und bekommt Licht und Luft. Er scheint sehr glücklich, daß bisher alles gelungen ist, und versichert immer wieder, daß er sich, wenn die Geschäfte gut gegangen sind, auf der Rückfahrt noch einmal erkenntlich zeigen wird.

Ich genieße die Fahrt durch das schöne sommerliche Land bis vor die Tore Lübecks in vollen Zügen. Die vorübergehende Freiheit läßt meine Gedanken nur um die eine Frage kreisen: Was wird aus dir werden, wenn du irgendwann früher oder später endgültig ein freier Mann sein wirst? Möglich, daß sich vielleicht in Lübeck ein Neuanfang finden ließe, wenn ich dabei nur ein wenig Glück hätte.

Lübeck —, davon hatte Hermann Abendroth oft geschwärmt, wenn er uns, seine damaligen Schüler, in Leipzig zu Ende jeden Semesters in den „Kaffeebaum" zum abendlichen Bier einlud. Nach Lübeck war 1930 der Plauener Generalmusikdirektor Heinz Dressel gegangen, und in Lübeck war Hugo Distler schon früh zu Namen gekommen. 1934 hatte ich den als Komponisten Bewunderten beim Bach-Fest in Bremen als Cembalisten erlebt. Sein Name und der Abendroths entgleiten mir bei meinen weiteren Überlegungen immer mehr zugunsten des Namens Heinz Dressel. Und wie wir immer weiter nach Süden fahren, ist mein Entschluß gefaßt: Ich muß diese selten günstige Gelegenheit wahrnehmen und in einem kühnen Vorstoß den Lübecker GMD um Hilfe bitten. Der Gedanke beginnt mich derart zu beherrschen, daß ich mich in einem viel zu frühen Glücksgefühl schon bald eine mir entsprechende Tätigkeit ausüben sehe.

Die Autobahn ist für den Verkehr gesperrt. Also geht es weiter auf der R 207 durch den Wald den Berg hinunter. „Bad Schwartau" steht auf dem Ortsschild. Das habe ich, wenn ich mich nicht sehr irre, schon mal gelesen, und zwar vor Wochen am Bahnhof, als wir von Mecklenburg kamen. Von der Straße, die uns nach Lübeck gebracht hat, geht es links ab über eine enge Eisenbrücke zum Hafen. Demnach sind wir hier an der Trave, hier, wo der Kaufmann aussteigen möchte, um seine Geschäfte zu beginnen. Wir sehen uns inzwischen in der Nähe ein wenig um, essen die letzte Scheibe Brot und warten, bis der Kaufmann zurückkommt. Als es so weit ist, macht er einen recht aufgeräumten Eindruck; also scheint er die ersten schwarzen Abschlüsse mit Erfolg getätigt zu haben. Und auch eine Bleibe hat er gefunden. Gleich uns möchte er keinesfalls heute zurück, sondern das gefälschte Permit lieber kräftig ausnützen.

So —, nun muß er aber erst mal uns weiterhelfen, denn wir wissen beide in der Stadt nicht Bescheid. Günter hat einen Onkel hier, bei dem er auf ein Unterkommen für uns hofft: Besitzer eines Damen- und Herren-Friseursalons in der Nähe des Marktes, sozusagen alteingesessen, hanseatisch renommiert, also einer der ersten Coiffeur-Salons am Platze. Das Geschäft ist bald gefunden, und in der Tat läßt es auch jetzt noch etwas von seinem alten Glanz erkennen. Die Wiedersehensfreude zwischen Onkel und Neffen ist groß, für norddeutsche Verhältnisse, will mir scheinen, geradezu überschwenglich. Nein —, zu schade, aber die Tante ist leider nicht hier, die Kusine auch nicht; sind beide für eine Zeit auf dem Lande bei einem bekannten Bauern. Nicht nur zum Sattessen, sondern bald auch zum Mitbringen, verstehst schon; die Zeiten sind ja mehr als miserabel. Aber er selbst steht natürlich zur Verfügung, und da zu Hause alle Betten leer sind, können wir auch übernachten. Zunächst aber sollen wir — es ist fast Mittag — etwas zu essen kriegen. Wir sind natürlich seine Gäste. Hier verabschiedet sich der Kaufmann, der nun nicht nur nicht länger stören möchte, sondern sich auch noch weiter „umsehen" muß. „Die Zeiten sind ja für niemanden so schlecht, wie für uns Kaufleute. — Bis morgen denn!" Wir gehen durch einige Gassen der Altstadt zu einem Restaurant, das auch schon bessere Tage gesehen hat und in dem der Onkel bekannt ist. Der fällige Abschnitt der Lebensmittelkarte ist für Günter; ich bekomme ein markenfreies Gericht, das gleiche, mit dem sich auch der Onkel begnügt. Die Gediegenheit des Lokals, die hinter der gegenwärtigen Armut hie und da noch erkennbar ist, stimmt mit der Mahlzeit überein: Die Tische sind gedeckt, wie unsereiner das schon lange nicht mehr gesehen hat. Der Ober bringt die Terrine markenfreier Suppe, aber woraus sie besteht, ist schlechterdings nicht auszumachen. Die Tatsache, daß ihr außer mit zu vielen Gewürzen auch mit irgendeinem Aroma hat aufgeholfen werden sollen, macht sie nur schwer genießbar. Sie sättigt nicht, sondern beflügelt nur ein Organ, und das ist die Blase. Trotzdem: Der Onkel hat es gut gemeint, und wir bedanken uns herzlich. Nach kurzem Gespräch trennen wir uns: Der Onkel muß wieder ins Geschäft, Günter muß Gretchen und Mephisto ausfindig machen, damit wir mit ihnen alles weitere vereinbaren können, und ich möchte auf eigene Faust ohne Plan und Ziel losgehen, um einiges von der alten Stadt zu sehen.

Mein Rundgang beginnt in einer Musikalienhandlung, wie ich sie so schön eigentlich höchstens in Leipzig kennengelernt hatte. Auf meine Frage bekomme ich Kostbarkeiten in die Hand: Veröffentlichungen von Helmut Bräutigam, dem gefallenen Freund; solche, die vor seinem Tod erschienen waren und solche, die danach herausgekommen sind und von denen ich noch nicht einmal die Titel kannte. Schließlich schleppe ich ein ganzes Paket davon. Die junge Dame, die mich bedient hat, findet es sicher sehr merkwürdig, daß ich Kompositionen nur eines Autoren kaufe, aber sie kann ja nicht ahnen, welch großen Wert sie für mich haben und ein Leben lang behalten werden.

Je länger ich durch die Gassen der Altstadt gehe oder über freie Plätze, durch Grünanlagen, über Brücken, je mehr es zu schauen gibt, umso größer wird mein Verlangen, noch viel mehr davon kennenzulernen. Bestimmt morgen wieder!

Die Bombenschäden sind gewiß sehr schmerzlich, aber sie erscheinen mir im Verhältnis zu dem, was ich von anderen Städten erzählen hörte, erträglich, wenn es überhaupt geschehen konnte, daß Kulturdenkmäler höchsten Ranges mit Bomben belegt werden mußten.

Ich muß an Danzig, die prächtigste Tochter Lübecks, denken: Vor einem halben Jahr, zwischen Kurland und Westpreußen, hatte ich das große Glück, die Stadt an Weichsel und Mottlau noch unversehrt zu sehen. Zwar waren die kostbarsten Kunstwerke in Sicherheit gebracht oder wenigstens zugemauert, aber ich konnte St. Marien bewundern, das Rathaus, den Artushof, das Krantor; fassungslos vor Staunen und der Kunst hingegeben. Und ich ahnte, was wenige Wochen später geschehen sollte: Daß ich miterleben mußte, wie diese Stadt verbrannt und ausradiert wurde, daß keiner die Schrecken ihres Untergangs je wird vergessen können.

Bei Geschäftsschluß treffen Günter und ich vor dem Laden des Onkels wieder zusammen. Wir fahren quer durch die Altstadt — ich vermute nach Osten — zur Wohnung. Der Abend vergeht damit, daß der Onkel aus der Zeit berichtet, da „Oldenburg für die große Welt entdeckt" wurde und die Garnisonen in Putlos, Heiligenhafen und Großenbrode entstanden. Er erinnert sich — trotzdem und trotzdem! — gern an die Dienstzeit. Die nachfolgenden Familiengeschichten sind für mich ohne Interesse. So kann ich Bücher zur Hand nehmen oder die erstandenen Musikalien studieren. Lang wird der Abend ohnehin nicht werden. Seit wir Betten gesehen haben, wie sie eigentlich nur noch in unserer Fantasie vorhanden waren, spüren wir unsere Müdigkeit und wünschen uns nichts mehr, als bald zu schlafen.

18.7.

Günter möchte den Tag auf eigene Faust verbringen. Mir ist das recht. Seine und meine Ziele würden ohnehin nur schwer übereinstimmen.

Die Wohnung liegt am Moltkeplatz nahe bei einer großen Kaserne. Zweifellos ist da eine schottische Einheit, denn ich höre morgens für lange Zeit Dudelsackmusik und bin, da ich sie noch nie gehört habe, sehr froh darüber. Am liebsten würde ich bis zum Tor gehen, um aus der Nähe zuzuhören und die Instrumente zu sehen. Wenn ich aber an das gefälschte Permit denke, vergeht mir jede Lust, anderen, und vor allem Besatzern, auch nur im geringsten aufzufallen.

Ich lasse mir Zeit, denn heute habe ich den ganzen Tag für mich. Da ich nirgendwo einen Stadtplan bekommen kann, gehe ich durch die gleiche Straße zur Altstadt zurück, auf der wir gestern gekommen waren. Als es Mittag ist, habe ich einen groben Überblick bekommen und die hervorragendsten Sehenswürdigkeiten gefunden, froh und dankbar darüber, daß ich so viel Schönheit schon kurz nach dem schauerlichen Ende des Krieges sehen darf, und traurig über alle unersetzlichen Werte, die den Bomben zum Opfer gefallen sind.

An einigen Gaststätten sind markenfreie Gerichte angekündigt. Ich muß mehrere aufsuchen — sagen wir, drei —, denn von einer solchen „Mahlzeit" kann man auch nicht annähernd satt werden. Sie liegen nahe beieinander, so daß meinem Mittagessen „in drei Gängen" — wörtlich zu nehmen! — nichts im Wege steht. Gleich danach mache ich mich wieder auf, denn ich kann mich nicht sattsehen. Und wenn ich überlege, welche Städte außer Lübeck und Danzig mich noch so tief beeindruckt haben, muß ich an Nürnberg und Reval denken. Ihnen würde ich annähernd den gleichen Rang zubilligen wie Lübeck, dem Haupt der Hanse, „aller steden schone".

Es ist Zeit, den GMD ausfindig zu machen. Am Bühneneingang des Theaters wird mir gesagt, „der General" wohnt am Burgfeld. Daß der gar nicht mehr Dressel heißt, spielt bei der Kürze der gegebenen Auskunft keine Rolle. Also erkundige ich mich nach dem Burgfeld. Beim vierten Versuch etwa bekomme ich Auskunft. Die drei Passanten davor waren Flüchtlinge, die noch nicht lange in der Stadt waren und selber Mühe hatten, sich zurechtzufinden. Gut —, durch das Burgtor, dann halb rechts, nicht zu weit, nicht zu schwer zu finden. Ich gehe die Reihe der Häuser — sie strahlen hanseatisches Selbstbewußtsein und traditionsreiche Wohlhabenheit aus — mehrfach entlang, der gesuchte Name ist aber nicht zu finden.

Eine ältere Dame — gedämpfte Vorkriegseleganz — beobachtet meine Hilflosigkeit und spricht mich an. Ich antworte ohne Umschweife, daß ich den GMD Dressel suche, der hier irgendwo ja wohl wohnen muß. Die Antwort, die mir, wie sich gleich herausstellt, von kompetenter Seite zuteil wird, macht mich knieweich, denn sie läßt meinen so schön gefaßten Plan dahinschmelzen, wie Butter — o gäbe es welche! — an der Sonne: Die Dame berichtet, daß sie als alte Lübeckerin das Theater in jeder Spielzeit besucht habe bis zum Sommer vorigen Jahres, bis zur Proklamation des totalen Krieges. Da sei Herr Dressel aber schon lange weggewesen. Ob ich denn nicht erfahren habe, daß er, wohl schon 1941, nach Münster gegangen sei? Meine Güte —, wie hätte ich das vor Kiew mitkriegen sollen! Ja, und nun? Nun sei Herr Lehmann GMD, Berthold Lehmann. Er habe sich sehr nach vorn gearbeitet und sei dabeigewesen, sich einen ähnlichen Namen zu machen, wie sein Vater, der ja als Dichter weithin bekanntgeworden sei. Bis dahin nichts gehört, weder vom Sohn, noch vom Vater! Richtig, ja, im übernächsten Haus habe er gewohnt, aber nun sei er bestimmt nicht hier in Lübeck, weil ja noch kein Mensch wisse, was aus dem Theater werden solle. „Es war sehr freundlich von Ihnen, mir Auskunft zu geben; vielen Dank." „Alles Gute. Wiedersehn!"

So ist das also: Eine hilfreiche Dame muß dir klarmachen, daß dein Wunschgebäude eine Lücke hat, die du nachträglich nicht mehr schließen kannst. Und du mußt zusehen, wie der ganze Bau vor deinen Augen ins Nichts zerbröselt! Und wenn das so ist, dann wirst du noch lange mit Ratlosigkeit und Hilflosigkeit leben müssen, ehe du einen ersten Schritt nach vorn tun kannst.

Was dann noch kommt an diesem Nachmittag, ist unwichtig. Ich bin wie zerschlagen in dem Bewußtsein, daß mir keiner helfen wird, jetzt nicht und auch nicht so, wie ich mir das zurechtgedacht hatte. Ich bin so erledigt, daß ich in kurzer Zeit bleiern müde werde, so müde, daß ich auf irgendeiner Bank in einer Grünanlage einschlafe und erst nach längerer Zeit wieder zu mir komme, geplagt von Kohldampf und zusammengestaucht von der Not der Zeit. Ich habe für den Rest des Tages kein Auge mehr für die Schönheit dieser Stadt. Ich sehe nur noch ihre Wunden mit den Elendsgestalten, die daran vorbeigehen, leer und ohne Hoffnung.

Onkel und Neffe sind schon im Hause, als ich mich zu einem Kanten Brot mit markenfreiem Aufstrich einfinde.

Günter hat für morgen alles geklärt: Der Kaufmann wird am Hafen dort aufgesammelt, wo wir ihn abgesetzt hatten. Gretchen wird rechtzeitig vor dem Theater sein, und Mephisto muß in Travemünde dort und dort abgeholt werden.

Ich öffne das Fenster, denn von der nahen Kaserne höre ich wieder die schottischen Dudelsackpfeifer. Sie blasen den Zapfenstreich, und ich fühle mich zum ersten Mal seit meiner Enttäuschung ein wenig getröstet. Gute Nacht!

19.7.

Der Morgen ist schön; zu einer Fahrt über Land wie geschaffen. Der Onkel spendiert noch ein schmales Frühstück, dann verabschieden wir uns mit herzlichem Dank für die Gastfreundschaft. In der nahen Kaserne blasen die Schotten wieder den Dudelsack, fast so, als gelte es unserem Abschied.

Zwischen zwei Lagerschuppen, gut getarnt gegen „Feindeinsicht", wartet der Kaufmann. Fast befürchte ich, seine Geschäfte seien doch nicht so gut gegangen, wie es den Anschein hatte, als er uns auch schon bittet, doch mit anzufassen. Und da haben wir Kartons, Beutel, Säcke u. ä. zu schleppen und im Fahrzeug zu verstauen, bis wir dazu rein gar keine Lust mehr haben, auch wenn uns die Dankbarkeit in immer neuen Vokabeln versichert wird. Günter vor allem wird nervös, denn er will auf jeden Fall pünktlich am Theater sein. Am Haupteingang steht eine junge Dame, nicht zu groß, blond, Sommermantel, Kopftuch, – unser Gretchen. Günter kennt sie bereits, mich stellt er vor. Dann tragen wir Koffer und Tasche zum Wagen und lassen die junge Schauspielerin einsteigen und zwischen uns Platz nehmen. Mir scheint, Günter fährt temperamentvoller als vorher, und ich habe keinen Gedanken mehr an die Enttäuschung von gestern. Günter guckt so oft wie möglich nach rechts, ich nach links. Und nachdem von der Mitte her eine Zigarette nach

links und eine nach rechts gegeben worden ist, besiegelt sich
die Zuneigung von links und von rechts ganz von selbst.
Inzwischen haben wir bereits die Trave überquert und werden in ein paar Minuten in Travemünde sein. Günter weiß
Bescheid, da er gestern schon hier war. So ist die Pension
schnell gefunden, wo wir Mephisto treffen werden. Nach
ein paar Augenblicken erscheint er. Wir einigen uns darauf,
daß er neben Inge sitzen soll. Für mich bliebe die Möglichkeit, beim Kaufmann im Wageninneren zu sitzen. Nein —,
das möchte ich nicht. Der Platz auf dem rechten Kotflügel
in Sonne und frischer Luft ist da viel besser. Und hat sich
dieser Platz nicht bewährt, als ich so auf dem Funkwagen
fuhr —, vor ein paar Wochen, als wir quer durch Mecklenburg vor der Roten Armee fliehen mußten?

Quadflieg weiß hier besser Bescheid als wir. So brauchen
wir nicht nach Lübeck zurück, sondern fahren so landeinwärts, daß wir auf einer großen Straßenkreuzung wieder auf
die R 76 kommen. Röbel ist dann schnell erreicht: Nervosität, Schlagbaum, Posten; — alles wie gehabt, und schon sind
wir unbehelligt wieder im Kral. Über Lensahn und Oldenburg kehren wir nach Heiligenhafen zurück. Besuchszimmer
zu einem ersten Kennenlernen, auch mit den anderen Mitgliedern der Gruppe Wieman, ist unsere Stube in Baracke 4.

Am Abend sind Gretchen und Mephisto beim Fürsten,
um über den „Faust"-Plan zu sprechen. Anschließend sitzen
wir bis nach Mitternacht noch in unserer Barackenstube
zusammen. Inge Franzen wird bei uns bleiben und genau so
unser Schicksal teilen und mit uns tätig sein, wie es M. W.
nun schon seit Wochen tut. Will Quadflieg ist vom Fürsten
nicht zu gewinnen, und von uns, trotz allen Zuredens, noch
weniger. Damit ist das „Faust"-Vorhaben ernsthaft gefährdet.

Wenn ich später den Namen Quadflieg hörte oder las
oder wenn ich ihn im Fernsehen bewunderte, mußte ich
nicht nur an meine kurze Fahrt in die Freiheit denken,
sondern auch daran, daß ich mich im Waschraum unserer
Baracke mit ihm unterhielt, und mich neben ihm wusch
und rasierte. Aufzuhalten war er nicht. Gleich am nächsten
Tag fuhr er mit einem LKW der Fahrbereitschaft aus dem
Kral hinaus und eigenen Zielen entgegen.

22.7.

Kaum bin ich aus Lübeck zurück, nimmt mich der Kapitän

beim Wort: Nachdem es ihm gelungen ist, ein Streichquartett zusammenzubekommen, ist fast jeden Tag Kammermusikprobe. Der Leutnant, den ich schon kenne, ist Primarius; ein Unteroffizier, Lehrer von Beruf, spielt 2. Geige; ein Marinestabsarzt, aus Sachsen gebürtig, streicht eine sanfte Bratsche; der Kapitän spielt nicht nur sehr gut Cello, sondern ist auch der Motor des Ganzen. Meine Aufgabe ist es, die Proben abzuhören, notfalls zu unterbrechen und zum Ausarbeiten schwieriger Stellen zu raten. Das ist, besonders bei den allerersten Proben, sehr schwer: Erstens bin ich so hungrig auf Musik, daß ich lieber Ungekonntem zuhören möchte, als zu unterbrechen. Zweitens höre ich aus allen Äußerungen, daß der Kapitän weit mehr Kammermusikerfahrung und eine viel größere Literaturkenntnis hat als ich. Und drittens bedarf es großer Konzentration, dem Ablauf eines Satzes zu folgen, ohne eine Partitur zur Hand zu haben. Erst als sich die Rollen gelegentlich vertauschen, d. h. ich von den Spielern lerne, werden Quartett und Studienleiter — so nennt mich der Kapitän — zu einem produktiven Quintett, dem die gemeinsamen Stunden nur zu schnell vergehen und in dem sich jeder auf die nächste Probe freut.

Dann ist es so weit: Im Kino-Saal des Marinelazaretts — er wurde für mehr als ein Jahr zu einem Zentrum kultureller Tatkraft, zu einer Stätte fruchtbaren Gebens und Nehmens — findet die erste Kammermusik statt. Haydn, Mozart und Beethoven stehen auf dem Programm und werden von der Hörerschaft, die den Saal bis auf den letzten Platz füllt, mit starkem Beifall bedacht. Die Vereinigung hat ihre Bewährungsprobe bestanden. Mit Recht kann sie von sich sagen, überdurchschnittlich gut musiziert zu haben. In einem Raum des ehemaligen Kasinos sitzen wir noch bei einer Zigarette —, nicht bei einer gemeinsamen, denn der Kapitän hat jedem eine geschenkt. Einer stellt sich dem anderen vor, indem er zwanglos von dem berichtet, was er im bisherigen Leben für die Musik getan hat. Gemeinsam gehen dann die Gedanken in die völlig verhangene Zukunft. Sicher ist da vorerst nur, daß wir weitermusizieren werden. Übermorgen ist die nächste Probe.

Und beim Abschied bekomme ich alle Kippen. So kann ich mir morgen früh, ganz vorsichtig und locker, eine Pfeife stopfen. Und der Sonntag wird schön werden.

Monate später: Der bratschende Arzt war nicht zu halten. Iwan hin, Iwan her. Er wollte unbedingt nach Hause zu Familie und Praxis. So war das Quartett ohne Bratscher, und der Kapitän war untröstlich, bis ein junger Arzt auftauchte und sich als Bratscher vorstellte, allerdings ohne Instrument. Er war Schlesier, aber nicht von jener Versponnenheit, wie sie beim Riesengebirgler häufig ist, sondern von jener schier unendlichen Heiterkeit, wie sie auch zu diesem Menschenschlag gehört. Kurz und gut, man faßt es kaum: Eines Tages erschien er mit spitzbübischem Lächeln und erklärte, er habe eine Bratsche, und wenn die anderen einverstanden wären, könnten die Proben wiederaufgenommen werden. Niemand war froher gestimmt als der Kapitän, der schleunigst das Quartett wieder zusammenholte. Der Beginn der ersten Probe in neuer Besetzung mit neuer Bratsche war einfach umwerfend: Der junge Arzt führte sein Instrument vor und erklärte, hier handele es sich um ein absolutes Novum im Instrumentenbau, dergestalt nämlich, daß dies eine Geige sei, auf die er Cellosaiten, entsprechend verkürzt, aufgezogen habe. Ob wir nun mal zuhören wollten? Ehe wir zustimmen konnten, erklangen schon die ersten Töne. Die Überraschung war vollständig, die Freude so groß, daß sie sich in einem befreienden Gelächter Luft machte. Nach seinem Erfinder wurde das neue und bis auf den heutigen Tag nur in einem einzigen Exemplar gebrauchte Instrument „Gowinola" getauft. — Man mag es zu den Ungerechtigkeiten der Musikgeschichte zählen, daß kein Lexikon das Instrument nennt und kein Instrumentenmuseum es künftigen Geschlechtern zeigt.

29.7.

Der Fürst kommt fast täglich allein oder mit seiner Frau zu uns, um die Arbeit der nächsten Tage zu besprechen oder weitergehende Pläne zu schmieden. Sein Weg ist nicht weit, denn die Dachwohnung befindet sich im letzten Haus der Richthofenstraße. Die Möblierung von Stube und Küche besteht aus geschenkten, geliehenen oder von geschickten Landsern angefertigten Stücken, höchst einfach, aber geschmackvoll und für uns von ungewohnter Gemütlichkeit. Er selbst singt das Lob des einfachen Lebens und preist das Refugium, in das er sich nach den Mühen des Tages immer gern zurückzieht. Ist er nicht bei uns, geht er nicht seinem „Faust" nach, um die Inszenierung allen Widerständen zum Trotz zu erzwingen, ist er, meist nachmittags und abends, zu Lesungen unterwegs. Sie werden mitgetragen von Pit, der zwar keine fachliche Ausbildung gehabt hat, als Improvisator am Klavier oder an der Orgel aber immer wieder Proben seiner großen Begabung zu geben vermag. Bald kennen sie den ganzen Kral, weil sie überall hingefahren werden. Und M. W. wird zum guten Geist der Gefangenen und Flüchtlinge.

Johnny hat viel zu tun mit Entwurf und Ausführung der notwendigen Plakate. Günter organisiert, hält für uns Augen und Ohren offen und setzt seinen Ehrgeiz drein, trotz aller Unzulänglichkeiten keine Pannen entstehen zu lassen.

Meine Hauptarbeit besteht im Leiten der nun täglich, manchmal vormittags und nachmittags, stattfindenden Chor- und Instrumentalproben. Die Zeit drängt: Ich habe die „Sommerkantate" zu einem Wettbewerb eingereicht, der für kulturelle Leistungen der Gefangenen im ganzen Kral ausgeschrieben worden ist. Bei der geplanten Großveranstaltung soll sie uraufgeführt werden. Je näher der Termin rückt, umso mehr spornt einer den anderen an, denn niemand ist, der nicht sein Bestes geben möchte.

1.8.

Es ist so weit: Im Fliegerhorst Großenbrode findet heute die vorgesehene Veranstaltung statt. Die Fahrbereitschaft hat uns zwei klapperige Busse zur Verfügung gestellt. Damit fährt die gesamte „Gruppe Wieman" am zeitigen Nachmittag los. Alle sind in bester Stimmung und freuen sich über die gemeinsame Fahrt, und Chor und Instrumentalisten hoffen voller Spannung auf ein gutes Singen und Musizieren. Je näher wir dem Ziel kommen, umso mehr Wehrmachtsfahrzeuge fahren mit uns in gleicher Richtung. Bald ist es eine einzige Kolonne, die von der R 207 nach rechts abbiegt, die Eisenbahnlinie kreuzt und anschließend das Tor des Fliegerhorstes passiert. Vor der großen Flugzeughalle werden die Fahrzeuge abgestellt, und wir steigen aus. Ich traue meinen Augen nicht: Da stehen − welchem Landserauge kann sowas jemals vergönnt sein? − ein paar Dutzend Generäle im hellen Sonnenschein. Seht, welch eine Pracht aus Rot und Gold in unseren schlimmen Zeiten, hierher gebracht aus der Generalsbaracke in Heiligenhafen, wo ihrer schätzungsweise fünfzig beisammenhausen und dem für sie diensttuenden Major das Leben noch saurer werden lassen, als es ohnehin schon ist.

Nein −, ich kann die Erinnerung nicht unterdrücken, bei allem Respekt nicht: Der Iwan hatte uns von Oliva nach Langfuhr vor sich hergetrieben. Nun schickte er sich am

Flugplatz von Danzig an, unsere Batterien mit Panzern zu überrennen. Es ging um unser Leben, als ich hinter der Villa des früheren Senatspräsidenten von Danzig mit meinen Funkern Geräte und Mast der Funkstation so schnell wie möglich in Stellung zu bringen suchte. Jede Minute fehlender Funkverbindung konnte uns allen zum Verhängnis werden! Da schrie hinterrücks eine Stimme, ich sei ein schlechter Soldat, wenn ich nicht wüßte, daß ich Meldung zu machen hätte! Ich erkannte ihn nicht „von weitem", sondern aus nächster Nähe, den General und Divisionskommandeur. Meine nachträgliche Meldung, die ich voller Zorn herunterrasselte, interessierte ihn nicht mehr, und ich machte mich sofort wieder an die Arbeit. — Als ich der Hölle entgangen war, hörte ich, daß ihm der Versuch, sich von Pillau aus ins Reich abzusetzen, nicht gelungen war.

Und nun macht keiner mehr Meldung und keiner wird mehr angeschnauzt...

Vor der Halle drängen sie sich zu Hunderten und hoffen auf baldigen Einlaß: Gefangene aller Dienstgrade und Waffengattungen, dazwischen Schwestern und Stabshelferinnen. Wären wir nicht in Gefangenschaft, könnte man das, was sich hier versammelt, die große Heerschau nennen. Wären Besatzer zugegen, könnten sie überzeugt sein, daß diese Germans eben doch nicht totzukriegen sind.

In der Halle bietet sich eine große Ausstellung dar. Hier wird alles gezeigt, wessen Kriegsgefangene fähig sind, wenn es gilt, aufgrund der empfangenen Begabung den Lebenswillen zu behaupten. Einfache aber geschmackvoll gearbeitete Gebrauchsgegenstände sind ebenso anzutreffen wie Zeichnungen, treffend skizziert oder liebevoll ausgearbeitet, und Aquarelle, die noch aus dem Fronterlebnis kommen oder von intensiver Beschäftigung mit der Landschaft künden, in der wir nun leben.

Wir erfahren, daß wir um 17.00 Uhr zu singen und musizieren haben. Bis dahin ist Zeit genug, sich in anderen Gebäuden, auf die hingewiesen ist, umzusehen und umzuhören: Der Fürst liest. Dabei taucht ein neuer Name auf: Fritz Grasshoff. Noch in diesem Jahr wird er die Aufmerksamkeit in starkem Maße auf sich lenken.

Selbstverfaßte Stücke werden vorgetragen, auch mit verteilten Rollen. Man könnte von „Hörspielen ohne Rundfunk" sprechen. Sie haben ausnahmslos unser Schicksal zum Thema und fordern die anschließende Diskussion mit den Zuhörern heraus, wobei es gelegentlich nicht ohne „Publikumsbeschimpfung" abgeht. (Damals schon!)

Etwa zwanzig ehemalige Angehörige der 19. lettischen SS-Division haben sich zu einem Männerchor zusammengeschlossen und singen hinreißend Volkslieder ihrer Heimat. Sie werden mit Beifall überschüttet, und nicht nur die zuhörenden Letten bekommen gelegentlich feuchte Augen. Ich selbst bin im Innersten angerührt und nicht mehr fähig, noch anderes zu sehen oder zu hören.

Als wir uns rechtzeitig vor 17.oo Uhr in der Halle einfinden, wird uns die eine Stirnseite zugewiesen. Wir bauen auf, was nötig ist, und nehmen die für Chor und Instrumentalisten vorgesehenen Steh- und Sitzplätze ein, alles in allem etwa fünfunddreißig Ausführende. Unser Publikum wartet auf den Beginn, und pünktlich um 17.oo Uhr wird angesagt, daß nun der „Wieman-Chor" aus Heiligenhafen zum ersten Mal seit seiner Gründung vor ein paar Wochen singen und musizieren wird. Ich komme mit Inge Franzen an der Hand nach vorn, und die Uraufführung beginnt: „Kommt, ihr G'spielen", eine Sommerkantate zum Singen, Spielen und Sprechen. Anfang Juni hatte ich die Arbeit beendet. Nun ging es um mehr als nur eine gute Aufführung, es ging um einen Preis im Rahmen des Wettbewerbs. Schon das Eingangs- und Titellied gelingt, und nachdem wir uns mit Volksliedern und Volkstanzmusiken durch viele deutsche Landschaften hindurchgesungen und -musiziert haben, wissen wir, daß alles gut gegangen ist. Der stark einsetzende Beifall bestärkt uns. Er gilt nicht nur uns, sondern zu einem erheblichen Teil auch Inge, die Verse von Matthias Claudius, Joseph v. Eichendorff und Ludwig Hölty ganz hervorragend gesprochen hat. Und Karl Bröger bleibt unvergeßlich, weil sich seine Verse, einst laut nach außen gesungen, nun ganz still nach innen wenden:

Steht kein Baum auf deiner weiten Flur,
der nicht Heimat wiegt mit allen Zweigen,
und in jedem Winde läuft die Spur
einer Liebe, der sich alle neigen.

Wir sind alle sehr glücklich, daß wir mit dem Lob des Sommers, des Landes und des Lebens uns und anderen die Sorgen weggesungen haben.

Mein Name wird gerufen: Ich habe mich in zehn Minuten an der und der Stelle in der Halle einzufinden. Das kann sich nur um den erhofften Preis handeln! Und in der Tat stehe ich wenig später mit Schnitzern, Malern, Schriftstellern und all denen zusammen, deren Arbeiten Anerkennung gefunden haben. Noch ehe wir den ersten Kontakt zueinander aufnehmen konnten, nähert sich ein General, gefolgt von zwei Nachrichtenhelferinnen, die einen Wäschekorb tragen. Die Preisverteilung beginnt. Jeder nennt Dienstgrad und Namen und sagt, was er hier geleistet hat. Da stoßen sich die Musen mal wieder am Kommiß! Oder muß ich hinterher nicht selber schmunzeln, wenn ich im Geiste wiederhole: „Wachtmeister W., Sommerkantate zum Singen, Spielen und Sprechen"? Aber im Augenblick ist das ohne Belang, denn der General hält mir schon die Hand hin — „Sehr gut, mein Lieber!" — und überreicht mir eine Packung Zigaretten. Zwanzig Zigaretten —, es ist nicht zu fassen! Welch ein unvermutetes Glück!

Die Zeremonie ist zu Ende, und im Nu bin ich von Chor und Instrumentalisten umringt. Die Freude über den gemeinsamen Erfolg kennt keine Grenzen! Zwanzig Zigaretten —! Davon zehn an die Sänger und Musikanten, damit sie zu Dreien oder Vieren je eine rauchen können, denke ich. Wenn die Kippen zurückkommen, bleibt für mich noch Tabak für die Pfeife; desgleichen von den Aktiven, die ich dem Fürsten und Johnny und Pit schenke. Und dann geht es mit mir bergab, wie mit „Hans im Glück": Am Abend habe ich keine einzige mehr! Der schäbige Rest der ganzen Herrlichkeit sind stinkende Kippen in meiner Hosentasche.

Die „Gruppe Wieman" mit dem „Wieman-Chor" ist zu einem Begriff geworden. Der Fürst strahlt, auch darüber, daß sich in zahlreichen Gesprächen viele musisch beflissene Landser darum bemühen, nach Heiligenhafen zu kommen, um mit uns zu arbeiten. Walter Unger, Schulmusiker aus Dresden, Bratscher, feiner Musikant, ist ebenso dabei, wie ein unverwüstlicher Stabsfeldwebel der Luftwaffe aus Berlin, der sich Kleindeutschlands besten Geiger nennt und jedermann für sich einnimmt.

Wir selbst spüren, daß wir seit heute eine feste Gemeinschaft bilden. Und wir sind entschlossen, dieser ersten Bewährungsprobe weitere Veranstaltungen folgen zu lassen.

Als wir am Abend in das Barackenlager zurückkommen, findet der Abschied nicht statt. Niemand von uns bringt es fertig, zu gehen und die Gemeinschaft zu verlassen. So sitzen, liegen und stehen wir auf der Rasenfläche zwischen Baracke 4 und dem Wohnwagen. Der Ablauf des gewesenen Tages mit seinen vielfältigen Erlebnissen und seinem schönen Erfolg wird in Gesprächen immer wieder lebendig. Und Volkslieder werden gesungen, so vielgestaltig und aus so vielen Gegenden, daß gerade in der Zwanglosigkeit der Reiz des bunten Programms liegt. Niemand nimmt Anstoß.

Statt dessen gehen die Barackenfenster auf oder die Bewohner treten herzu, um zuzuhören oder gar mitzusingen. Es ist längst dunkel, als das letzte gemeinsame Lied erklingt. Dann noch ein Händedruck und alle streben den Unterkünften zu, dem Zelt, dem Strohsack in der Barackenstube, dem Schwesternzimmer im Lazarett, dem Bett in einer heilen Wohnung in der Stadt.

2.8.

Meine vorher geäußerten Bedenken wurden von Günter in den Wind geschlagen. Er war im voraus so von unserer guten Leistung überzeugt, daß er gleich für heute eine weitere Aufführung der „Sommerkantate" arrangiert hat. Sie findet im Kursaal statt und bestätigt den Erfolg von gestern. Was uns besonders freut, ist die Anwesenheit vieler Zivilisten, vor allem auch einheimischer.

Die dritte Aufführung ist ein paar Tage später in der Mühlenstraße unter der großen Kastanie am Mühlentor. Es war die Idee des Fürsten, „unters Volk" zu gehen und ihm „vor Ort" die Sorgen lindern zu helfen. Straßenmusik und Straßentheater, wie man sie Jahrzehnte später aus festlichem Anlaß z. B. in Kiel erleben konnte, waren damit vorweggenommen.

Inzwischen hat Günter im ganzen Kral umhertelefoniert und uns angepriesen. Die Fahrbereitschaft stellt uns einen Bus für unsere bevorstehenden Fahrten zur Verfügung, und der alte bewährte Obergefreite aus den letzten Kriegstagen und den ersten der Gefangenschaft wird ihn fahren. Das Fahrzeug läßt jeden Komfort vermissen, denn es bringt uns auf Holzbänken, an den Wänden und in der Mitte in Längsrichtung montiert, über schlechte Straßen oder häufig auch Schotterwege kreuz und quer durchs Land. Doch das stört niemanden. Vielmehr sind wir alle begeistert von unserer sich zunehmend vergrößernden Aufgabe.

Mich besonders beglückt die Möglichkeit, die Landschaft, in die ich verschlagen bin, immer besser kennenzulernen.

6.8.

Die Baracke 7, die Wirtschaftsbaracke, hat links einen kleinen und rechts einen großen Saal, früher vermutlich zum

Unteroffizierskasino gehörig. In den kleinen Saal werden im Schnellverfahren Wände und Türen eingesetzt, so daß eine ganze Reihe von Stuben entsteht. Sie werden der „Gruppe Wieman" zur Verfügung gestellt. Also ziehen Johnny, Pit, Heinz und Günter mit mir dahin um. Der Abschied vom Wohnwagen fällt mir schwer, aber es ist doch besser, Tisch und Stuhl und Spind und vor allem ein Bett zu haben. Und eine eigene Klause, in der sich arbeiten läßt. Auch ist ein Gemeinschaftsraum vorgesehen, in dem wir essen und freie Abende verbringen können.

Einige Stuben bleiben vorerst frei. So kann Walter aus Großenbrode zu uns kommen.

Andeutungen zufolge sollen wir noch weiteren Zuwachs erhalten, was uns zunächst gar nicht recht ist, womit wir uns aber werden abfinden müssen, falls der Fürst eine entsprechende Entscheidung treffen sollte.

Und er trifft sie: Schon wenige Tage nach unserem Einzug in die neue Unterkunft erscheint Fritz Grasshoff und meldet sich zur „Gruppe Wieman". Mit ihm kommt ein Unteroffizier der Luftwaffe, Berliner seiner Herkunft nach und Sekretär des dichtenden Obergefreiten und Meldegängers, gebürtig aus Quedlinburg.

Günter äußert immer deutlicher die Absicht, zu gehen und nach seiner Entlassung irgendeine Berufsausbildung anzufangen. Klar, daß er vom Notabitur allein nicht leben kann. Aber hier wird doch eine spürbare Lücke bleiben. — Ein paar Tage später hat uns Günter, mehrfach dekorierter Hauptmann, der Jüngste in unserem Kreis verlassen, kurz und knapp, wie sich das für ihn gehört, damit er nicht doch noch „aus den Latschen kippt".

Wir sind nun ohne Organisator, und das ist vor allem für den Chor und seine Fahrten schlimm. Doch schon nach wenigen Tagen wird die entstandene Lücke geschlossen: Als neuer Organisator der „Gruppe Wieman" meldet sich ein Stabsintendant. Schon bei seinem Erscheinen löst er allerseits Antipathie aus. „Der hat sich bestimmt an den Fürsten herangemacht und seine Vertrauensseligkeit ausgenutzt", so oder ähnlich sind die ersten Äußerungen. Niemand wurde von bewährten Frontsoldaten mehr gehaßt, als diese Schmarotzer in rückwärtigen Diensten, diese Zahlmöpse, Kartoffeloffiziere, Kriegsinspektoren und was sich da sonst noch für unabkömmlich hielt. Und hier haben wir — ausgerechnet wir — diesen Typen in Vollendung vor uns. Er gehört zu jenen ganz Milden, die mit einem Höchstmaß an Geräuschlosigkeit alles zu erreichen trachten, was zu ihrem Vorteil sein kann. Und er kommt mit erheblichen schwarzen Verpflegsbeständen, die er bei Dunkelheit in die ihm zugeteilte Stube bringt. Als er sich an meine Chormädchen heranmacht und ihnen jeweils ein zusätzliches Abendbrot verspricht, falls sie ihm das Vergnügen des Besuches machen, kommt es zum ersten Krach. Und die Belastung wird so groß, daß irgendwann im Herbst der ganz große Krach ausbricht, in dessen Verlauf er, der es liebt, auch jetzt noch per Dienstgrad angeredet zu werden, von Johnny — sonst ist er die Ruhe in Person! —, kurzweg ein Scheißkerl genannt wird. Nur der Fürst kann verhindern, daß wir ihn nicht auf der Stelle hinausjagen in Kälte, Dunkelheit und Regen. — Seine Schwarzhändlertätigkeit, die ihn zu unverhofftem Wohlstand brachte, ließ ihn zwei Jahre später mit dem Gesetz kollidieren, wonach er auf Nimmerwiedersehen verschwand.

9.8.

Am Rande der Stadt treffe ich Paul, den Koch vom alten Haufen. („Meine Herrn, es ist noch Suppe da, dünn aber kräftig!") „Mensch, wie geht's? Is da noch einer von der Batterie? " „Nee, die meisten sind weg, z. T. schon zu Hause. Hab schon von Dir gehört, mit Chor und so. Gut siehst Du übrigens nicht aus. Komm doch mal zu mir, wenn Du großen Kohldampf hast. Bin ja immer noch Koch. — Wo? Na, in Sulsdorf." „Mensch, Paul, prima, bist ja immer noch der gute Kumpel. Danke Dir. Und dann bis bald. Wiedersehn!" — Gut. Also Paul —, was hat er gesagt? Ja, richtig, sein Zelt steht nicht mehr am alten Platz, sondern vorn an der Straße, die zur R 207 führt. Und wann? 13.15 Uhr, wenn die Essenausgabe vorbei ist. Treffpunkt Zelt. Und kein Aufsehen, verstanden?

Mir ist wie dem Hund zumute, der viele Male vergeblich nach der hingehaltenen Wurst schnappt. Ein paar Tage widerstehe ich Pauls Angebot, dann halte ich es nicht mehr aus und gehe los. Es gibt da einen Weg durch die Felder, der kürzer ist, als erst zur Stadt und dann die Chaussee entlang. Es ist ein heißer Sommertag und schwer, bei der Hitze die Strecke hinter sich zu bringen. Dann stehe ich aber doch an der Abzweigung nach Sulsdorf, wo ich erst mal die Lage peile: Jawohl, dort auf der Koppel rechts stehen die Zelte, und das ganz vorn im spitzen Winkel zwischen Straße und Koppelzaun, das muß Pauls Zelt sein. Ein Blick auf die Uhr;

es ist noch Zeit, am Straßenrand ein paar Minuten zu verschnaufen. Die letzten Landser bekommen noch ihren Schlag, und Paul hantiert noch an der Feldküche, als ich seinem Zelt zustrebe. Ja, das ist es; ich erkenne es an den Klamotten, die herumliegen oder -hängen. Das sind Pauls Sachen. Es vergehen ein paar Minuten, dann kommt er und setzt nach erfolgter Begrüßung einen Kanister mit Milchsuppe vor mich hin, dazu Blechteller und Löffel: „So, Jung, nu hau mal ordentlich rin. Guten Appetit!" „Danke Dir sehr." Und dann geht's los! Ich esse mit einer Gier, wie ich sie bisher an mir nicht beobachtet habe. Feldbluse runter, weil es sonst vor Hitze im Zelt nicht auszuhalten ist. Draußen geht es ja nicht, weil ich nicht gesehen werden soll. Nun aber noch einen Schlag, und dem rinnenden Schweiß zum Trotz hinein mit ihm! Paul liegt inzwischen draußen und sonnt sich. Ich aber halte hier drinnen aus, denn nach einer Schnaufpause muß ich mir noch einen dritten Schlag nehmen. Nur einmal satt sein nach all der erbärmlichen Hungerleiderei der letzten Monate! Und weiter —: Der Schweiß rinnt, der Ranzen spannt sich, der Atem wird kürzer. Und dann ist es aus. Ich spüle noch Teller und Löffel mit Wasser aus einem anderen Kanister, und dann falle ich um zum Schlaf der Überfressenheit. Alle Seligkeiten des Schlaraffenlandes verblassen gegen die meinige.

Ich werde wach, als Paul aus irgendeinem Grund neben mir im Zelt rumkramt. Das ist auch gut, denn ich muß zu einer Probe am Nachmittag wieder zurücksein. Mit dem Versprechen eines baldigen Wiedersehens wird der Abschied kurz aber herzlich: „Bis dahin alles Gute und nochmals herzlichen Dank." „Mach's gut. Auf bald!"

Gerade habe ich die Landstraße hinter mir, beginnt die Suppe ihre Wirkung zu tun: Feldbluse auf, Hose runter und nach rechts in den Busch! Auf der Höhe sehe ich bereits die Baracken und hoffe sie noch zu erreichen. Aber nein. Statt dessen noch einmal: Feldbluse auf, Hose runter und wieder in den Busch! Nach der mangelhaften Ernährung waren Magen und Darm dem Ansturm von heute mittag einfach nicht gewachsen. Und die Hitze tat ein übriges, mich nun schlapp und mitgenommen, enttäuscht und freudlos in meine Behausung zurückkommen zu lassen. Als Strafe für meine Zügellosigkeit bin ich aus der Herrlichkeit Schlaraffiens wieder ins graue Elend hinabgestoßen!

Ich ging nicht wieder zu Paul und habe ihn daher nicht wiedergesehen. Auf Umwegen hörte ich, daß er nach seiner Entlassung in die russische Zone ging, um seine von Aachen aus evakuierte Familie herauszuholen. Dazu kam es nicht. Irgendwo in Thüringen stand er an den Gräbern: Frau und Kinder waren einem Tieffliegerangriff zum Opfer gefallen.

14.8.

Noch während uns die Aufführungen der „Sommerkantate" in Anspruch nehmen, habe ich alte Liebeslieder gesucht, meist aus „Das Aufrecht Fähnlein", und zu einer Kantate zusammengestellt. Gedichte, die dazukommen sollen, habe ich mit Hilfe von Inge gefunden. Mit ihr gehe ich durch die Felder, wobei sie mir vorspricht, von dem sie meint, daß es geeignet sein könnte. Was ich bisher vom Fürsten und seinem Umgang mit der Sprache am Rande mitgekriegt habe, das vertieft sich nun dadurch, daß ich Inge zuhöre und auf ungeduldige Fragen geduldige Antworten bekomme. Als wir nach Stunden in die Baracke zurückkommen, habe ich mehr gelernt, als in vielen Deutschstunden während der Schulzeit.

Da wir eine ähnliche Zahl von Proben nötig haben, wie bei der „Sommerkantate", üben wir vormittags und nachmittags. Alle sind wieder mit großem Eifer bei der Sache und freuen sich bereits darauf, auch mit dieser Kantate durch den Kral zu fahren. Anfang nächsten Monats soll es so weit sein.

16.8.

In der Schreibstube des Majors, der für die Betreuungsarbeit und damit besonders für die „Gruppe Wieman" zuständig ist, sitzt der Oberfeldwebel Hans Attermann. In wenigen Tagen habe ich mich mit ihm sehr angefreundet. Er ist etwa zehn Jahre älter als ich, stammt aus dem Schönhengstgau und ist Lehrer, ein stiller, vielseitig gebildeter Mensch. Seine stärkste Begabung liegt ohne Zweifel auf dem Gebiet der Musik. So ist es nicht verwunderlich, daß er schon bald nach dem ersten Treffen 1923 auf Burg Finkenstein zu zahlreichen Singwochen Walter Hensels gereist ist und ihn persönlich gut kennt. Wenn er aus dieser Zeit berichtet, höre ich ihm mit großem Interesse zu und habe Gewinn davon, daß Hans die neuen Liedsätze durchsieht, mich gelegentlich auf Unebenheiten hinweist und Verbesserungsvorschläge macht. Wir singen zusammen, entweder zu Zweien oder in einem ganz kleinen Kreis von Volksliedkennern. Dabei spielt Hans vortrefflich Gitarre.

Wichtiger Zusatz: Hans ist Nichtraucher. Wir können uns gegenseitig in die Fenster sehen. Ist bei ihm noch Licht, gehe ich, wenn meine Rauchernot unerträglich wird, hinüber zu Baracke 8 und bekomme, ohne betteln zu müssen, eine Zigarette oder ein paar Krümel Tabak für die Pfeife. — Genau habe ich das nie erfahren, aber vermutlich ist es auch Hans zu danken, daß er bei meinen Besuchen gelegentlich sagt: „Der Major möchte Dich sprechen." Dann klopfe ich an der nächsten Tür, werde freundlich empfangen und ins Gespräch gezogen über den Stand unserer Arbeit. Nicht selten bekomme ich dabei einen Teller Grütze „außer der Reihe" oder eine ganze Packung Zigaretten für die anderen Raucher und mich.

Nach seiner Entlassung führte Hans das kümmerliche Flüchtlingsleben, das allgemein üblich war. Besonders hart traf ihn, den Schulmeister aus Berufung, die Tatsache, daß er jahrelang nicht mehr unterrichten durfte, weil er nach der Eingliederung des Sudetenlandes ins Reich Schulrat geworden war. Der schwerste Schicksalsschlag aber war der Tod seiner Frau. Ihre Kräfte hatten nicht ausgereicht, die Vertreibung aus der angestammten Heimat zu überstehen. — Hans heiratete wieder; eine ehemalige Schülerin, nun gleichfalls Lehrerin und still und zurückhaltend wie er. Sie fanden Anstellung an einer Schule nahe der holländischen Grenze und kauften sich für den Ruhestand an der österreichischen Grenze gegenüber von Salzburg an, wo Hans vor ein paar Jahren starb.

18.8.

M. W. und E. W. hatten in Neuratjensdorf viele gute Freunde gewonnen. Vom Augenblick der Übersiedlung nach Heiligenhafen, von den ersten Lesungen an, meist im Kursaal, steht nicht nur ihnen beiden, sondern uns allen das Haus des Arztes offen. Es liegt unterhalb des Marktes in der Verlängerung der Mühlenstraße in Richtung auf den Binnensee. Hier hat „der Doktor" seine Praxis; neben ihm, dem Niederdeutschen, die Frau des Hauses, ausgestattet mit rheinischem Temperament. Und Haus und Garten sind erfüllt vom Treiben der Kinder. Hier oder von hier aus werden die mannigfaltigsten guten Taten vollbracht: Die ganze „Gruppe Wieman" ist eines Abends eingeladen. Wir preisen uns glücklich in der Geborgenheit des gastlichen Hauses und bringen unseren Dank immer wieder dafür an, daß wir nach

Wochen wieder einmal sattwerden können. — Hier darf jeder von uns, der in die Stadt kommt, anklopfen und kurze Rast machen. Wie gut, für zehn Minuten in einem Sessel — Mensch, einem richtigen Sessel! — auszuruhen, vielleicht sogar bei einer Zigarette, von der du eine Hälfte rauchst, um die andere, fein gekippt, in der Feldblusentasche zu verwahren.

Von hier fährt eines Sonntags ein Fuhrmann ins Barackenlager. Er hat das Klavier der Familie aufgeladen, um das Pit zaghaft gebeten hatte und das nun ihm und mir, und wer es sonst noch benutzen möchte, „bis auf weiteres" zur Verfügung stehen soll.

Und bald wird Heinz, der Übersensible, der mit der Gemeinschaft in letzter Zeit immer weniger zurechtkommt, fast täglich „zu Doktors" gehen, womit ihm ganz entscheidend über die Runden geholfen wird.

Die vorbehaltlose Hilfsbereitschaft wird jedem von uns so lange gewährt werden, als er sie nötig hat, um selber Boden unter die Füße zu bekommen. Und sie wird jeden, der sie empfangen durfte, zu lebenslanger Dankbarkeit verpflichten.

21.8.

Seit kurzem wird erzählt, man könne wieder Briefe schreiben und mit der Post der Militärregierung — deshalb das große M auf den Briefmarken — verschicken. Zuletzt hatte ich im Frühjahr geschrieben, aus dem Kaschubenlande, als die Situation schon ausweglos schien. Nun war inzwischen alles geschehen, was geschehen mußte, was wir nur nicht wahrhaben wollten, weil es mit einer nicht mehr meßbaren Wucht über uns hereingebrochen war.

Nun weiß ich heute schon nicht mehr, welches Durcheinander schier unentwirrbarer Gedanken mich gestern gequält hatte, ehe ich mich hinsetzte, um, erst stockend und ungeordnet, dann immer fließender, den ersten Brief zu schreiben. Nach Hause. Wohin? Ja, nach Hause. Und an welche Anschrift? Selbstverständlich schreibe ich an Lis, denn ich muß wissen, ob sie mit den Kindern überlebt hat. Wohin also? Nach Nürnberg? Nein, von dort ist sie ja schon 43 weggegangen der Bomben wegen. Nach Konstantinsbad? Nein, das geht auch nicht, denn das Egerland ist von den Amis geräumt und von Russen und Tschechen besetzt. Die Deutschen sind aus ihrer angestammten Heimat vertrieben, und die wird nicht mehr zum Reich gehören dürfen, gleich wie das künftig weiterexistieren wird. Plauen? Ja, dann muß ich nach Plauen schreiben. Sicher ist sie wieder dorthin zurückgegangen. Außerdem ist die Stadt bestimmt unversehrt geblieben. Jedenfalls, vor einem Jahr, als ich das letzte Mal dort auf Urlaub war, da waren die Menschen so sorglos, daß sie bei Fliegeralarm gar nicht daran dachten, in die Keller zu gehen. Schließlich hatten die Bomber ja viel wichtigere Ziele. Dresden zum Beispiel. Da ging es für sie freilich nicht um die Vernichtung von Rüstungswerken, sondern ausschließlich um Massenmord und die Pulverisierung hervorragender Zeugnisse abendländischer Kultur, geliebt von allen, die je das Glück hatten, auch nur einen Blick darauf tun zu dürfen.

Jetzt sind in der Heimat zwar die Russen, aber ich hoffe Lis dennoch dort und dennoch am Leben.

Ja —, also nach Hause. Ob das jetzt noch stimmt oder später noch stimmen wird, ist gleich; Hauptsache, es geht nach langer Pause dieser Brief ab und findet sein Ziel. Und findet Lis und die Kinder am Leben.

Mein Bericht beginnt im zeitigen Frühjahr und beschreibt im Telegrammstil mein Schicksal bis heute: Kaschubei, Danzig, Hela, Swinemünde, Oderfront, Vorpommern, Mecklenburg, Neustadt. Und dann Heiligenhafen mit Mathias Wieman und unserer Gruppe. Dazwischen immer wieder die bange Frage nach dem Ergehen in den letzten Monaten und nach dem Überleben. Und dazu die wiederholte Versicherung: „Liebste Frau, es geht mir gut, denn ich bin, so wenig ich es manchmal selbst fassen kann, — ich bin heilgeblieben. — Schreib Du nun bald und mach's gut mit den Kindern."

Heute habe ich den Brief eingeworfen und versucht, ihm in Gedanken zu folgen von hier, von der Ostsee, bis heim ins Vogtland.

24.8.

Das Notenpapier, das in Neuratjensdorf für mich hergestellt worden war, ist verbraucht. Johnny weiß Rat: Er hat vor einiger Zeit Verbindung aufgenommen mit der hiesigen Druckerei. Sie befindet sich, wenn man vom Markt kommt, vor dem „Doktorhaus" und stellt einen alteingesessenen Betrieb dar. Der Besitzer verkörpert jenen guten Typ, der sein

Handwerk mit Selbstverständlichkeit beherrscht, ohne darum Worte machen zu müssen. Hier wird ohnehin kein Wort zu viel gesprochen. Stattdessen bekommen Johnny und ich Einblick in die Entwicklung des Betriebs und seine Leistungsfähigkeit. Auch von Plänen ist die Rede für dann, wenn sich die Verhältnisse wieder einigermaßen normalisiert haben werden. Vor allem soll dann die Zeitung wieder erscheinen, denn darauf mag kein Heiligenhafener auf Dauer verzichten.

Das Papier ist nicht tintenfest. Aber wo sollte in dieser Zeit auch besseres herkommen! Dafür werden Format — großes für Partituren, kleines für Chorstimmen — und Lineatur meinen Angaben entsprechen. Schon nach ein paar Tagen ist der Auftrag ausgeführt. Die Fahrbereitschaft muß die Pakete abholen, denn zum Tragen sind sie zu schwer. Die Freude ist groß, nicht nur bei mir, sondern auch bei Walter, bei Pit und bei den Choristen. Nun ist ausgesorgt. Die letzten Blätter habe ich für Skizzen noch nach etwa zwanzig Jahren verbraucht. Und auch da war die erste Begegnung mit der Druckerei und ihrem Inhaber, waren sein Verstehen und seine Hilfsbereitschaft noch in mir lebendig.

25.8.

Eine Pioniereinheit hat nach Angaben des Fürsten die notwendigen Möbel für die „Faust"-Inszenierung gezimmert. Mit einem LKW der Fahrbereitschaft holen wir sie ab. Es handelt sich, jeweils in sehr massiver, ja grober Ausführung und mit Wasserbeize verschönt, um eine Liege, ein Regal mit Aufsatz und einen Armstuhl mit zwei auswechselbaren Lehnen. Als der vorgefaßte Plan endgültig als gescheitert angesehen werden mußte, fand sich außer mir niemand, der besonderes Interesse an den Möbeln gezeigt hätte. So übernahm ich sie und richtete mir damit meine Stube neu ein. Als Frau und Kinder kamen, nahmen wir sie mit, zuerst in Baracke 8, später in unsere Wohnung in der Stadt und schließlich auch noch, als wir von Heiligenhafen wegzogen. Der Stuhl steht nun hinter dem Haus im Garten; im Augenblick allerdings nicht benutzbar, denn er bekommt einen neuen Anstrich, damit er für weitere Jahrzehnte gegen Wind und Wetter geschützt bleibt.

28.8.

Mit Genehmigung der Militärregierung reist der Lübecker GMD durch den Kral, um Orchestermusiker anzuwerben. Heute ist er hier. In der Nachbarbaracke ist eine Stube frei; die ist ihm zur Verfügung gestellt worden. Bald herrscht ein eifriges Kommen und Gehen: Das Rennen machen auf jeden Fall die, die politisch nicht belastet sind, die also nur „Volksgenosse" und nicht „Parteigenosse" waren. Davon werden die wenigen bevorzugt, die noch ein Instrument besitzen, entweder durchgeschleppt oder im großen Durcheinander der letzten Wochen organisiert. Keine Chance haben diejenigen, die „Parteigenosse" waren. Und sollten sie auch noch so gut spielen, sie können keine Anstellung bekommen. Was dazwischenliegt, etwa nur Eintopfgeld gesammelt hat, im übrigen aber nicht „Willensträger der Nation" war, wird unter Aufsicht der Militärregierung geprüft werden.

Als ich mich dazwischenschiebe, zwar nicht Orchestermusiker, aber doch Berufsmusiker mit der brennenden Frage, ob für mich wohl eine Möglichkeit bestünde, in Lübeck meine durch den Krieg unterbrochene Kapellmeister-Anfängertätigkeit wiederaufzunehmen, da lautet auch mir gegenüber die Gegenfrage nicht, wo ich denn studiert hätte, wo ich engagiert gewesen wäre, sondern sie wird gestellt nach Partei oder nicht. Nachdem ich bejaht habe, ist auch mein Fall entschieden, und ohne ein weiteres Wort stehe ich wieder draußen vor der Baracke.

Irgendwo hinter dem Lager setzte ich mich ins Gras, denn ich muß zu diesem Vorgang einiges überdenken: Das Gewesene ist schauerlich untergegangen und hat uns alle mit in die Tiefe gerissen. Nichts von allem soll verschwiegen, nichts hinzugefügt und nichts beschönigt werden. Bin ich nun eigentlich dümmer als Pit oder Fritz oder andere, weil es mir schwerfällt, umzudenken? Nun hatte ich gerade erlebt, wie einer sprach, der schnell hatte umdenken können und der alle die neumodischen Vokabeln virtuos beherrschte, während ich von alten Begriffen nicht loskam. Schien sich hier nicht schon etwas anzukündigen, was bald in den Fragebogen einmünden sollte, in diese unselige Erfindung der Sieger, mit der durch Bleisoldaten und Kanonenöfen ein ganzes Volk entmündigt werden sollte? Aber lassen wir das alles.

Meine Gedanken wenden sich dem Eigentlichen zu: Könnte ich jetzt den Freundeskreis verlassen, könnte ich Chor und Instrumentalisten heute im Stich lassen, könnte ich mich von denen wegstehlen, die ein starkes Verlangen nach der geistigen Wegzehrung haben, die wir ihnen bieten können? Könnte ich heute in einem Probenzimmer irgendeines Stadttheaters sitzen und korrepetieren und damit, mit welchem Stück auch immer, an der Zeit vorbeimusizieren? Sollte ich auf diese Weise für die dasein, die so tun möchten, als wäre hier durch konventionellen Theaterbetrieb zu heilen, was entweder gar nicht zu heilen ist oder einer langen Heilung bedürfen wird? Die Entscheidung fällt mir nicht schwer. Ich weiß, daß ich in dieser Zeit hierher gehöre, wo Baracken und Zelte stehen und Scheunen und Ställe von Heimatlosen überfüllt sind.

Manchmal wollte es mir nicht recht in den Kopf. Jetzt kann ich den Fürsten vollkommen verstehen. Sein Platz muß hier sein, wenn er den Auftrag erfüllen soll, den ihm die Zeit stellt.

30.8.

Aufgrund eigener Beobachtungen und dessen, was im Lager erzählt wird, lassen sich mehrere Sorten von Flüchtlingen erkennen: Die für diese Zeit besonders Geeigneten, die Talentierten; das sind die Schwarzhändler, die sich mit verschiedenen Objekten höherer Wertklassen beschäftigen. Da die Verdienstspanne groß ist, weit größer, als wenn jemand sich auf Kleinhandel spezialisiert, leben sie von allen am besten. Die noch vor ein paar Wochen völlig verzweifelte Situation ist gemeistert, die tägliche Not kennen sie nicht mehr. Die wird stündlich erlitten von denen, die jede entsprechende Begabung vermissen müssen, die ihre Anständigkeit und Ehrlichkeit hilflos macht den Erfordernissen der Stunde gegenüber. Zwischen beiden Extremen gibt es die dutzendfachen Varianten vom planmäßigen Übersohrhauen des anderen, des „Kameraden", wie man „hilfsbereit" immer wieder versichert, über tatsächliche Hilfen für diejenigen, die sie nötighaben und denen man einen kleinen Prozentsatz abnimmt, weil man selbst ja auch leben muß, bis zu denen, die nicht eigentlich ins Geschäft einsteigen, sondern nur bei Gelegenheit verscheuern, was entbehrlich ist.

Ich gerate an den ersten Typ. Mir scheint, er ist der arrivierteste unter den Schwarzhändlern im ganzen Lager: Kaufmann aus Königsberg, seit kurzem wieder mit seiner Frau zusammen, die nicht weniger abenteuerlich aus der untergehenden Stadt entkommen konnte, wie er selbst.

Die Stube macht kaum einen anderen Eindruck auf mich, wie die anderen Barackenstuben auch. Was auffällt, sind Decken oder Zeltbahnen oder Verdunklungsstoffe, mit denen irgendetwas zugedeckt ist, was zwischen zwei Spinden oder in der Ecke neben dem Bett aufbewahrt wird.

Der Umgangston, der nach kühler Begrüßung gepflegt wird, ist glatt und entbehrt nicht einer ungewohnten Höflichkeit. Was Auge und Ohr wahrnehmen, macht mich, ehrlich gesagt, unsicher. Ich habe das Gefühl, daß ich hier auf mich aufpassen muß.

„Sie wünschen? " Er ist, wie zu sehen, Unteroffizier, läßt das „Du" aber absichtlich beiseite, weil er verdeutlichen möchte, daß es sich hier längst nicht mehr um irgendeine Art von Kameradschaft handelt, sondern um ein Geschäft. Gut —, soll er. Mir ist das „Sie" recht, denn damit bleiben wir voreinander objektiv und frei von Emotionen. „Wie bitte? Ach so, ja —, ich habe gehört, Sie könnten mir zu einer Schreibmaschine verhelfen. Trifft das zu? " „Eine Schreibmaschine? ", sagt er gedehnt, „Ja, da ist noch eine, die letzte. Drei habe ich bereits verkauft. — Es ist die teuerste, natürlich aber auch die beste. Gewiß, ja. Ich gebe sie Ihnen zum Vorzugspreis, denn ich kenne Sie von der „Gruppe Wieman". 900.— Mark bekomme ich dafür." Meine Güte —, das ist viel Geld. Aber was soll ich machen, wenn ich ohne eine Maschine nicht so vorankommen kann, wie es sein sollte? Links oben in der Feldbluse ist meine Barschaft, mehr als 1000,— RM, die sich angesammelt haben, weil ich, abgesehen von Danzig, nirgendwo Geld hatte ausgeben können. Also gut —, soll er sein Geld haben und ich die Maschine, mein erstes selbsterworbenes Wertstück. Er macht sich kurz hinter meinem Rücken zu schaffen und stellt dann die Maschine vor mich auf den Tisch. Inzwischen blättere ich die Scheine daneben und halte bei RM 850,— an, in der Hoffnung, er werde noch etwas nachlassen. Er quittiert diesen Versuch mit einem herablassenden Lächeln und der Bemerkung, auch Schwarzhandel könne man seriös betreiben, und das täte er nun weißgott. Und die RM 900,— seien der endgültige Festpreis. Und falls nicht —? Da schickt er sich schon an, die Schreibmaschine wieder vom Tisch zu nehmen, während ich nach der Feststellung, daß sie recht gut erhalten ist, schleunigst den letzten 50-Mark-Schein zu den anderen lege. „Danke sehr." „Danke auch. Wiedersehn!" „Ja, bitte heute abend bei Dunkelheit. Sie würden mich in große Verlegenheit bringen, wollten Sie jetzt am hellen Tag mit der Maschine aus meiner Stube gehen."

Am Abend stehen wir staunend wie Kinder um meine neue Errungenschaft. Schön —, aber zu teuer, meinen die Freunde. Etwa zwei Wochen später wurde die gleiche Maschine bereits mit RM 1400,— gehandelt. Na, bitte!

3.9.

Wir haben uns nicht geschont: Vormittags und nachmittags haben wir das neue Programm erarbeitet, und heute findet die letzte Probe statt, im Kursaal, dort wo wir heute nachmittag singen und musizieren werden: Als Vorspann die „Heiligenhafener Abendmusik" für Streichinstrumente, Gitarre und Holzbläser, sofern man welche hat. Danach erklingt, ebenfalls zum ersten Mal, „Ich denke dein", eine Kantate nach alten Liebesliedern zum Singen, Spielen und Sprechen. Chor und Instrumente sind besser aufeinander abgestimmt, als beim ersten Programm, Inge ist eine bezaubernde Sprecherin, die Hörerschaft — Landser und Zivilisten — füllt den Saal bis auf den letzten Platz und spendet reichlich Beifall. Ich selbst kann mich an allem nicht recht freuen, denn meine Gedanken gehen ganz weit fort und können keine Antwort finden auf die quälende Frage, ob sie, der Musik und Gedichte zugedacht sind, auch tatsächlich noch am Leben ist. Erst die Routine, vor der man sich eigentlich ja hüten sollte, die sich nach der zweiten Aufführung aber dennoch einstellt, läßt mich ruhiger werden. Und der Dank der Zuhörer nach Schluß des Programms und unser wachsender Erfolg tun ein übriges dazu.

Da wir uns bisher bewährt haben, sollen wir mit dem neuen Programm häufiger durch den Kral fahren als sonst. So folgen hier in Heiligenhafen noch zwei weitere Aufführungen und acht an anderen Orten. An manchen sind wir bereits gewesen; da ist der Kontakt zwischen Ausführenden und Hörenden bereits geknüpft, ehe der erste Ton erklingt. An anderen müssen sich Podium und Saal erst aneinander gewöhnen. Das geht meist gut, nur in seltenen Fällen sind „die da unten" nicht zu kriegen. Dann fahren wir recht bekümmert davon und machen uns Gedanken über das, was wir künftig besser machen müssen.

Ich genieße die Fahrten durch das Land! Es könnte sein, daß die Schönheiten Ostholsteins nur erkennen kann, wer hier nicht aufgewachsen ist, wer hierher verschlagen wurde, denn ihm fehlt die Möglichkeit der Gewöhnung an etwas, was in Wirklichkeit ein Geschenk der Natur ist. Einheimische, die diesen Satz eben gelesen haben, werden das Buch nun aus der Hand legen. Oder? Nein —, Vermessenheit ist das nicht. Aber komm du aus einer Landschaft, wo Berge und Täler eng beieinander stehen, wo du nur von einem ganz hohen Punkt aus einen Überblick gewinnen kannst über die ineinander geschobenen anderen Höhen, wo du auf Felder blickst, die sich wie schmale Handtücher an den Hängen hinziehen, wo du Dörfer findest, denen du anmerkst, daß ihre Bewohner, seien sie Bauern oder Heimarbeiter, ein Leben lang hart arbeiten müssen —, wenn du das alles in Betracht ziehst, dann kannst du die Großzügigkeit der hiesigen Landschaft und ihre ans Unendliche grenzende Weite in allen Tonarten preisen! Oder hast du kein Auge für die in hügeligen Schwüngen hingebreiteten Felder, Wiesen und Waldstücke, durchzogen von Buschreihen, die sie hier Knicks nennen, und häufig die See im Hintergrund?

8.9.

Ich bin nun fast so häufig unterwegs wie Pit mit dem Fürsten, unentwegt in „Gedichten, Prosa und Musik". Sie haben schon den ganzen Kral bereist und werden überall mit Beifall bedacht und gelegentlich mit Zigaretten beschenkt. Dabei dürfen sie auch die Kippen derjenigen mitnehmen, die nach Schluß einer Veranstaltung noch in ihrer Nähe rauchen. Der Fürst jedenfalls hat für solch wohltätigen Zweck eine Blechschachtel passender Größe, mit der er in unserer Gemeinschaftsstube auftaucht und unter unseren gierigen Augen den Deckel lüftet, erst nur einen Spalt, dann weit, so als wollte er jedesmal sagen: „Ei, ei, was hat der Papa denn da wieder mitgebracht!" Die Kippen werden gezählt und dann gleichmäßig verteilt, wobei die langen der Gräfin X, die mit Rouge behaftet sind, so gerecht an den Mann gebracht werden müssen, wie diejenigen, die kaum noch verwendbar sind, weil sie von einem schier schwindsüchtigen Landser auf die Stecknadel gespießt waren.

Johnny entwirft Plakate und arbeitet sie aus, daß es jedesmal eine Freude ist. Er liebt die Ruhe und braucht sie auch zu seiner Arbeit.

Walter fährt meist mit Chor und Instrumentalkreis über Land, weil seine vortreffliche Bratsche kaum zu entbehren ist.

Wer immer in der Baracke bleibt, abgesehen von kleinen Spaziergängen, die einer kurzen Erfrischung dienen, das ist

Fritz Grasshoff mit Werner, seinem Secretarius. Es ist, als bräche nun nach langer Zwangspause die schöpferische Kraft im Übermaß hervor:

Zeitbedingte Verse

> Brüder im Staube,
> Schächer der Welt:
> Glocke und Glaube
> sind euch zerschellt.

> Über den Schmerzen
> dunkelt die Nacht.
> Läutet die Herzen
> alle mit Macht.

> Wo man im Leide
> innig gesellt,
> grünt das Getreide
> wieder im Feld.

> Hebt sich inmitten
> liebend die Pflicht,
> strahlt in die Hütten
> heiliges Licht.

> Weht das Frohlocken
> über den Strom,
> läuten die Glocken
> wieder vom Dom.

und zarteste Lyrik nehmen zunächst einen breiten Raum ein.

> Laß uns, Liebste, bin ich wieder
> bei dir, durch den Garten gehn,
> wo die großen Sonnenblumen
> leuchtend vor der Mauer stehn.

> Über uns die guten Bäume,
> drüber noch das Sternenzelt.
> Was ich schaue, was ich halte,
> ist mein alles auf der Welt.

> Frühe Tage, alte Lieder
> fallen mir dann wieder ein.
> Und die Nacht in deinen Armen
> wird voll sanfter Träume sein.

Manchen Tag sind es mehrere Gedichte, die entstehen, gerade daß Zeit bleibt, die dünne Suppe zu schlürfen. Fritz schirmt sich dann von den anderen ab, indem er sich völlig in sich zurückzieht oder höchst knapp und unfreundlich reagiert, wenn ihn einer anspricht. Werner hält dann die Verbindung aufrecht. Wenn er wieder eine Reihe von Gedichten ins Reine getippt hat, ist Zeit und Gelegenheit dazu.

Nach einigen Wochen schieben sich Balladen, Chansons und Songs nach vorn. Mögen Brecht oder Ringelnatz im Hintergrund gelegentlich mit dem linken Auge zwinkern, weil hier ein schöpferisch Begabter in ihre Fußstapfen tritt, so ist Eigenständigkeit genug, um zu erkennen, daß gerade hier Fritzens Stärke liegt und auf diesem Gebiet auch bleiben wird. Manches ist drastisch zeitbezogen, anderes geht in die Historie zurück. Fritz wird bei solcher Arbeit zugänglicher und sucht schließlich sogar die Gemeinschaft, wenn er abends den Barackengang entlangschlurrt, um uns die „Produktion des Tages" zu bringen und vorzulesen. Für eine gedachte Ordnung dessen, was bisher geschrieben ist und was noch dazu kommen soll, sind Kapitelüberschriften oft schon vorgesehen. Wem geht nicht das Herz auf, wenn er in unser ureigenes Milieu hineingeführt wird: „Was mir der Strohsack knisterte" oder „Trümmertribüne". Wem von uns armen Hunden schießen nicht die Appetitfäden mitten ins Maul, wenn er etwas von „Whiskykanzonen" hört? Nicht zu reden von der Neugierde auf die bereits vorhandenen und noch geplanten „Rumpelkammerromanzen", in denen auf durchtriebene Art von „grausen Taten" berichtet wird, so ehedem geschehen konnten.

Die Reaktion der kleinen Hörergemeinde reicht vom verhaltenen und nachdenklichen Schmunzeln bis zum schallenden, in den Jahren an der Front verrohten Gelächter mit Schenkelklatschen, Schulterklopfen und dem Ringen nach Luft. Es hilft alles nichts: Dies alles müssen wir mehrfach hören, und wenn Fritz dazu keine Lust mehr hat, dann nimmt ein anderer das Blatt und liest, und wenn alles gut gegangen ist, haben die Hörer noch den Gewinn einer neuen Interpretation.

Dem „Dichterfürsten", wie er bald genannt wird, gebührt das Verdienst, uns die Abende dieses Herbstes mit so viel Heiterkeit erfüllt zu haben, daß sie keiner wird vergessen können, der sie miterlebt hat.

Wir sollten nicht ahnen, daß wir Verse zum ersten Mal hörten und lasen, die ihren Schöpfer zu Namen gebracht haben. Oder wer kennt sie nicht, „Die große Halunkenpostille"?

11.9.

Wenn einer von uns Heiligenhafen verlassen möchte — für ein paar Stunden oder einen Tag —, so darf er das selbstverständlich tun. Wie er das bewerkstelligt, ist seine Sache. Hat er Kraft genug, kann er ein nahegelegenes Dorf zu Fuß erreichen. Für größere Entfernungen, etwa die Kreisstadt Oldenburg, braucht er eine Fahrgelegenheit. Mitgenommen zu werden, ist schwierig. Zwar halten die Fahrer von LKWs und PKWs an bestimmten Punkten oder auch dort, wo Landser oder Zivilisten am Straßenrand winken, um mitzukommen, aber oft können sie nicht helfen, weil keine Plätze — im Normalfall Stehplätze auf offenen LKWs — mehr vorhanden sind.

Besser ist derjenige dran, der einen triftigen Grund bei dem zuständigen Vorgesetzten nachweisen kann. Dann bekommt er eine Bescheinigung, aufgrund derer er da und dahin mitgenommen wird.

Ich z. B. muß nach Putlos — Schießplatz; noch nie davon gehört —, um den für unsere Aufführungen geeigneten Saal anzusehen. Das ist wichtig, denn wir haben auf unseren bisherigen Fahrten z. T. recht schlechte Erfahrungen gemacht.

Es mag 8.30 Uhr sein, als ich bei der Fahrbereitschaft mein Papier vorzeige und andere mir nachdrängen, weil sie gleichfalls einen Platz — wie schön wäre doch mal ein Sitzplatz! — ergattern möchten. Zwischen ihnen schiebt sich ein Geistlicher nach vorn. Sowas habe ich in vier Jahren an der Front nicht gesehen, und aus solcher Nähe schon gar nicht: Waffenrock aus Vorkriegstuch, wie mir scheint, und gut gearbeitet, lila Kragenspiegel und Kreuz vor der Brust.

Der Andrang ist heute nicht übermäßig. Bald ist alles zur Abfahrt bereit. Nach Putlos zwei, das sind der Pfarrer — nein, Pastor heißt das hier in Norddeutschland! — und ich; sonst niemand. Und dahin fährt heute morgen nur ein PKW. Na, dann bitte einsteigen und Platz nehmen —, Sitzplatz, wie ich es erhofft hatte und wie es sich gehört, zwar spartanisch einfach in der Polsterung, aber doch weicher, als die Bänke im Wieman-Bus.

Die Fahrt beginnt, und da nicht gesprochen wird, habe ich Gelegenheit, meinen Gedanken nachzuhängen: Kindergottesdienst mit den Sammelbüchsen für die kleinen Negerlein, die so niedlich darauf abgebildet waren; Schülerbibelkreis mit gemeinsamen Gebeten, die mir nichts gaben, und Wanderfahrten, deren Romantik mich begeisterte; Konfirmation mit nachfolgendem Abendmahl, das ich nicht verstand und das ich mit solchem Widerwillen nahm, daß es bei diesem einen einzigen blieb. Dann verließ ich das Elternhaus, das vor allem durch meine Mutter kirchlich geprägte. Darin hatte nur mein Großvater, der Vertraute meiner Kinderjahre, gelegentlich unmißverständlich klargemacht, daß er, zwar in der Kirche, so aber doch freisinnig sei. Das verstand ich zwar so gut wie nicht; es fiel mir aber auf, daß er nur zum Turmblasen oder wenn er bei einer Kirchenmusik mitzuwirken hatte, zur Kirche ging. Ja —, und ich zog in die große Welt und studierte zunächst Kirchenmusik, und in den Semesterferien vertrat ich den Kantor der Lutherkirche, zu der wir gehörten.

Nach einer Reihe von Trauungen, bei denen ich eines Vormittags die Orgel spielte und wobei ich auch für ein junges Brautpaar gespielt hatte, das das Orgelspiel nicht bezahlen konnte, wurde ich in die Sakristei zum Pfarrer beordert. Er machte mir Vorwürfe und stellte fest, daß ich gegen die Kirchenordnung verstoßen hätte, denn jede zusätzliche Kerze, jeder zusätzliche Stuhl und folglich auch das Orgelspiel seien gesondert zu bezahlen, und er verbäte sich meine Eigenmächtigkeiten. Auf meinen Einwand hin, ich fände eine solche Regelung alles andere als christlich, ich hätte im übrigen ja Zeit gehabt und bekäme ja auch kein Honorar, forderte er mit massiver Stimme — noch immer in der Sakristei! — Disziplin statt Unbotmäßigkeit —; er, von dem ich heute wieder gehört hatte, daß das fünfte Brautpaar mit den gleichen Worten wie das erste den Bund fürs Leben schloß; er, der bei Taufen das fünfte Kind mit den gleichen Worten wie das erste in die Gemeinde der Gläubigen aufnahm.

Die Jahre gingen hin. Ich war Soldat geworden und hatte, obwohl ich der Kirche nicht mehr angehörte, 1941 an einem Feldgottesdienst teilgenommen, weil ich meinte, ich müßte auch dabei im Kreis der Kameraden bleiben. 1942, zwischen dem Einsatz am Wolchow und dem in Finnland, wurde während dreier Ruhetage wieder ein Feldgottesdienst angesetzt. Da ging ich zum Spieß und meldete, daß ich nicht würde teilnehmen können, denn es sei mir unerträglich, daß nach allem, was hinter uns liegt, der Segen für todbringende Waffen herabgefleht werden sollte. Gutmütig und einfältig erwiderte er: ,,Mensch, Sie sind doch ein Studierter. Sie müssen doch wissen, daß es sich gehört, am Gottesdienst teilzunehmen." Ich blieb bei meiner Abmeldung und wurde dazu befohlen, etwa zwei Stunden lang das

Zeltlager der Batterie von allem zu säubern, was ein Vorgesetztenauge nicht zu sehen wünscht.

Fazit: Der von den christlichen Kirchen immer wieder verkündigte Gott, zu dessen Lob und Preis außer den Geistlichen längst ganze Industrien aufgeboten sind —, dieser Gott hat es zugelassen, daß die Eiferer von Übersee, die vorgaben, sich auf einem Kreuzzug zu befinden und dabei immer mehr zu Handlangern wurden, der Armee der Atheisten aus dem Osten zum endgültigen Sieg verhalfen. Und wenn ich die Not der Gegenwart, die ich stündlich miterlebe, in meine Betrachtungen mit einbeziehe, dann kann ich beim besten Willen nicht an das gerechte Walten des von den Kirchen gepriesenen Allerbarmers glauben. Und hatte nicht auch Hitler die Vorsehung und damit den gleichen Gott viele Male beschworen, ihn zu segnen, so lange, bis wir Überlebenden nun auf den Trümmern Europas in eine verhangene Zukunft hinein werden wanken müssen?

Wir haben das Kopfsteinpflaster von Oldenburg hinter uns und fahren die letzte Strecke auf einer Betonstraße nach Putlos. Dort in einem großen Kasernengelände angekommen, steigen wir aus und verabreden uns für eine Stunde später. Der Pastor geht in eine, ich in die andere Richtung. Der Fahrer bleibt beim Fahrzeug, sicher froh, ungestört eine Tommy rauchen zu können. Nirgendwo gibt es so viele und so gute Zigaretten wie bei den Kraftfahrern!

Was ich zu erledigen habe, ist schneller getan, als ich vermuten konnte. Ein hilfsbereiter Betreuungsoffizier zeigt mir den Saal und gibt mir Antwort auf meine Fragen. „Gruppe Wieman" ist auch hier ein Gütezeichen und ebnet alle Wege.

Nach einer Stunde bin ich wieder am PKW, an dem sich kurz danach auch der Pastor einfindet. Er ist mitteilsamer als heute morgen. So sagt er zunächst dem Fahrer, daß er auf der Rückfahrt in Oldenburg noch das Krankenhaus besuchen müsse. Gut —. Wir fahren die Betonstraße zurück und sind in wenigen Minuten am Ziel. Dort verkündet der Pastor, daß er die Oberin kenne und versuchen wolle, für uns drei eine Suppe zu bekommen. Es gehe ja auf Mittag und sicher hätten wir den gleichen Kohldampf wie er. Auch gut —. Im Haus bittet er uns, im Wartezimmer zu bleiben; er wolle inzwischen nach der Oberin fragen. Tatsächlich kommt er nach ein paar Minuten zurück, rechts neben sich die Oberin, die uns freundlich begrüßt. Sie ist gewiß Diakonissin, denn sie trägt ein ähnliches Kreuz wie der Pastor.

Was nun kommt, ist weniger gut —. Mich persönlich

stößt es ab: Hier wird nicht schlicht um ein Süppchen „außer der Reihe" gebeten, sondern hier wird im Kanzelton deutlich gemacht, daß es noch nie so wichtig war, Gottes Wort zu verkünden, wie jetzt in diesen schwarzen Tagen. Das erfordere erhöhte Kraft, und die könne nur aufgebracht werden, wenn er „um Christi willen" — so wörtlich — hie und da zusätzlich etwas zu essen bekomme. Und dies hier seien Kameraden, zwar ohne geistliches Amt, aber mit dem gleichen Hunger. Gerade begeistert ist die Oberin nicht. Dennoch bekommen wir jeder einen Teller Suppe. Der Pastor verrichtet sein Gebet, der Fahrer geht ohne Bedenken den Teller kräftig an und ich — ich hätte weglaufen mögen, wäre der Hunger nicht stärker gewesen. So mampfe ich mit den beiden, ohne Appetit, ohne Freude, nur um den Hunger zu stillen. Hätte der Pastor doch Christus aus dem Spiel gelassen! Aber nein —, er nennt ihn wieder, jetzt, als er sein Dankgebet beendet hat und sich bei der Oberin, die nach uns sieht, bedankt. Ich tu ein Gleiches, freilich schlicht und ohne geistlichen Überschwang. Oder soll ich ihr sagen, daß ich einem Kreis von Menschen zugehöre, der von seiner künstlerischen Aufgabe so besessen ist, daß sie zu deren Verkündigung auch zusätzliche Kraft benötigen?

Auf der Rückfahrt herrscht großenteils wieder Schweigen. Vor mir der Fahrer, der mit Geschick den Schlaglöchern ausweicht. Rechts von mir die Uniform: Waffenrock aus gutem Tuch, lila Kragenspiegel, Kreuz vor der Brust.

Nach der Verabschiedung gehe ich sehr nachdenklich in meine Behausung zurück.

15.9.

Wir bereiten das nächste Programm vor. Walter Unger hat einen Kreis von Volksliedern zusammengestellt und mit Sätzen für gemischte Stimmen versehen. Sie sind dem Chor zunächst ungewohnt, aber ich mag die polyphone Setzweise, wenn sie Ecken und Kanten hat.

Mir ist ein Schatz in die Hände gekommen, von dem ich erst meinte, er sei nur geliehen, von dem ich nun aber sicher weiß, daß er geschenkt ist: Es ist das Liederbuch, von dem die Jugendmusikbewegung vor Jahrzehnten ihren Ausgang genommen hat, es ist „Der Zupfgeigenhansl".

Hans Attermann freut sich mit mir über diese Kostbarkeit und schlägt vor, auch Sätze daraus zu nehmen. Da wir ein gemischtes Programm noch nicht hatten, findet dieser

Vorschlag allgemeine Zustimmung. Wir suchen Sätze zur Klampfe aus, die sich mit den vorgesehenen Chorsätzen gut ergänzen. Hans schreibt sie sich ab und findet Vor-, Zwischen- und Nachspiele dazu selbst. Zu seiner Gitarrebegleitung wird Sibylle singen. Außerdem soll Hans-Joachim an bestimmten Stellen des Programms noch Gedichte sprechen, die er selbst vorschlägt, und die wir so lange für unseren Zweck prüfen, bis wir den Eindruck haben können, die richtigen ausgewählt zu haben.

Sibylle stammt aus Berlin und ist Stabshelferin gewesen. Jetzt wohnt sie ein paar Baracken weiter in einer Stube mit ihrer Freundin Ria. Beide bilden ein Gespann, das zum Schmunzeln Anlaß gibt: Sibylle, großgewachsen, der Typ der Hochdramatischen; liebt es, ihren Auftritt wahrzunehmen; großzügig, ewig vergeßlich; witzig, daß sie die Lacher immer auf ihrer Seite hat. Ria, klein (mal rundlich gewesen), der Typ der Soubrette; folgt dem Auftritt der Freundin; gewissenhaft, zuverlässig; sorgt für alles, trägt Sibylle nach, was sie vergessen hat.

Die Stimme der „Kammersängerin", wie sie gern genannt wird, hält mit dem körperlichen Volumen nicht Schritt; es ist eine mittelgroße Sopranstimme, die durch glockenhelle Reinheit besticht. Und was vollends für Sibylle einnimmt, das sind Fleiß und absolute Zuverlässigkeit.

Hans-Joachim ist jung und blond. Die Kriegsmaschine hat ihn nur noch beim letzten Ausverkauf erwischt, und auch da ist er bei heilen Knochen geblieben. Er kommt von irgendwoher, weil er gehört hat, daß M. W. hier bei den Kriegsgefangenen ist. Was er mitbringt, sind jugendliche Begeisterung und Liebe zur Dichtung und ihrer Wiedergabe. Der aus dieser Begeisterung und Liebe lebt, ist ein geradezu hemmungsloser Idealist. Er ist davon überzeugt, daß das Brot, von dem allein der Mensch nicht lebt, schon kommen wird, wenn man nur mit Haut und Haaren der Kunst zu dienen versucht. Und das tut er im Augenblick, vor allem dadurch, daß er Unterricht beim Fürsten bekommt. Die Sache mit dem täglichen Brot wird durch den Betreuungsoffizier „irgendwie" so geregelt, daß sie klappt.

Hans, Sibylle und Hans-Joachim gehören im engeren Sinne nicht zur „Gruppe Wieman", doch durch ihre Mitwirkung verhelfen sie ihr zu einem der schönsten Programme.

23.9.

Der Sommer ist gegangen, der Herbst gekommen mit Regen, Sturm, kürzeren Tagen und verstärktem Hunger. Du kannst dich nicht mehr irgendwohin ins Gras hauen oder nach Süden an eine Barackenwand lehnen, um, gestärkt durch Ruhe und Wärme, den Rest des Tages so zu bestehen, als wäre mit deinen Kräften alles in Ordnung. Du mußt dich noch mehr zusammenreißen und mußt noch mehr tun, um dich abzulenken, — sonst —, sonst kommst du nicht über die Runden. Du mußt aber über die Runden kommen, denn wenn Frau und Kinder irgendwo am Leben geblieben sein sollten, dann brauchen sie dich und dann mußt du wieder, wie damals vor viereinhalb Jahren, für sie dasein.

Pit ist, gepeinigt vom Kohldampf, zu Entschlüssen gekommen, unsere Lage zu verbessern. Wenn einer die Möglichkeit dazu hat, dann ist er es, denn er kommt am meisten herum und steht als ständiger Begleiter des Fürsten in besonderem Ansehen. Und Kenner schätzen die überdurchschnittlich gekonnten Klavierimprovisationen, die er zu den Lesungen beisteuert. Ja — und dann hat Pit ja noch die Fähigkeit, als „Kavalier alter Schule" mit den Damen charmant zu plaudern, wenn sich das nach einer Veranstaltung so ergibt. So kennt er die Gräfin X ebenso wie die Baronin Y und weiß schließlich auf sämtlichen Gütern im Westen und Süden von hier Bescheid. Diese Beziehungen nun in Zusatzverpflegung für uns umzusetzen, ist Pits Plan.

Die Reichsbahn kommt ihm zu Hilfe, denn die Strecke Heiligenhafen—Hasselburg wird wieder befahren. Wenn bisher immer noch unklar war, wie er beweglich werden sollte, so weiß Pit nun, daß er nur zum Bahnhof zu gehen braucht, um mit der entsprechenden Fahrkarte fast an das jeweilige Ziel zu gelangen. Und das muß aufgrund seiner geografischen Lage geeignet sein, in die Vorhaben einbezogen zu werden. Höfe zwischen Oldenburg und Lütjenburg z. B. scheiden aus, weil die völlig unerreichbar bleiben. Was aber beiderseits der Strecke Heiligenhafen—Oldenburg—Lensahn—Hasselburg liegt und durch kurzen Fußmarsch zu erreichen ist, kann in Pits Aktionen einbezogen werden. Übrigens: In Hasselburg ist Endstation, nicht etwa in Neustadt, auch für Zivilisten, denn — mitgefangen, mitgehangen — wer im Kral sitzt, hat eben Pech gehabt. Und wie will man diese Germans gefangenhalten, wenn man sie nicht auch in diesen Dingen, die man ihnen schon wieder zugesteht, so kurz wie möglich hält?

Verlieren wir uns hier aber nicht in Betrachtungen über des Gebahren der Besatzer, ihre Menschlichkeit oder gar ihre Weitsicht, sondern vermerken wir knapp, daß Pit heute zum ersten Mal losgezogen ist. Also dann: Schön' Kohldampf bis heute abend und guten Appetit allerseits, denn mit leeren Händen kommt er bestimmt nicht zurück, Pit nicht. Er hat sich einen Handkorb organisiert und hängt ihn sich unbekümmert an den linken Unterarm. Wenn ich ihn recht betrachte, so sieht er aus wie Rotkäppchen in Uniform, nur mit umgekehrter Zielsetzung, denn hier wird nichts zur Großmutter gebracht, sondern etwas von ihr geholt (falls es sich um eine alte Dame handelt). — Ich verrate nicht, wohin, sondern berichte nur, daß Pit sich eine Fahrkarte gelöst hat. Lang ist die Reise nicht, aber das Ziel ist zum Aussteigebahnhof geradezu ideal gelegen. Nach wenigen Minuten ist er dort und bittet, der Frau des Hauses seine Aufwartung machen zu dürfen, sozusagen „außer der Reihe" und ohne Herrn Wieman. Klar, daß er aufs freundlichste hereingebeten wird. Die Konversation beginnt. Sie beginnt mit dem traurigen Alltag und endet, gelegentlich gewürzt durch eine halbe Zigarette, bei der hehren Kunst (sofern man da recht mithalten kann). Pit möchte da sein Gegenüber durchaus nicht überfordern. Vielmehr hält er es für angezeigt, nunmehr zu Gefangenschaft, beginnender Kälte und Hunger zurückzukehren. Einzelheiten sind da selbstverständlich nicht überliefert. Fest steht nur, daß gegen Pits gepflegtseinkönnende Umgangsformen und seinen Charme selten ein Kraut gewachsen ist. Kurz und gut, und wie immer dem auch sei: Das umdirigierte Rotkäppchenkörbchen füllt sich nach angemessener Zeit — ähnlich lange dauert ein Abschluß ja auch unter Geschäftsfreunden — mit Butter und Käse sowie einem Zipfel Wurst. Mit Brot ist man im Moment leider zu knapp, um etwas abgeben zu können. Wie teuer, wie unvermutet teuer kann doch eine Lesung des Staatsschauspielers M. W. werden samt der schönen Musik, die der Leutnant — neulich hat man ihn ja auch als Orgelspieler bewundert — dazutut, mag die Dame des Hauses denken, als Pit sich nach Zusammenfassung der heutigen Themen und herzlichen Dankesworten mit Handkuß verabschiedet.

Inzwischen ist es dunkel geworden, und wir „Daheimgebliebenen" sitzen, warm angezogen, denn draußen ist Sturm aufgekommen, — wir sitzen in der Gemeinschaftsstube und warten auf Pit. Es ist verrückt, aber heute haben die zwei Schnitten, belegt mit Daumen und Zeigefinger, überhaupt nicht gesättigt. Das liegt nur daran, daß wir irgendetwas Zusätzliches zu erwarten haben und uns kaum noch zusammennehmen können. So sehr warten wir auf Pit und das, was er uns bringen wird. Da wir keinen Fahrplan haben, da es einen solchen vermutlich noch gar nicht gibt, hilft nur warten. Und womit vertreiben wir uns die Zeit? Nein —, nicht mit Gesprächen über die Kunst im allgemeinen und besonderen, sondern mit Erinnerungen an eine polnische Gans, an Rotwein und Calvados, an ukrainische Kartoschka, lettischen Wodka und den Mosel beim letzten Ausverkauf vor einem halben Jahr in Danzig. Es sind die Visionen der Hungernden, die uns mit zunehmender Vehemenz heimsuchen!

Es mag 21.00 Uhr sein, als wir im Barackengang schlurfende Schritte hören. Einen Augenblick später steht das Rotkäppchen in Uniform in der Tür, henkelt den Korb ab und stellt ihn vor uns auf den Tisch. Was nun kommt —, ach, das laß ich lieber aus! Woher sollte ich auch die passenden Vokabeln nehmen? Jeder Weihnachtsmann ist ein Stümper, verglichen mit Pit und seiner Wohltat an uns Hungrigen. Jede Weihnachtsfreude — ich meine, so kurz vor und während der Bescherung — verblaßt gegen das Glücksgefühl, das uns heute abend beseelt. Und dann nehmen wir den letzten Kanten Brot aus dem Spind, und wie der aufgegessen ist, nehmen wir den Käse, streichen Butter drauf, legen von dem Wurstzipfel drüber und essen so lange, bis der Korb leer ist, und wir satt sind. Mensch —, einmal essen, so mit Behagen und ohne danach hinter den Busch zu müssen —, einmal satt sein, in der Runde der Zufriedenen ein paar Züge aus einer Gemeinschaftszigarette —, nein —, da kannst du sagen, was du willst: Etwas Schöneres gibt es nicht! Und dann schläfst du ein, „selig lächelnd wie ein satter Säugling". Und noch im Traum drückst du Pit die Hand und hörst noch immer, wie er abwehrt, indem er sagt: „Nu halt doch schon die dumme Schnauze!"

Noch zwei oder drei Mal sollten wir in den Genuß von Zusatzverpflegung kommen, die Pit besorgt. Nicht immer gibt es Butter und Käse. Es kann sich auch um einen Sack Grütze handeln. Dann fehlt zwar der Rausch des Sichsofortsattessens mit dem unvergleichlichen Wohlbehagen, dafür ist aber für eine gewisse Zeit die Verpflegung bei wenigstens einer Mahlzeit täglich aufgebessert. Gelingt es gar, auch noch Sirup zu organisieren, ist die Freude besonders groß.

Pit sollte nicht ohne herbe Enttäuschung davonkommen, und somit wir natürlich auch. Er hatte sich gegen Ende seiner „Einkaufstouren" nach einer Veranstaltung auf einem großen Hof einen Termin fürs Wiederkommen erredet. Also fuhr er am Morgen des betreffenden Tages mit der Bahn los, diesmal sogar über Oldenburg hinaus. Am Zielbahnhof angekommen, sprach ihn ein alter Kutscher an: „Ich habe den Auftrag, Herrn Leutnant zu fahren und bitte einsteigen zu wollen." Auf dem Vorplatz steht tatsächlich ein Einspänner aus besseren Tagen. Pit steigt ein und wird länger als eine Stunde über Schotterwege gefahren, gerüttelt und geschüttelt, wohl in Richtung auf den höchsten Berg der Landschaft, von dem man schon gehört hat und der da hinten sich irgendwo erheben muß. Die Hausherrin empfängt den Gast und bittet ihn, nachdem sie das Rotkäppchenkörbchen geflissentlich übersehen hat, sogleich darum, ihr am Flügel wieder so schön vorzuspielen, wie er neulich bei der Lesung mit Wieman gespielt habe. Da sei sie wirklich ganz entzückt gewesen! Pit tut wie gewünscht und improvisiert nach Herzenslust, bis er glaubt, nach einer Krönung im bachschen Stil aufhören zu dürfen. Zigarette? Nein –, die muß er sich aus drei aufgepulten Kippen selber drehen. Hemmungen dazu bestehen nicht; schließlich hat er die Baronin ja um Erlaubnis gebeten. Daß sie mißvergnügt gegeben wird, übersieht Pit so, wie vordem sein Korb übersehen worden war. Die Konversation beginnt, und Pit gibt ihr gleich die richtige Richtung: Er spricht vom Hunger in dieser Zeit im allgemeinen und dem in der „Gruppe Wieman" im besonderen. Ja, gewiß, man habe schon davon gehört, aber schließlich könne man ja nicht überall helfen, und er sei ja nun für einen Tag hier eingeladen, und das Mittagessen würde in einer guten halben Stunde serviert. „Gut", denkt Pit, „so werde ich erst mal satt. Und bin ich satt, will ich mein Dankeschön in die Tasten schlagen und bei der nachfolgenden Unterhaltung wieder vom Hunger sprechen, deutlicher als vorher." Die Zeit nach Tisch verläuft etwa so, wie Pit vermutet hat: Zigarette (wieder selbst gedreht), Klavierspiel, Gespräch, dazu eine Tasse Tee. Nur in einem Punkt verläuft sie anders, nämlich im wichtigsten: Alle zarten und alle massiven Hinweise auf den Hunger nützen nichts. Die Baronin bleibt auf diesem Ohr taub, und statt zu veranlassen, daß irgendetwas Eßbares in den Korb kommt, wird so lange weiterparliert, bis Pit mitgeteilt wird, der Wagen für die Rückfahrt zum Bahnhof stehe bereit. Auf denn zu kühlem Abschied (auf Nimmerwiedersehen), den leeren Korb gehenkelt und eingestiegen!

Selbst wieder hungrig kommt Pit in Heiligenhafen am

Bahnhof an. Bis er die Baracken erreicht hat, ist sein Kohldampf so stark wie unserer. Die neugierige Frage nach dem vollen Korb wird mit einem Kraftausdruck abgetan. Niemand kann darüber hinwegkommen, daß Pit nichts mitgebracht hat, am wenigsten er selbst, der es für uns alle doch so gut gemeint hatte. Mit Schimpfworten — die Skala reicht von Armleuchter bis Zulukaffer — machen wir uns Luft, ehe wir hungrig und enttäuscht schlafengehen.

27.9.

Wir machen uns Gedanken um unsere Zukunft. In abendlichen Diskussionen werden alle uns bewegenden Fragen nach allen Seiten hin erörtert, meist friedlich, gelegentlich auch heftig. Das Ergebnis der Gespräche ist zusammengefaßt etwa folgendes: Die hier gefangenen Soldaten werden sich in viele Landschaften der vier Besatzungszonen entlassen lassen, entweder in ihre alte Heimat oder um irgendwo eine neue zu finden, weil die alte von den Russen annektiert worden ist oder „unter polnischer Verwaltung" steht, wie die amtliche Formulierung für diese Art von Annektion lautet. Sie alle werden nicht vergessen können, was sie hier im Kral erlebt haben. Vermutlich werden sie am wenigsten vergessen, was ihnen durch uns und andere Betreuungsgruppen in der schlimmsten Zeit ihres Lebens gegeben worden ist. Sie werden sich daran nicht nur erinnern, sondern sie werden wiederkommen —, später, nach Jahren, wenn wir alle das Schlimmste werden hinter uns gebracht haben. So wird es gut sein, wenn wir beisammen bleiben und hier weiterwirken, auf freiwilliger Basis und in lockerer Verbindung, aber eben doch zu gemeinsamer künstlerischer Tätigkeit. Sollten solche, die der „Gruppe Wieman" nicht angehören, unsere Absicht gutheißen, können sie in unseren Kreis aufgenommen werden.

Die Gegner beharren auf ihrer Absicht, nach der Entlassung möglichst weit wegzugehen, um Abstand zu gewinnen, im alten Beruf eine Stelle zu finden oder einen neuen zu erlernen. Heiligenhafen —, hier oben am Rande der Welt? Was soll das schon! — Die Befürworter verweisen auf Worpswede — einer kann sogar auf ähnliche Künstlerkolonien in Dänemark verweisen wie Faaborg und Skagen — und sind fest überzeugt, den Plan realisieren zu können hier in — „Worpshafen", wie es nun schon heißt. Was sie beseelt, ist das heilige Feuer, das sie zu ungeahnter Aktivität befähigt,

Hunger und Kälte zum Trotz. Es ist der Wunsch, diese Zeit künstlerischer Freiheit auf Jahre hinaus zu erhalten und dabei mit den Getreuen auf Tuchfühlung zu bleiben. Es ist ein Plan, der noch lange nicht ausgegoren ist, zu dem aber viele gute Gedanken bereits vorhanden sind. Allen Überlegungen liegt der Wille zugrunde, dem Neuen, das heraufkommen muß, mit allen Kräften zu dienen. Für sie ist Heiligenhafen der heilige Hafen, in dem sie vor Anker liegen und aus dem heraus sie eines Tages hineinwirken werden in eine Welt, die besser werden soll, als die alte es gewesen ist.

„Worpshafen" —, das erst schwach konturierte Gebäude unsrer gemeinsamen Wünsche, es erhält den ersten Stoß und gerät ins Wanken, noch ehe es fest gefügt werden konnte. Der Fürst eröffnet uns in diesen Tagen, daß er die Betreuungsarbeit noch bis zum Beginn des neuen Jahres leisten werde. Dann müsse er ohne uns seiner eigenen Arbeit nachgehen. Als Abschluß der gemeinsamen Zeit denke er, nachdem sich der „Faust"-Plan nun endgültig zerschlagen habe, an die Aufführung eines Weihnachtsspiels, wiederzugeben im ganzen Kral.

Unverwüstliche sind der Meinung, dann müsse man den einmal gefaßten Plan eben ohne den Fürsten weiterverfolgen. Andere melden ernsthafte Bedenken an und meinen, daß wir „ohne Kopf" künstlerisch nicht werden existieren können.

Erst weiß niemand etwas Genaues, aber dann steht fest, daß mit dem erwähnten Weihnachtsspiel ein Stück gemeint ist, das Fritz mitten aus unserer Situation heraus und für unser aller Elend im Auftrag des Fürsten schreiben soll. Schon in den nächsten Tagen wird ein ausrangierter und mit einem Ofen versehener Wehrmachtsbus hinter unserer Baracke aufgestellt, der zu ungestörter Arbeit zur Verfügung steht.

Spannungen bleiben nicht aus, sie können auch gar nicht ausbleiben: Es ist undenkbar, daß alle, die jetzt zur „Gruppe Wieman" gehören, einschließlich Chor und Instrumentalkreis, an dem Weihnachtsspiel teilnehmen können. Ich sehe meine Aufgabe nicht darin, tatenlos zuzuschauen, wie diejenigen, die bisher mit großer Hingabe gesungen und musiziert haben, nun leer ausgehen sollen, ausgerechnet in der Jahreszeit, die für uns alle am bittersten werden wird. Also muß ich dafür sorgen, daß alle, die beim Spiel nicht benötigt werden, mit mir durch den Kral fahren. Dafür werde ich etwas Neues schreiben müssen. Was es sein und wie es werden wird, weiß ich freilich noch nicht.

Zunächst fahren wir noch mit der „Liebesliederkantate" über Land und arbeiten täglich an dem neuen Programm.

1.10.

Die Sonne hat nun sehr an Kraft verloren, und sie scheint selten in diesen Tagen. Da die Fenster meiner Stube nach Osten gehen, bekomme ich kaum etwas davon ab. Nur dort, wo die Fenster nach Süden gerichtet sind, läßt sich, wenn man auf frische Luft verzichtet, von Mittag bis Abend Wärme speichern.

Alle, die in den Baracken hausen, müssen immer wieder versuchen, sich gegen die zunehmende Kälte zu schützen. Nachdem im Lauf der Zeit alle Zäune — massives Holz, eingehängt jeweils zwischen zwei Steinpfosten —, die das Marinelazarett umgaben, verschwunden sind, ist es nun üblich geworden, alles zu sammeln, was brennbar ist. Wenn jemand seine „Holztour" weiter ausdehnt und „versehentlich" einen Koppelpfahl mitgehen läßt, stört das niemanden. In Sachen Brennmaterial ist das Wort „Diebstahl" vorübergehend aus allen Lexika gestrichen! Es nimmt niemand Anstoß daran, daß nach einbrechender Dunkelheit keine rechte Ruhe einkehren will, wie damals an lauen Sommerabenden. Nein —, jetzt gibt es zu tun, auch in den Barackenstuben, in denen, auch um Mitternacht noch, das „organisierte" (nicht geklaute!) Holz passend für die unlängst aufgestellten Öfen zersägt und zerhackt werden muß. Kinder plärren dazwischen, Weiber stauchen ihre Männer zusammen, wenn sie zu wenig gebracht haben. Ein Teil trägt Säge und Beil hilfreich von Stube zu Stube. Ein anderer mault aus den knarrenden Betten, in denen man nicht schlafen kann. Manchmal dagegen haben zwei, seien sie verheiratet oder nicht, Glück, wenn sie die Betriebsamkeit der anderen ausnutzen und zusammen unter eine Decke kriechen. Andere wieder haben das Pech, gerade im schönsten Augenblick brutal gestört zu werden, weil die Holzhacker dazwischenkommen. Kurzum: Am Abend zeigt sich hier das Leben in seiner ganzen Vielfalt und ist „wert, gelebt zu werden"!

Es ist schon erwähnt worden, daß unsere Baracke mit der Nummer 7 — jede hat übrigens auch noch einen Namen, der an die ehemaligen deutschen Kolonien erinnert — früher die Kantinenbaracke gewesen ist mit der eigentlichen Kantine und großem und kleinem Saal. Auf dem Platz vor der Kantine, dem jetzigen Laden des Barackenlagers, hat bis gestern ein seit Kriegsende nicht mehr benutztes Billard gestanden; massives Holz, die Spielfläche schön mit grünem Tuch versehen, wie es sich gehört. Wie heute früh der Pächter die Ladenfenster hochschiebt, um den Verkauf von markenfreiem Brotaufstrich oder „Kunstgewerbe" aus Munitionsteilen zu eröffnen, sieht er mit Schrecken statt des Billards den leeren Vorplatz. Auch in diesen miesen Zeiten muß die Gerechtigkeit ihren Lauf nehmen —, das wäre ja gelacht! Aber wer ist zuständig? Die Polizei? Höchstens, wenn die Diebe Zivilisten gewesen sein sollten; das aber ist unwahrscheinlich. Wer sonst? Ja —, dann kann man sich höchstens an die mit den weißen Armbinden wenden. Die haben die Funktion einer Art von Feldpolizei. Viel zu sagen haben sie zwar nicht, aber immerhin. Und damit: Gesagt, getan! Ein Feldwebel mit weißer Armbinde wird in die Baracke 7 beordert, um alle Stuben bis in alle Einzelheiten zu durchsuchen. Irgendwo muß ja gehacktes Holz zu finden sein mit Stücken dazwischen, die noch „Eiche poliert" erkennen lassen. — Als er an meine Stubentür klopft, habe ich von dem ganzen Vorgang noch keine Ahnung! Nach allem, was mir nun erzählt wird, muß es sich um eine Blitzaktion unter gleichzeitiger Beteiligung mehrerer Akteure gehandelt haben. Nun —, er tritt mit vielerlei Entschuldigungen ein und findet in der ganzen Stube außer ein paar Stücken Holz neben dem Ofen nichts, was auf das Billard könnte schließen lassen. So wie bei mir eine Suche ohne Ergebnis bleibt, so bleibt sie es auch in allen anderen Stuben, sogar im Gemeinschaftsraum des Männerchores, auf den der erste Verdacht gefallen war, und sogar in den Nachbarbaracken, die anschließend durchsucht werden.

Das Billard ist und bleibt verschwunden. Keine Macht der Welt bringt davon auch nur einen Span wieder zum Vorschein.

Ich sollte nicht ahnen, daß ich dem Feldwebel im Lauf der Jahre noch viele Male begegnen würde. Er ist ein angesehener Geschäftsmann geworden, und wenn wir uns, meist von Auto zu Auto grüßen, denkt er wohl so wie ich an eine der größten Diebesaktionen, die im Barackenlager vollbracht worden sind. Wir beide gedenken des verschwundenen Billards.

8.10.

In Putlos habe ich nach einer Veranstaltung einen Unteroffizier kennengelernt, Erich mit Namen, aus Sachsen gebürtig und als Organist und Pianist Schüler der Leipziger Musikhochschule wie ich. Die Freude ist beiderseits groß, und wir versprechen uns, in Kontakt zu bleiben. Zunächst berichten wir einander, was wir gegenwärtig tun, und was wir für die Zukunft vorhaben. Erich gehört einer Betreuungsgruppe an, die aus jungen Schauspielerinnen und Schauspielern — Literaten sind auch dazwischen — besteht, in der er bei Veranstaltungen für die Musik zuständig ist, und die geleitet wird von Hans Karl Friedrich, einem namhaften Schauspieler und Regisseur. Nach allem, was ich höre, dürfte die Arbeit der unseren in der „Gruppe Wieman" ähneln, nur scheint mir der Abstand zwischen „Chef" und Mitarbeitern nicht so groß wie bei uns. Erich glaubt diesen Kreis bald verlassen zu müssen. Er muß, wie er sagt, in eine der nächsten Städte, um an eine Orgel zu kommen, und er muß die Möglichkeit haben, ein Klavier aufzutreiben, damit er täglich üben kann. Was soll werden, wenn er die Zeit hier nicht für seinen Beruf nutzt? Ich werde ihm helfen und habe Glück, denn in unserer Baracke ist eine Stube frei, die Erich zur Verfügung gestellt werden kann. Er kommt, um sich Heiligenhafen, das Barackenlager und seine künftige Behausung anzusehen und uns kennenzulernen. Nach ein paar Tagen bringt er seine Habseligkeiten und bleibt. Zuerst wohnt er allein. Ein paar Wochen später kommt seine Freundin nach, die einmal seine Frau werden wird.

In das Klavier, das ihm auf dringendes Bitten hin von irgendjemandem vermietet wird, hängt Erich eine Decke, passend zwischen Hammermechanik und Saiten. Diese ebenso einfache wie gescheite Erfindung gibt ihm die Möglichkeit, jeden Tag ein paar Stunden zu üben, ohne die Mitbewohner zu stören. Das Geräusch, das trotz der Decke hörbar bleibt, weckt in mir die Vorstellung, Ratten würden scharenweise über die Dielen der Barackenstuben schlurren und trippeln und trappeln. Ist es zu hören vom Gang her oder von den Nachbarstuben, heißt es bald: „Erich macht Rattenmusik."

10.10.

Heute habe ich zum ersten Mal eine Kammermusik des „Collegium musicum Oldenburg" gehört. Das Programm ist dem ähnlich, das vom Heiligenhafener Streichquartett zu Beginn seiner Konzerttätigkeit gebracht worden war: Haydn,

Mozart, Beethoven; Musik also aus der großen Zeit des Streichquartetts. Es wird gut musiziert; beide Quartettvereinigungen, so scheint es mir, haben etwa das gleiche Niveau. Die Besonderheit hier besteht darin, daß das Wort in das Programm mit einbezogen ist. Da ich dergleichen noch nicht gehört habe, bin ich sehr beeindruckt von Haydns Reisebericht über eine seiner London-Reisen, von Briefen Mozarts an seinen Vater oder von Beethovens Heiligenstädter Testament. Sicher wird hier nicht die hohe Kunst des Sprechens erreicht, über die ein Schauspieler verfügt. Was aber sehr tief berührt, ist die Leidenschaft, mit der gelesen wird von einem, wie man deutlich spürt, der ohne Musik offensichtlich nicht leben kann, der sie gerade jetzt so sehr braucht zum Überleben wie unsereiner selbst. Er wehrt zwar ab, doch ganz gewiß ist er auch der Motor der Vereinigung.

Kleine Nachschrift: Seine Oldenburger Jahre liegen weit zurück. Er ist längst Oberbürgermeister derjenigen Grenzstadt, durch die mich gelegentlich mein Weg führt auf der Fahrt nach Norden ins geliebte Jütland. Und wenn das nicht geschieht, dann red' ich nicht erst rum, sondern nehme gleich Hansen oder einen aus dem Hause Sonnberg oder wonach mir sonst der Sinn steht; — und das nicht nur an kranken Tagen.

15.10.

Es ist wieder so weit: Walter hat seinem Liederkreis für gemischte Stimmen den Titel „Wenn alle Brünnlein fließen" gegeben. Unter dem gleichen Titel steht das ganz neue Programm, das wir erarbeitet haben und das heute zum ersten Mal gesungen und musiziert wird. Ich ahnte, daß es keinen guten Start geben würde, konnte diesen organisatorischen Mißgriff jedoch nicht verhindern. Wir befinden uns nach der Fahrt durch herbstliche Kühle und Regen in einem Saal in Neukirchen. Du meine Güte —, was kommt da an Unzulänglichkeiten nicht alles auf uns zu! Der Saal ist zu klein für die, die zuhören wollen, das Podium zu klein, für die, die singen und musizieren sollen! Irgendwie und -wo entsteht da eine Art Front, an der sich beide Parteien geradezu ineinander verkeilen. Die Klamotten — alle müssen wegen der Kälte die Mäntel anbehalten — erwärmen sich allmählich durch die Körperwärme der Dichtgedrängten, so daß in dem ohnehin ungelüfteten Saal ein schier unerträglicher Mief entsteht. Und der ist herzlich schlecht zum normalen Atmen, für das Singen ist er Gift. Irgendwo hängen ein paar Birnen, die schwächste ausgerechnet über uns auf dem Podium. Sicher können alle Mitwirkenden ihre Stimmen auswendig, aber sie werden nun nervös, weil sie zwar etwas sehen, Wort- und Notentext aber nicht erkennen können. So gibt es zunehmend Ungenauigkeiten und Unsauberkeiten, für die niemand verantwortlich zu machen ist. Ich merke schon lange nichts mehr von der miefigen Kälte, so bin ich ins Schwitzen gekommen. Ich kann nur noch darauf hoffen, daß das Programm möglichst bald zu Ende geht. Und das tut es denn ja auch. „Nee, Leute", möchte ich denen da unten zurufen, „laßt eure Hände in den Taschen und klatscht nicht etwa noch Beifall!" Aber ich kann ihn nicht verhindern, denn er setzt schon ein, und dazu so stark, daß alle Unebenheiten nachträglich zugedeckt werden.

Nach gelungenen Aufführungen sind wir meist zum Singen oder Witzeerzählen aufgelegt. Heute abend wird die Heimfahrt durch den herbstlichen Dauerregen sehr traurig. Es ist ganz still im Bus, der monoton vor sich hinbrummt und -klappert.

18.10.

Nennen wir die heutige Aufführung des neuen Programms in Heiligenhafen die Première und betrachten wir die erste Aufführung in Neukirchen als „öffentliche Generalprobe", dann kommen beide ins rechte Verhältnis zueinander, und die Sache ist abgetan.

„Wenn alle Brünnlein fließen" findet großen Anklang. Bis gegen Ende November sind wir damit noch zu acht Aufführungen unterwegs.

Eine davon verdient besonders erwähnt zu werden: Als wir in Schönwalde zur Abfahrt in den Bus gestiegen waren, sprang der Motor nicht an. Unser Fahrer zeigte sich zunächst optimistisch. In der Dunkelheit fingerte er hier, klopfte dort, kitzelte den Motor so, als gelte es, einen störrischen Esel vorwärtszubringen, und erklärte schließlich mit soldatischer Knappheit: „Scheiße!" Und nun? Was nun? Der Betreuungsoffizier hängte sich mißvergnügt an die Strippe und ließ sich so lange kreuz und quer verbinden, bis er die Fahrbereitschaft in Heiligenhafen am anderen Ende hatte. Die Gegenfrage lautete erst, ob wir wahnsinnig geworden

seien; das Versprechen am Ende des Gesprächs, es käme der
andere Bus, der einzige, der außer unserem noch existierte.
Der kam schließlich nach knapp zwei Stunden gegen Mitternacht angerattert. Wir hatten uns die Zeit zunächst mit Kanons und Rundgesängen vertrieben und die Kälte weggesungen. Dann wurde sie so unangenehm spürbar, daß wir
bergab und bergauf liefen oder gingen. Und als wir davon
hungriger wurden, als wir ohnehin schon waren, schlichen
wir zum Bus zurück und verbrachten die restliche Wartezeit
dösend oder schlafend. — Vor der Rückfahrt gab es noch
einen Disput zwischen den beiden Fahrern. Schließlich ei-
nigten sie sich darauf, unseren Bus anzukoppeln und mit
nach Heiligenhafen zu schleppen. Und so geschah es, daß
wir statt gegen 23.oo Uhr erst etwa um 2.oo Uhr wieder
zurückwaren, hungrig, übermüdet und durchgefroren.

23.10.

Sogenannte „moderne" Tanz- und Unterhaltungsmusik ist
meine Sache nicht. Wenn es sein mußte, dann habe ich
dabei mitmusiziert. Noch immer aber regt sich der Wider-
wille in mir, wenn ich zurückdenke an das Miteinstudieren-
müssen irgendeiner neuen Operette, die sich schon nach wenigen Takten als billige herunterzudreschende Tagesware erwies, oder an Tingelfahrten mit dem Begleitenmüssen irgendeines Tenors oder einer Balettgruppe, die auf dem gleichen Gebiet vor irgendeinem Publikum zu glänzen versuchten. Der Niedergang seit den Glanzzeiten der Tanz- und
Unterhaltungsmusik in den letzten Jahrzehnten schien mir
allzu offenkundig. Und von dem Neuen aus Übersee, das
sich Jazz nannte (damals noch gesprochen wie geschrieben)
und das Strawinsky oder Hindemith inspiriert hatte, wußte
ich kaum etwas, weil es, da „entartet", verboten worden
war.
   Diese wenigen Andeutungen schließen nicht aus, daß ich
die Existenzberechtigung moderner Tanz- und Unterhaltungsmusik anerkenne, nur stehe ich ihr recht kritisch gegenüber.
   Umso größer ist meine Freude, heute nachmittag „Die
Goldene Sechs" zu hören: Akkordeon, Saxofon, Trompete,
Posaune, Schlagwerk, Kontrabaß. Hier hört man sofort, daß
es sich um Erzmusikanten handelt, die in den letzten Wochen intensiv gearbeitet und sich in der Gruppenimprovisa-
tion geschult haben. Sie müssen ja improvisieren, nicht nur,

weil es jazzähnliches Musizieren so erfordert, sondern vor allem deshalb, weil Notenmaterial ja kaum zu beschaffen ist.

So hat der Kapellmeister (bandleader sagte man noch lange nicht) also Wort gehalten, der Unteroffizier, der vor Monaten im Wald bei Schwerin M. W. versichert hatte, er habe nur „in erste Häuser jespielt" und man werde schon hören, was dahinterstecke, wenn man ihm nur die Möglichkeit gäbe. Nun hat er sein Publikum, ein Publikum, das ihn und seine Musikanten mit Beifall überschüttet.

Ich sitze elektrisiert dazwischen und hoffe, der Beifall gilt auch der erstaunlichen Leistung, irgendwie und irgendwo die Instrumente aufgetrieben zu haben. Daß das gelungen ist, mag das Geheimnis der „Goldenen Sechs" bleiben.

26.10.

Heute hatte ich ein langes Gespräch mit Fritz. Irgendwie lag das seit Wochen in der Luft, daß wir einmal aneinander Maß nehmen wollten.

Das tun wir nun, indem wir uns gegenseitig nicht schonen. Wir kehren unsere Verschiedenartigkeit nach Herkunft, Entwicklung und Metier absichtlich heraus, um dem Gegenüber nichts zu schenken. Wie wir uns abtasten mit allen nur erdenklichen Fragen und zugehörigen Antworten, soweit sie sich zur Kunst stellen und geben lassen, erkennt einer durch den anderen, daß wir zwar Jahre unseres Lebens hingegeben, aber eigentlich nur zeitlich verloren haben. Inhaltlich hat sich da im Meldegänger wie im Funker ein künstlerischer Läuterungsprozeß vollzogen, dessen erste Früchte wir nun ernten dürfen und der unsere weitere Arbeit prägen wird, vielleicht sogar für ein ganzes Leben.

Fritz ist dabei, die besten seiner Gedichte zu sichten und so zu ordnen, daß sie einen schmalen Band ergeben. Sie sollen schon in aller Kürze in Lütjenburg gedruckt werden, sogar in einer so hohen Auflage, daß jeder Landser, der noch im Kral sein wird, ein Exemplar als Weihnachtsgabe bekommen soll. Der Fürst gibt kaum noch eine Lesung ohne ein Grasshoff-Gedicht. So ist der Name überall bekannt, und es ist ein schöner Gedanke, daß alle Gefangenen ein kleines Geschenk erhalten sollen, vielleicht als lebenslange Erinnerung.

„Zeltlieder und Barackenverse" hat Fritz auf das erste Blatt des Manuskripts geschrieben. Die meisten Gedichte kenne ich bereits, manche seit dem Tag ihres Entstehens, andere sind mir bisher unbekannt geblieben. Alle scheinen mir die gültige Aussage unseres gemeinsamen Schicksals, unseres Lebens und unserer Gedanken und Empfindungen zu sein. Wer wollte nicht einen Lobgesang anstimmen, wenn er abends oben auf dem Hügel steht und seewärts die Leuchtfeuer sucht von Hohwacht über Langeland bis Fehmarn oder wenn er landwärts hie und da ein Licht erspäht von einem Dorf oder einem Hof. Und wer wollte auf seine unbeholfene Art nicht einstimmen, wenn er über allem die Sterne am herbstlichen Himmel sieht:

> Sieh der Gestirne
> festlichen Gang.
> Wolken und Wälder
> singen ihm Dank.
>
> Geh zu den Bergen,
> frage das Tal.
> Denn das Beständige
> wächst allemal.
>
> Gott gab die Maße
> seines Gedichts.
> Aber von Eile
> sagte er nichts.

4.11.

Das Weihnachtsspiel ist schon weit gediehen. Fritz hat mir Gedichte und Lieder daraus zum Geburstag geschenkt. Johnny hat sie handgeschrieben und die Blätter in einer kleinen Mappe zusammengefaßt. Beides, Dichtung und Schrift, haben mich sehr beeindruckt und froh gestimmt.

Von den Instrumentalisten sind einige bereits in den Beruf zurückgeholt worden, andere haben sich entlassen lassen, um sich auf eigene Faust irgendwo zu bewerben. Bei den Choristen sieht es nicht viel besser aus. Es wird zwar, auch wenn im Hinblick auf Weihnachten noch mehr möchten entlassen werden, immer noch ein leistungsfähiger Chor bleiben, aber er wird zahlenmäßig schwächer sein als im Sommer. Diesen Veränderungen Rechnung zu tragen, ist meine Aufgabe: Die neue Kantate wird außer für den Chor noch für Orgel und zwei Geigen geschrieben werden. Nachdem ich die Zusage sowohl von Erich, als auch vom Leutnant (1. Geige) und vom Stabsfeldwebel, Kleindeutschlands bestem Geiger (2. Geige), habe, ist die Partitur bald fertig. Auch das Ausschreiben der notwendigen Stimmen geht unter Mithilfe einiger kundiger Kameraden, wie üblich, schnell vonstatten. Morgen werden wir damit beginnen, Lieder für die Vorweihnachtszeit zu ersingen, und dann werden wir uns schon bald die neue Kantate vornehmen können.

Aber: Welche Lieder singt man in den jüngeren und in meinen Jahrgängen zu Weihnachten 1945? Schon in meiner Kinderzeit widerstrebten mir diejenigen Weihnachtslieder, die getrost dem Kitsch zuzurechnen sind, weil unecht und vor Sentimentalität nur so triefend. Später hörte ich vom Quempas-Singen und lernte in den zugehörigen Liederbüchern die alten, echten und gewiß auch schönsten Weihnachtslieder kennen. Zu ihnen bekannte ich mich großenteils auch noch in den folgenden Jahren, als neues „Weihnachtsliedgut" das alte verdrängen sollte. Nichts gegen Neues, aber von diesen Liedern werden nur wenige von Bestand bleiben. Die anderen werden wegen Unzulänglichkeiten im Wort oder in der Weise bald vergessen sein. Und das ist gut, vor allem im Hinblick auf diejenigen neuen Lieder, die bewußt darauf angelegt sind, ein echtes Bekenntnis, entweder kirchlich oder nicht kirchlich, zu verschweigen. Sie sind zwar neu geschrieben, leben aber zu einem großen Teil von Anleihen, die beim weihnachtlichen Volkslied gemacht sind.

Für meine Arbeit mußten alle ausscheiden, außer den alten gültigen Weihnachtsliedern. Von allen vorher angedeuteten Überlegungen abgesehen, schien mir das auch deshalb erforderlich, weil in dieser Weihnachtszeit nur gesungen und musiziert werden durfte, was sich jeder Diskussion entzieht, von irgendwelchen Experimenten ganz zu schweigen. Alle Menschen, gleich welcher Glaubensrichtung, mußten teilhaben dürfen: Diejenigen, die an die Gottesmutter und die Geburt von Bethlehem glauben, ebenso wie diejenigen, denen Weihnachten die Wintersonnenwende ist mit der Neugeburt allen Lebens aus dem Schoß der Natur.

Schon bei Beginn unserer Probenarbeit bestätigte sich die Richtigkeit meiner Überlegungen. Und sie wird sich in wenigen Wochen von Aufführung zu Aufführung noch erhärten.

14.11.

Alles Bangen, alles Grübeln und alle Suche nach einer Antwort auf brennende Fragen haben ein Ende: Ich halte einen Brief von daheim in Händen. Und daheim ist tatsächlich die alte Heimat Plauen im Vogtland, nicht irgendeine Ersatzheimat, sondern wahrhaftig die echte. Der Poststempel erweist es, zugleich allerdings zeigt er an, daß der Brief wochenlang unterwegs gewesen ist. Und die Schrift ist die meiner Frau. Wer beschreibt das Glücksgefühl, das ich im Augenblick dieser Feststellung empfinde! Sie lebt, sie zumindest. Sie ist also nicht auf irgendeinem Treck von Panzern überrollt worden oder in irgendeiner Bombennacht von einem Mauerrest erschlagen worden oder als Menschenfackel durch Schuttgassen gerannt, bis ihr Leben verglühte. Nein, sie ist am Leben, sie ist wirklich davongekommen und heil geblieben wie ich auch. Ja –, ganz bestimmt ist das so, denn das ist ohne Zweifel ihre Schrift. Und die Kinder? Wie ich in der nächsten Sekunde an sie denke, zittern mir die Hände, so daß ich den Brief kaum noch festhalten kann. Aber ich muß ihn ja öffnen. Ja, das muß ich und feige darf ich auch nicht sein. Also los! Da steht es gleich zu Anfang, zum Glück gleich am Anfang, des Briefes: Heidi und Rike sind am Leben geblieben. Welch ein Glück, welch unbegreiflich großes Geschenk des Schicksals.

Kaum habe ich mit Lesen angefangen, muß ich schon wieder Pause machen. Wie war das eigentlich vor eineinhalb Jahren? Die Kinder spielten im Garten und waren fröhlich, weil sie nicht begreifen konnten, was es bedeutete, wenn die Mutter ihnen sagte: „Vati muß wieder an die Front." Lis brachte mich zum Bahnhof und sprach zum letzten Mal von ihrer Bewerbung als Sonderführerin beim RAD. Mir schien das aus vielerlei Gründen eine sehr gute Sache, auch im Interesse der Kinder, die sie mitnehmen durfte. Der Zug lief ein, und das Abschiednehmen begann. Rechts und links von uns heulten Mütter, schluchzten Ehefrauen und Bräute und weinten Kinder. Die Landser an den Fenstern erstarrten entweder oder ließen den Tränen gleichfalls freien Lauf. Wir küßten uns, bevor ich einstieg. „Behalt mich lieb". „Bleib gesund. Schreib mir oft." Als der Zug anfuhr, küßte ich noch die hochgestreckte Hand in dem Gefühl, daß es gut war, standhaft zu bleiben.

Nun muß ich weiterlesen, manche Sätze in fliegender Hast, andere stückweise und drei- bis viermal, um fassen zu können, was der Bericht enthält.

Bei der Auflösung des RAD-Lagers im schönen Tepler Land kurz vor dem Einmarsch der Amerikaner wurden Ausrüstungsgegenstände oder Bekleidung nur „vorübergehend" und nur gegen Quittung „ausgeliehen". Ordnung muß sein! Die letzten Tage verbrachten Lis und die Kinder in irgendeiner Scheune. Inzwischen begannen die Russen vorzurücken und mit ihnen die Tschechen, vor sich eine Welle von Angst und Schrecken. Transporte wurden von den Amis organisiert, um möglichst viele Menschen nach Norden, Nordwesten oder Westen in Sicherheit zu bringen. Mit dem letzten Transport kamen die Drei zurück in die Heimat. Betreut von einem farbigen Ami, der die Kinder hätschelte und mit Schokolade verwöhnte, ging die Fahrt über Franzensbad hinauf zum Kamm des Vogtlandes. Während einer Rast sah Lis zum letzten Mal hinab ins Egerland, das sie nie wiedersehen würde, und hinein ins Vogtland, ohne zu wissen, ob sie dort eine Bleibe würde finden können.

Die Fahrt endete tatsächlich in Plauen. Der Anblick, den die Stadt bot, war niederschmetternd, denn sie war zu einem hohen Prozentsatz zerstört, zu einem Zeitpunkt zerbombt, wo kein militärischer Sinn mehr zu erkennen war. Ein Jahr zuvor wollte noch niemand wahrhaben, daß die Stadt auch noch an die Reihe kommen würde. Nun herrschte in den Trümmern die Not der ersten Nachkriegstage.

Lis wußte, daß mein Elternhaus gebombt und zum Teil ausgebrannt war. Sie wußte auch von Schäden, die die Wohnung ihrer Eltern erlitten hatte. So machte sie sich mit den Kindern und ein paar Bündeln mit der letzten kümmerlichen Habe auf den Weg dorthin. Sie brauchte Wochen und Monate, um mit dem einigermaßen fertigzuwerden, was sie selbst an Ort und Stelle sah und was ihr ihre Schwester unter Tränen zu berichten hatte: Werner wird nicht wiederkommen, es sei denn, ein Wunder würde geschehen, doch die sind selten heutzutage. Seine Einheit ist eine der letzten gewesen, die Tobruk verlassen hat, ob mit Flugzeugen oder zu Schiff, ist unbekannt. Jedenfalls ist sie an keiner anderen Küste des Mittelmeeres angekommen. Und dann kommt das Schlimmste: Lis fragt nach der Mutter. Sie tut es aus böser Vorahnung heraus mit bebender Stimme. Die Antwort kommt stockend. Die Schwester muß jedes einzelne Wort aus sich herauswürgen: Sie und Jürgen, ihr kleiner Sohn, der von allen geliebte blonde Bengel, mußten mit der Mutter bei Beginn eines schweren Luftangriffs in einen Keller in der Nachbarschaft. Das Haus wurde getroffen. Die Menschen im Keller wurden entweder verschüttet oder mußten qualvoll ersticken. Annemarie, die Schwester, war die einzige, die lebend geborgen werden konnte. Als die Toten freigeschaufelt waren, entdeckte man die Mutter. Sie hielt ihren gleichfalls toten Enkelsohn noch im Arm. Wie die Gesichtszüge zeigten, mußten sie einen ganz schnellen Tod gehabt haben. In einem der Massengräber, wohin die „Bombenleichen" gebracht wurden, fanden beide die letzte Ruhe.

Noch ehe der Schreckensbericht der Schwester zu Ende ist, öffnet sich die Wohnungstür, und meine Eltern kommen von einem, freilich vergeblichen, Gang nach etwas Eßbarem zurück. Die Freude über ihr Überleben ist groß und doch gedämpft angesichts der Lücken, die der Tod gerissen hat. Mein Vater sollte, wie er gehört hatte, bei seiner alten Firma bleiben dürfen. Die Gebäude waren unversehrt. So bestand Hoffnung, daß der Betrieb schon bald wieder in Gang gesetzt werden würde. Die Eltern bewohnen nun ein Zimmer hier in dieser Wohnung, die zwar stark beschädigt ist, aber in dieser Zeit doch noch gut genug, um darin zu hausen. Zwei Bombenschäden, die Flucht in eine benachbarte Kleinstadt sowie die Rückkehr nach Plauen haben sie um einen großen Teil ihrer Habe gebracht. Meine Mutter war nicht mehr lange zu Hause: Weil sie das getan hatte, was alle Soldatenmütter in Kriegszeiten tun, nämlich warme Sachen sammeln, damit die Erfrierungen nicht ins Ungemessene steigen, nachdem die Führung keine Vorsorge getroffen hatte —, weil sie das und manch anderes Gute getan hatte, wurde sie eines Morgens zum Saubermachen und einer nachfolgenden Besprechung zur russischen Kommandantur geholt. Niemand wußte etwas über ihr Verbleiben, niemand konnte etwas in Erfahrung bringen. Keine Instanz, weder eine örtliche noch eine hohe, wie sie die Mächtigen der SBZ nun einrichteten, würdigte die verzweifelten Versuche meines Vaters auch nur einer Silbe.

Inzwischen überlebte die Mutter. Sie hatte in mehreren Zuchthäusern und Lagern das große Sterben rechts und links ebenso überstanden wie alle kleinlichen und gemeinen Torturen des Gefangenenalltags. Und sie kam nach dreieinhalb Jahren mit der Erkenntnis zurück, daß die Sieger nicht in der Lage waren, die Bereitwilligkeit und Gutwilligkeit der Besiegten für ein besseres Zusammenleben der Menschen zu nutzen. Dort jedenfalls hatte sich lediglich eine Diktatur angeschickt, die andere abzulösen. — In einem Zimmer der Wohnung lag Lis' Vater krank und völlig gebrochen, unfähig den Verlust der Frau zu verwinden. Bereits jetzt schien er vom Tod gezeichnet, ehe er mangels ausreichender Ernährung zwei Jahre später elend eingehen sollte. Ohne langfristige ärztliche Betreuung und ohne entsprechende Diät war das Leben nicht zu retten gewesen.

Soweit der erste Teil des Briefes mit der Bilanz zweier Familien, mit Soll und Haben aus den letzten Jahren, mit den Aktiva und Passiva eines Abschnitts unserer Geschichte, dem wir gläubig unsere Jugend geopfert hatten und der uns nun nach allen Schrecknissen nicht mehr zur Ruhe kommen lassen wird.

Der zweite Teil ist etwas tröstlicher: Die Kinder begreifen nicht, was geschehen ist. Sie finden es schön, auf den Trümmerbergen ringsum zu spielen, mit so viel Freiheit spielen zu dürfen, wie sie ihnen nicht gewährt werden konnte, solange alles noch unbeschädigt war. Sie gehen gern mit vor die Stadt, um in erreichbaren Hecken Beeren zu pflücken oder von einem befreundeten Bauern etwas zu holen, womit die Hungerration aufgebessert werden kann. Lis hat den ganzen Sommer über bis in den Herbst hinein zu tun. Außer den Kindern sind die beiden Großväter zu versorgen. Die Wohnung ist mit den kümmerlichen Mitteln, die sich bieten, wenigstens in Kleinigkeiten hie und da zu verbessern. Man muß anstehen, um die aufgerufenen Lebensmittel auch wirklich zu bekommen. Und sie muß zusehen, daß sie auch alle unvorhergesehenen Schwierigkeiten tagtäglich meistert.

Viel Zeit geht mit Holzhacken hin. Was soll sonst im Winter werden, wenn außer zum Kochen auch Holz zum Heizen gebraucht wird? Und überall liegt es offen oder unter Schutt in erreichbarer Nähe: Dachbalken, Fensterrahmen, Fußbodenbretter und Teile von Möbeln aller Art und jeder Geschmacksrichtung. Die Nachbarschaftshilfe, auf die im Krieg jedermann getrimmt wurde, funktioniert nun auf freiwilliger Basis fast besser als zuvor, und so nimmt es nicht wunder, daß bei dieser „Holzverwertung" einer dem anderen nach Kräften hilft. Dabei kommt gelegentlich auch der Humor nicht zu kurz. Oder muß man da in aller Bitternis nicht schmunzeln, wenn oben im dritten Stock ein Pappdeckel, früher ein Fenster, aufgeht und eine grelle Stimme ruft: „Fritz, mach Holz und bring's rauf. Nimm aber ein Stück vom alten Vertiko, dann kochen die Kartoffeln schneller."?

Willy, der alte Freund aus gemeinsamer Schulzeit, ist der treue Helfer, der Lis beisteht, wenn sie allein nicht mehr weiter weiß. Er, der hochbegabte Primus omnium unserer

Penne, war nach Studium und glänzenden Examina Journalist geworden. Nun gehörte er zu den Millionen derer, die ihren Beruf nicht mehr ausüben durften. Also ging er, klein, zierlich und sensibel, wie er war, seinem neuen Beruf nach: Er war Holzfäller draußen vor der Stadt.

Ich habe zu Ende gelesen, habe mich bemüht, nach der ersten Erregung wieder ruhiger zu werden, um alles überdenken zu können, und habe dann den Brief wieder gelesen und manche Abschnitte immer wieder, und manchmal blieb das Auge an einem unfaßbaren Wort stets von neuem hängen. An Schlaf ist in der folgenden Nacht nicht zu denken. Ein Karusell schlimmer Gedanken dreht sich mit zunehmender Geschwindigkeit in meinem Kopf, während ich frierend unter Decke und Mantel das fahle Morgenlicht erwarte. Und dann steht fest, was ich in den nächsten Tagen werde antworten müssen: Lis soll so bald wie möglich, spätestens aber im Frühjahr, mit den Kindern hierher kommen. Ob wir dann hierbleiben wollen, soll der Entwicklung überlassen bleiben. Jedenfalls müssen wir hier unser neues gemeinsames Leben beginnen, auch wenn ich im Augenblick noch nicht weiß, wie dieses Vorhaben zu meistern sein wird.

19.11.

Von der Kälte und der Holzbeschaffung war zwar schon die Rede, aber ich muß trotzdem noch einmal davon berichten:

Johnny und ich, wir arbeiten meist zusammen, sozusagen Hand in Hand, mit hundertprozentigem Verlaß des einen auf den anderen. Wird der „Holznotstand" ausgerufen — und das ist jeden zweiten oder dritten Tag der Fall —, dann schlendern wir am Nachmittag durch das Lager, um zu sehen, wie heute der Markt liegt, d. h. wir entdecken bei Tageslicht, was wir in der Dunkelheit werden mitgehen lassen. Hat es mit dieser Vororientierung geklappt, gehen wir am Abend „auf Tour", wobei mondlose Nächte selbstverständlich bevorzugt werden.

Einmal ging es um eine irgendwo hinter den Baracken herumstehende Kiste. Wir hatten uns die Geografie so genau eingeprägt, daß wir sie in der zu erwartenden stockfinsteren Nacht leicht finden konnten. In der Tat segnete der Wettergott unseren Diebstahl dadurch, daß er zur Dunkelheit noch kalte Regenschauer lieferte. Johnny verzichtete auf Stiefel, weil er das „man nur für ne kleene Aktion" hielt. So ging er in Holzpantinen los, die er ohnehin sehr liebte. Wir faßten die Kiste, hoben sie aus dem Dreck und schoben los, Johnny vorn, ich hinten. Auf einmal hörte ich — es war an der modderigsten Stelle, durch die wir zurückmußten — seine wütend zischelnde Stimme: „Verdammte Scheiße! Meine Pantinen sin steckenjebliebn. Ick jeh uff Socken!" Anhalten ausgeschlossen, denn wir mußten schleunigst mit der Kiste verschwinden. Dann also weiter, und sei es auch „uff Socken"! Als wir unsere Beute unter Johnnys Fenster abgestellt hatten, mußten wir zurück und bei Dunkelheit und Wind und Regen in dem kalten Schlamm so lange herumfingern, bis wir die Pantinen wiederhatten; eine zusätzliche Tat, auf deren Gelingen wir nicht weniger stolz waren als auf unseren Diebstahl als solchen. Seine Spuren wurden dergestalt verwischt, daß wir die Kiste durchs Fenster hievten und in Johnnys Stube sogleich zersägten und zerhackten.

Nicht immer ist das Glück uns hold gesonnen: Bei einem gemeinsamen Gang zur Vororientierung entdeckten wir ein dickes Bündel geklauter Koppelpfähle, lang an die Barackenwand geschichtet. „Mensch, is das ein Hölzchen! Das läßt den Ofen zittern und macht die Bude warm! Mein lieber Mann!" Oder wie Pit zu sagen pflegt: „Das walte Hugo und die Frau Wehrkreispfarrer!" Ansonsten liegt der Markt heute nicht so gut. Sagt Johnny: „Ick gloobe, det is heute abend fällig." Gut. Ich teile diese Auffassung, gebe aber meiner Verwunderung darüber Ausdruck, daß die Pfähle so an die Baracke hingeschmiegt liegen. Bei näherem, doch höchst unauffälligem Zusehen entdecken wir zwei Drähte, die das dicke Bündel zusammenhalten. „Macht nischt", meint Johnny, „ick orjanisiere ne Zange un dat Ding looft." Auch gut. Denn bis auf die Nacht!

Es ist so weit: Wir schleichen los durch die Finsternis, in der kaum noch von irgendwo hinter einer vorgehängten Decke ein schwacher Lichtschein nach draußen dringt. Und dann sind wir am Ziel. Pause. Lauschen in die Finsternis. Schnuppern nach allen Seiten — und dann ran an das Holz! Johnny mit der Zange vorn, ich als Helfer dahinter. Totenstille. Johnny tut noch einen Schritt nach rechts, ich einen nach links vorn. Wir fingern ganz vorsichtig und stellen mit Befriedigung fest, daß wir die richtige Ausgangsposition haben, um in einer Blitzaktion zu Holz von begehrenswerter Qualität zu kommen. Totenstille wie vorhin, erregtes Atmen, ein leises Knirschen der Zange und — gleich sind wir so weit. Aber mitnichten! Johnny zieht ein wenig an dem Draht, um ihn besser knipsen zu können, und da geschieht das Unfaßliche: In der gleichen Sekunde fängt es in der dahinterliegenden Barackenstube an zu läuten, nein —, nicht elektrisch, sondern von einer Kuhglocke. Ehe wir kapieren, daß dieser Alarm von uns ausgelöst worden ist, wird schon das Fenster aufgerissen: „Ihr verfluchten Hunde, ihr Mistkerle, haut ab, sonst erschlag ich euch!" In den folgenden Augenblicken werden andere Fenster aufgerissen, auch in den gegenüberliegenden Baracken. Männer schreien: „Halt die Fresse! Ruhe! Laßt uns pennen!" Frauen kreischen, Kinder plärren dazwischen und hie und da geht Licht an. Eine Sekunde sind wir wie gelähmt. Dann zeigte sich, welchen hohen Nachkriegswert eine gute infanteristische Ausbildung für den Pionier und den Artilleristen hat: Noch ehe die anderen begriffen haben, aus welchem Anlaß hier krakeelt wird, haben wir auf dem Absatz kehrtgemacht und laufen nun, wie die Karnickel Haken schlagend, durch verschiedene Lagergassen zu unserer Baracke zurück, hinter uns den Lärm, der den der Prügelszene in Wagners „Meistersingern" bei weitem übertrifft. Dann rein in die Stuben, Johnny in seine, ich in meine, kein Licht, Stiefel aus, Hose runter und hinein ins Bett, um unter Decke und Mantel den Schlaf der Unschuld vortäuschen zu können.

Am nächsten Morgen, noch bevor ich der Kälte zum Trotz aus dem Bett gekrochen war, ist es mir klar: Die beiden Drähte, die um die Koppelpfähle gelegt waren, führten durch ein Loch hinein in die Barackenstube, wo sie im Falle von Diebstahl die Glocke in Bewegung setzten. Der eigenes Diebesgut gegen Diebstahl so sinnreich zu schützen wußte, einmalig im ganzen Lager, war — ein Zahlmeister!

Die Feder sträubt sich, aber ich verbürge mich für die Echtheit der folgenden Geschichte, die gleichfalls damals geschah, als der „Holzklau" noch im Lande umging:

Im Sommer hatte ich die Klo-Baracke beobachtet, deren eine Seite „Für Damen" war, um herauszufinden, wer zum Chorsingen geeignet sein könnte. Jetzt handelte es sich wieder um eine Klo-Baracke, wenn auch um eine andere. Sie war zusätzlich gebaut worden und stand in der Gegend des Lagers, die vorwiegend von Landsern bewohnt wurde. Das Häuschen war in massiver Holzbauweise errichtet worden mit drei Sitzen nach jeder Seite, so also, daß je drei Benutzer Arsch an Arsch sitzen konnten. Das Feinste am ganzen Bau waren in der Tat die Sitze. Leute —, das war ein Holz: Blendend weiß, knochentrocken und daher als Feueranzünder geradezu unentbehrlich! Und die Verarbeitung! Deckel und Sitze geschmirgelt und poliert, bis sie im schönsten Sinne des Wortes „scheiß„,-freundlich geworden waren; —

solide Vorkriegsarbeit, die auf irgendeinem Speicher den Krieg überlebt hat. — Ich kam rein zufällig vorbei. Da zog es mich mit magischer Gewalt hinein, und nach wenigen Minuten ging ich höchst befriedigt von dannen. Johnny hörte meinen Bericht mit der gebührenden Aufmerksamkeit und ging am nächsten Tag gleichfalls in das Häuschen. Seine Eindrücke deckten sich mit den meinen. Sein Gesicht strahlte Zufriedenheit aus, wobei die Sitze insbesondere gepriesen wurden.

Am dritten Tag war es wieder so weit: Der „Holznotstand" erforderte schnelles Handeln. So unternahmen wir den üblichen Orientierungsgang und kehrten wider alles Erwarten völlig enttäuscht zurück. Nichts aber auch gar nichts an geeignetem Material hatte sich dem suchenden Auge dargeboten, jedenfalls bei den Baracken, in denen unseresgleichen hauste. Zivilisten blieben ohnehin verschont von unseren Klauereien. Lieber hätten wir noch mehr gefroren, als etwa einer Mutter die Möglichkeit zu nehmen, eine Suppe zu kochen oder Wasser heiß zu machen zum Windelnwaschen. Was nun? Ich weiß nicht mehr, wen der Satan zuerst ritt, außerdem ist das ja auch belanglos. Jedenfalls faßten wir den ruchlosen Entschluß, uns heute abend der Sitze zu bemächtigen. Da half alles Jammern über den Verlust jeglicher Moral nichts! Wir mußten uns durchringen zu harten und gänzlich unpopulären Maßnahmen, denn Johnny konnte nicht mit steifen Fingern Plakate zurechtschneiden und -kleben und mir war es unmöglich, bei eiskalten Füßen und mit Handschuhen Noten zu schreiben.

Im schwachen Licht des niedergehenden Mondviertels begaben wir uns dorthin, wo wir auch den letzten Rest von Kameradschaft noch mit Füßen treten sollten. Johnny ging durch die eine, ich durch die andere Tür. Unsere schwache Hoffnung, die Sitze möchten nur eingelegt und nicht befestigt sein, bestätigte sich in schönster Weise. Ebenso mühewie geräuschlos konnten wir also schnell je zwei Sitze ausheben, sie über den Arm hängen, mit der anderen Hand die Deckel festhalten und so rasch wie möglich zu unserer Baracke zurückkehren. Drin in der Stube tat uns unsere Tat sehr leid. Desgleichen fiel es uns schwer, das Beil zu schwingen und dieses schöne weiße und so über die Maßen wohltätige Holz zu spalten. Und wie das auseinandersprang! Ganz fein auf halbe Zentimeter oder gröber, je nach Verwendungszweck. Noch im Januar hatte ich davon, versteckt unterm Bett und verwendet nur in besonderen Fällen.

Am nächsten Morgen trieben mich, so wie es jedem Verbrecher geht, Neugierde und schlechtes Gewissen zum Ort des ruchlosen Geschehens zurück. Was ich beobachtete, erweckte tiefe Reue in mir: Die beiden übriggelassenen Sitze waren offenbar pausenlos besetzt. Sie reichten nicht aus. So bildeten sich zwei Schlangen Wartender, frierend, maulend, trippelnd, fluchend und schimpfend. Die harmlosen Fälle hielten aus, bis sie Einlaß fanden und an Ort und Stelle sahen, was geschehen war. Die dringenden Fälle dagegen gingen vom Trippeln ins Laufen und Rennen über und suchten ihr Heil in einer anderen Klo-Baracke. Sie taten mir besonders leid. Nein − Schadenfreude konnte da nicht aufkommen. Bestimmt nicht.

Pit liebte es von Anfang an, allein zu sein. So hatte er sich schon im Sommer im Westflügel der Baracke eingenistet, während „die Flucht unserer Gemächer" im Ostflügel lag. Da hinten jenseits des Saales bewohnte er neben der Bühne eine kleine Stube, die mit Mühe gerade das Nötigste faßte und den Blick freigab auf die See und den Westrand der Hohwachter Bucht. Von dem Fenster aus konnte man Sonnenuntergänge sehen, so schön, daß alles Elend der Zeit leicht zu vergessen war, wenigstens für Augenblicke. Jetzt verging bereits der Herbst, und mit Sturm, Regen und gelegentlichem Frost kündigte sich der Winter an. Gute Sicht aus Pits Fenster war selten geworden. Und das war wider Erwarten sogar ganz gut. Zuerst berichtete Pit in Andeutungen, nun konnte sich jeder von der Echtheit seiner Aussage überzeugen: Der ebene Platz vor Pits Fenster wurde eingezäunt, nicht übertrieben massiv, aber doch solide, und dann wurde innerhalb der Umfriedung Holz gelagert. Es war ein buntes Allerlei, was da in den nächsten Tagen hergefahren und aufgeschichtet wurde, genau sortiert nach Art, Länge und Dicke. Der Fachmann brauchte nur hinzugreifen, um in dieser „eisernen Ration für besondere Härtefälle" das passende Stück zu finden, sei es eine Latte, ein Pfahl, ein Brett, die Zwischenwand aus einer Baracke oder ein Baumstamm, der irgendjemanden in der Landschaft gehört hatte, und dergleichen Wärmespender mehr.

Pit stand fröstelnd hinter der Fensterscheibe und ließ es sich bei seinen Betrachtungen allmählich wohlig warm werden. Jawohl −, schon der Gedanke, vom Schicksal derart bevorzugt zu sein, einen Holzplatz vor dem Fenster zu haben, schon dieser Gedanke erwärmt Leib und Seele. Selbstverständlich entging Pit auch nicht, daß nach getaner Arbeit nicht nur das Tor verschlossen wurde, sondern auch ein Posten aufzog, einer mit der weißen Armbinde. Trotz besagter wohliger Gefühle drohte Pit gänzlich zu verzagen, denn der Gedanke, am Holzplatz zu wohnen und nichts für den Ofen zu haben, war geradezu niederschmetternd. Dann richtete er sich, klein wie er war, ruckartig auf und beschloß zu handeln. Es galt Unerträgliches von sich abzuwenden! Der Posten wurde scharf ins Auge genommen, die Holzstapel noch einmal festgestellt, der Zaun unauffällig überprüft, und dann lag Pit in einer mondlosen Nacht genau in dem Augenblick, in dem der Posten am anderen Ende des Platzes war, blitzschnell am Boden neben dem Zaun und schob sich unter ihm durch. Ein paar Stücke Holz zu greifen und damit zu verduften, wäre kein Problem gewesen, wäre Pit nicht damit angestoßen. In der nächsten Sekunde schon kam der Posten und tastete sich die letzten Meter am Zaun entlang, wo er dicht neben Pit stehenblieb. Er lauschte noch einmal und rief dann pflichtgemäß: „Halt! Wer da? " Da kroch Pit durch den Zaun, bei sich zwei Latten, und sagte ganz gelassen: „Schnauze! Bloß kein Aufsehen!" Sie standen so dicht voreinander, daß einer den Atem des anderen spüren und sehen konnte, was der andere auf den Schultern hatte oder auch nicht. Dann kam die Antwort, wenn auch nicht mehr so zackig, wie früher, so doch knapp und klar: „Jawoll, Herr Leutnant!" „Schon gut. Wenn Sie nischt aus der Sache machen, kriegen Sie 'n Stück Brot von mir. Einverstanden? " „Jawoll, Herr Leutnant." Pit durfte sein Holz bis zum Fenster tragen. Dann ging er um die Baracke herum, öffnete es und bekam die Latten in die Stube geschoben, der Posten dafür das versprochene Brot nach draußen. „Schön' Dank, Herr Leutnant." „Ja, gleichfalls schön' Dank. Gute Nacht." 'n Nacht!"

Am übernächsten Abend, kein Mondschein, dafür kalter Nieselregen, der einem die Kälte unters Hemd treibt. Pit sitzt und zeichnet, was er neben dem Musizieren am liebsten tut, als ein Kieselstein an der Fensterscheibe „Klick" sagt. Pit fährt auf, öffnet das Fenster einen Spalt und hört die Stimme von vorgestern abend: „Herr Leutnant, hier ist Holz für Sie. Krieg ich wieder Brot dafür? " „Mach ich", sagt Pit, „Oogenblick." Das Licht geht aus, und schon rutscht ein Pfahl in Pits Hände und der Kanten Brot in die des Postens. „Vielen Dank." „Ja, danke auch. Nacht." Und so weiter und so noch viele Male. Und als der Posten nicht mehr kam, wußte Pit, daß er sich hatte entlassen lassen. Der Ostpreuße mußte irgendwo im Kohlenpott eine neue Heimat suchen.

Fritz hat sein Weihnachtsspiel rechtzeitig vor Beginn der Adventszeit beendet. Bei den Lese- und Szenenproben unter der Regie des Fürsten stehen bereits die ersten in Lütjenburg gedruckten Exemplare zur Verfügung. Außer den Hauptrollen, die von vornherein feststehen, sind auch alle Nebenrollen besetzt. Auch ist für Bühne und Kostüme gesorgt. Die Fahrbereitschaft weiß Bescheid und Aufführungsorte und -tage liegen im wesentlichen fest. In etwa einer Woche soll der Thespiskarren zum ersten Mal über Land rollen.

Um ehrlich zu sein: Seit ich auf Drängen meiner Eltern selbst in Krippenspielen mitwirken mußte, halte ich nichts von dieser Art Laientheater. Spätere Beobachtungen an Schülern haben mich in dieser Auffassung nur bestärkt. Die Frage vor allem, wieso Kinder die Darsteller zu sein hatten, blieb für mich immer offen. Vermutlich wollten die Erwachsenen immer nur die „lieben Kleinen" auf der Bühne sehen. Oder welche Antwort gäbe es sonst?

„Das Heiligenhafener Sternsingerspiel" belehrt mich bereits nach dem Lesen und den Äußerungen der Mitwirkenden eines besseren. Hier ist etwas völlig Neues gelungen, ein Spiel wie nach alten Vorlagen, getragen von einer ebenso einfachen wie schönen Sprache, als Armeleutetheater von erschütternder Vollkommenheit und nicht zu überbietender Aussagekraft. Fritz erbringt den erstaunlichen Beweis, daß er — es dauert eine Weile, bis der Freundeskreis das begriffen hat — nicht nur bei zarter Lyrik und derben Versen zu Hause ist, sondern auch wirksam für die Bühne zu schreiben weiß. Seine Leistung wiegt umso schwerer, als das Ganze aus der kleinen Gemeinschaft heraus, der wir uns zugehörig fühlen, für die große Gemeinschaft, die den Kral bevölkert, geschrieben ist, den Darstellern auf den Leib und für die gegebenen Verhältnisse „maßgeschneidert". Dazu und wie alles vom Dichter her zu verstehen ist, hat Fritz sich selbst im Vorwort zum Spiel geäußert. Kein anderer hat das mit so schönen Worten getan:

Denen, die im Stall leben bei Ochs und Schaf; denen, die nachts schlaflos auf ihrer Schütte liegen und unter Tränen die Hände ballen; denen, die hart und ohne Hoffnung sind und sagen: mag es kommen, wie es will, mir ist es einerlei; den Herzen, die noch einen Funken Licht bewahren, und denen, die erloschen sind. Allen ist dies kleine Laternenlicht angezündet, das ein Heimatloser empfangen durfte zu Heiligenhafen im Barackenlager, in der Baracke 7, unweit der See . . .

Ich lege dies Büchlein in eure Hände: dir, Ria, dir, Ruth, die ihr uns Männern die Strümpfe stopft und wascht; dir, Ernst, der du uns, der schimpfenden Gesellschaft, die Suppe kochst . . . Dir, Inge, die du unsere Stuben schmückst und kleine Freuden ins Haus bringst; dir, Werner, meinem Getreuen; euch, die ihrs lebendig macht und spielt; euch, die ihrs lest, daheim oder in fremdem Haus. Mögt ihrs vergessen, diese Zeilen verlieren; den Sinn werdet ihr bewahren mit der Weihnachtsbotschaft.

Seht, der Stern ist schon aufgegangen!

Am 1. Advent setzt sich die Spielgemeinschaft zur Uraufführung des Spiels in Marsch. Sie findet in Schönwalde statt. Bei den siebenundvierzig folgenden Aufführungen wird kaum ein Dorf ausgelassen, größere Dörfer und Städte werden sogar mehrmals bespielt. Das Echo, das die Aufführungen allerorten finden, nimmt zu wie ein Crescendo, und bei Beginn des neuen Jahres steht fest, daß das Sternsingerspiel das Ereignis des Winters gewesen ist.

Um den 12. Dezember fährt die Kumpanei nach Hamburg. Dort soll „The Heiligenhafen Star Singers' Play" im Sender der British Zone of Germany gebracht werden. Die notwendigen und zermürbenden Vorbereitungen reichen von Fragebogen für jeden Mitwirkenden (in mehrfacher Ausfertigung) bis zu einer in englischer Sprache gedruckt vorzulegenden Kurzfassung des Spiels. Die Entnazifizierung kündigt sich an! Die Aussöhnung zwischen dem „besiegten" Staatsschauspieler, seinem „Dichterfürsten", ehemals Meldegänger und gleichfalls besiegt, und ihrer Schar einerseits und den Siegern andererseits wird dadurch bewirkt, daß die Ausgehungerten so gut verpflegt werden, daß sie Mühe haben, ohne ernste Beschwerden davonzukommen. Umso schlimmer wird für sie der übliche Kohldampf in den Tagen danach!

Der Eindruck, den mir das Lesen des Stückes vermittelt hatte, wird aufs nachhaltigste bestätigt, als ich es sehe: Der Fürst hat als Spielleiter so gute Arbeit getan, daß alle Spieler zu ungewöhnlichen Leistungen befähigt werden. Manche sagen ehrlich, sie kennten sich selbst nicht wieder, so sehr habe ihre Rolle sie verwandelt. Als Darsteller hält er sich so zurück, daß er keinen der anderen an die Wand spielt. Die Spielgemeinschaft, die Kumpanei, bleibt gewahrt. Und was sie darstellt mit Sternsingern, Hirten und der heiligen Familie in ihrem grauen Elend um die Krippe, das ist Armeleutetheater, wie es härter und rührender zugleich, wie es vollkommener nicht vorstellbar ist. Auch wird die Weihnachtsbotschaft nicht wieder so echt verkündet werden, wie hier und heute in der Vorweihnachtszeit des Jahres 1945. Und es wird kein Spiel mehr geben, bei dem sich die Elendsgestalten, aus denen das Publikum besteht, so mit dem Geschehen auf der Bühne identifizieren. Nie wieder können Bühne und Zuschauerraum so innig miteinander verbunden sein, wie angesichts der Armut, die jeden Darsteller und jeden Zuschauer vor dem Kind in die Knie zwingt. Aufgewühltsein, Ergriffenheit, Erschütterung, Sehnsucht nach einer besseren Welt, das Verlangen, ein guter Mensch zu werden –, sie alle tragen solche Empfindungen wie eine empfangene Weihnachtsgabe davon, wenn sie den Ort der Aufführung, irgendeinen Saal, eine Scheune oder einen Stall verlassen, um, im Innersten angerührt, sich warmzulaufen, wenn sie ihrer Unterkunft zustreben. Sie werden dort wieder hungern müssen und sie werden weiter frieren wie bisher, aber sie haben ein Licht gesehen, dort am heiligen Hafen, das sie in der Dunkelheit unseres Daseins nicht mehr aus den Augen verlieren können.

Das Spiel hatte bereits mehrere Auflagen erreicht, ehe es 1950 in die Reihe der Bärenreiter-Laienspiele aufgenommen und damit in den richtigen Zusammenhang gestellt wurde.

Ausblick: 1960, nachdem es weder in Heiligenhafen noch auf einem der umliegenden Dörfer wieder eine Aufführung erlebt hatte, wurde „Das Heiligenhafener Sternsingerspiel" von Schülern des Gymnasiums Oldenburg in Holstein erneut dargeboten. Die Zeit hatte sich in fünfzehn Jahren verändert: Der Wohlstand war über uns gekommen. Wir hungerten nicht mehr. Wir lebten nicht mehr aus dem Wäschebeutel, sondern hatten dafür viele Dinge zum Leben nötig, von denen wir in Bracke 7 keine Vorstellung gehabt hatten.

Die Schüler saßen nach der ersten Leseprobe ziemlich verständnislos vor dem Stück. Dann aber, nachdem ich von damals berichtet hatte, zeigten sie allen erdenklichen Einsatz, und es kam eine Reihe guter und beachtenswerter Aufführungen zustande. Wir meisterten sogar die größte Schwierigkeit: Es gelang uns, alte Landser- und Flüchtlingsklamotten aufzutreiben, so daß wir überzeugend das Armeleutetheater von damals bieten konnten. Unser Publikum kam, z. T. mit Bussen, aus der Stadt, der das Spiel zugedacht war. Es zeigte sich, selbst im Sonntagsstaat, erschreckt, als die Vorstellung mit dem Einzug der Kumpanei begann. Erich W., „der letzte Überlebende von damals", saß auf dem einzigen-Ehrenplatz, der zu vergeben war, weil der Fürst und Fritz der Einladung nicht hatten folgen können. Am Schluß war er keines Wortes mächtig, so erschüttert war er von dem, was sich auf der Bühne begeben hatte. Und die Schüler wußten nicht, wie ihnen geschah; sie konnten nicht fassen, daß sie sich in die Herzen ihres Publikums hineingespielt hatten.

Rudolf Mirbt, neben Martin Luserke einer der namhaftesten Führer der Laienspielbewegung, schreibt in der Vorrede zur Ausgabe des Jahres 1950:

> Wir sollten dieses „Heiligenhafener Sternsingerspiel" so lange spielen, bis der letzte Gefangene wieder frei und der letzte Flüchtling eine Heimat gefunden hat.

Die Welt ist friedloser geblieben, als wir 1945 und in den Jahren danach hoffen durften. Wir sollten daher gerade in Ostholstein Mirbts Forderung nachkommen. Wir sollten nicht vergessen, wie reich wir damals in unserer Armut waren.

2.12.

Der Männerchor wird in diesen Wochen noch etwa zwei Drittel seiner ursprünglichen Stärke haben. Die Tatsache, daß etliche im Sternsingerspiel mitwirken und andere sich in die alte Heimat oder eine neue Behelfsheimat werden entlassen lassen, mindert seine Leistungsfähigkeit jedoch nicht. Im Frauenchor hatten wir weiteren Zulauf aus einheimischen Familien. Alles in allem kann sich die Gemeinschaft sehen und hören lassen.

Neben den Proben an der Weihnachtskantate haben wir noch Sätze zu alten und neuen Weihnachtsliedern ersungen. Mit ihnen ziehen wir heute am Nachmittag des 1. Advent von Baracke zu Baracke. Ehe wir der ersten zustreben, kommt uns zum Bewußtsein, was uns beim gemeinsamen Singen gar nicht klar geworden ist. Es geht um die entscheidende Frage: Können wir eigentlich durchführen, was wir uns vorgenommen haben? Ist es möglich, hier und heute zu singen „Es ist für uns eine Zeit angekommen, die bringt uns eine große Freud"? Die aufkommende Diskussion ist von allseitiger Unsicherheit gekennzeichnet. Schließlich ringen wir uns zu der Auffassung durch, wir sollten es zumindest versuchen.

Also beginnen wir bei Baracke 1: Wir drängen uns aus der

Kälte hinein in den Barackenmief, wie er uns aus dem langen Mittelgang entgegenschlägt. In der Mitte hängt eine einzige Glühbirne und gibt ein armseliges Licht. Überhaupt ist die ganze Atmosphäre auch für uns, die wir sie gewöhnt sind, so, daß wir am liebsten kehrtmachen und davonlaufen würden. Weihnachten —, Fest der Liebe! Wer lacht da? Nee —, das gibt's nicht mehr! Anderswo vielleicht; kann sein, daß wir davon nur nichts wissen. Hier gibt's das jedenfalls nicht; nicht in diesem Jahr, vielleicht nie mehr. Und dann noch singen? Hier in diesem grenzenlosen Jammer von Heimatlosigkeit und himmelschreiender Armut?

Irgendjemand hat uns gehört. Die erste Tür geht einen Spalt auf, ein abgehärmtes Gesicht erscheint, neugierig, fragend. Da hält uns nichts mehr, jede Diskussion ist gegenstandslos: Wir müssen singen! Von dem, was wir mit uns tragen, was wir hierher mitgebracht haben, vom einzigen und schönsten, was wir zu verschenken haben, müssen wir hergeben, was möglich ist. Die Vorweihnacht, gerade die des Jahres 1945, würde sonst ihren Sinn verlieren. Also singen wir —, mitten hinein in die Not der Gegenwart! Behutsam setzen wir ein mit „Es kommt ein Schiff". Dann werden wir freier und schließen nach drei bis vier alten oder neuen Liedern mit „Es ist für uns eine Zeit angekommen." Inzwischen ist noch manche Tür aufgegangen, und manche Hand streckt sich uns entgegen, als wir aus dem engen Barackengang wieder hinausgehen, hinaus in Wind und Kälte; — und so oft, bis wir auch in der Baracke 14 gesungen haben.

Erst dann gönnen wir uns eine Pause. Dicht gedrängt stehen wir in Baracke 7 vor dem Verkaufsraum, wärmen uns aneinander und rauchen eine Aktive, je nachdem, zu Dreien oder Fünfen, miteinander. Ein Ofen ist da natürlich nicht, aber wir sind doch gegen den kalten Wind geschützt, der von See her kommt. Und wir sind beisammen und können einander spüren lassen, wie froh wir sind, daß wir heute die Adventszeit einsingen.

Es ist fast dunkel geworden. Wir müssen uns auf den Weg machen, um noch in der Stadt zu singen. Weder die spärliche Straßenbeleuchtung läßt eine Spur festlichen Glanz erkennen, noch ist hinter den Fensterscheiben das wärmende Licht einer Kerze zu entdecken; wie im Barackenlager so auch hier nichts als Armut und Verlorenheit.

Wir beginnen auf dem Marktplatz, wo wir bald von Zuhörern umringt sind, unter ihnen auch Einheimische, die besonders vermerken, daß hier etwas geschieht, was es vordem noch nicht gegeben hat.

Unseren Doktor in der Brückstraße dürfen wir natürlich keinesfalls auslassen. Da ist die Freude groß, besonders bei den Kindern, die uns mit strahlenden Augen zuhören. Die Haustür geht auf. Wir alle werden hineingebeten, damit wir uns aufwärmen können. Und während wir da dichtgedrängt stehen und z. T. in den angrenzenden Zimmern sitzen, bringt die Hausfrau es fertig, uns mit Gebäck zu beschenken. Der Doktor will dem nicht nachstehen; er bringt seine letzten Zigaretten, die wir wie üblich zu Vieren oder Fünfen rauchen. Glücklich dabei der, der die Kippe bekommt. Er hat damit schon wieder Krümel für eine Selbstgedrehte. Dank, Händeschütteln und schneller Abschied.

Wir müssen weiter. Das Pastorat wird die letzte Station sein. Erst singen wir im Vorgarten, damit uns auch diejenigen hören können, die zufällig vorbeikommen. Dann werden wir hineingebeten und singen in der Diele weiter, während uns die Pastoren mit ihren Familien zuhören. Helle Kinderaugen, abgezehrte Frauen in armseligen Kleidern und hagere Männergestalten in Waffenröcken mit lila Kragenspiegeln und Kreuz vor der Brust –, so wie damals bei der Fahrt, als „in Christi Namen" Suppe geschnorrt worden war. Und jetzt? – Wir alle müssen sehen, daß wir wenigstens ein Minimum an seelischer und körperlicher Nahrung auftreiben, denn auch die schönste Zeit des Jahres will überlebt werden.

Es ist uns kalt geworden. Vor dem Haus geht jeder seiner Bleibe zu. Ich gehe mit dem größeren Teil über den Markt und durch den Stadtpark zurück ins Barackenlager. Zum Frieren kommt verstärkter Hunger, doch wir haben heute nachmittag Kraft genug gewonnen, damit fertigzuwerden.

15.12.

Wir haben die letzten Proben mit Erfolg hinter uns gebracht. „Mitten im kalten Winter", eine Kantate nach alten Weihnachtsliedern für Orgel, zwei Geigen und gemischten Chor, wird heute nachmittag in Burg, drüben auf der Insel Fehmarn, uraufgeführt werden. Wir bekommen unsere Suppe früher als sonst, denn wir müssen am späten Vormittag losfahren, weil drüben in der Kirche noch eine Probe mit Orgel stattfinden soll. Die Fahrt geht wie damals im Sommer zuerst durch Lütjenbrode. Den Fliegerhorst – ich muß an die zwanzig Zigaretten denken! – lassen wir heute aber rechts liegen. Wir bleiben auf der Chaussee, fahren durch Großenbrode und erreichen bald Großenbroderfähre. Dort endet die R 207, und wir müssen warten, bis die Fähre über den Fehmarnsund kommt und auf der Festlandseite anlegt. Außer unserem Bus rollt kein anderes Fahrzeug an Bord. Nur ein paar Frauen im üblichen Flüchtlingszivil setzen noch mit uns über. Der Teufel mag wissen, wie sie bis hierher gelangt sind; die Eisenbahn verkehrt hier ja noch nicht wieder. Die Fähre legt ab, und wir stehen bei stillem Winterwetter an Deck, die Binnenländer wie ich voll besonderer Neugierde, um nur ja nichts unbeobachtet zu lassen, was sich dem Auge Neues bietet. Es dauert nicht lange, da rollt unser Bus an der Fährstelle Fehmarnsund an Land. Und nach weiteren zwanzig Minuten klappert er über Kopfsteine nach Burg hinein, um vor der Kirche zu halten. Ich sollte nicht ahnen, daß in diesem Augenblick eine viele Jahre während Liebe zu Fehmarn und besonders zur Stadt Burg beginnen würde, daß ich viele Male auf die Insel kommen würde, um den „Singkreis Burg a. F." zu leiten oder noch nach mehr als dreißig Jahren meine hier lebende Mutter zu besuchen. Die Abgeschiedenheit der Insel ist seit dem Bau der Brücke dahin. Die herbe Eigenwilligkeit hat sie sich auch danach bewahrt.

Die Kirche beeindruckt uns alle sehr. Von denen, die ich bisher hierzulande kennengelernt habe, ist sie gewiß die größte und schönste.

Die Orgel ist gut und so, daß Erich sie rasch in den Griff bekommt. Er spielt uns Bachs Toccata und Fuge in d vor, das Werk, mit dem er heute nachmittag unsere Veranstaltung eröffnen wird. Sein Können und die Überlegenheit der Darstellung auf einer Orgel, die er noch nie gespielt hat, sind zu bewundern. Während der Kantate-Probe bewähren sich auch die beiden Geiger, der Leutnant und der Stabsfeldwebel. Und da der Chor gut vorgearbeitet hat, ergibt sich eine zufriedenstellende Probe. — Das meint auch der junge Offizier, der zugehört hat und der z. Zt. den Organistendienst versieht.

Die Zeit bis zum Konzert ist schon verplant: Zuerst müssen wir uns vor der Kirche warmlaufen, denn die Kälte setzt uns erheblich zu. Dann steigen wir in unseren Bus und fragen nach dem Krankenhaus. „Ja, diese Straße längs, am Markt vorbei, dann links in die Bahnhofstraße und von da rechts ab. Das finden Sie leicht." Und in der Tat liegt der alte Bau rechts an einem Park, hinter dem man den Bahnhof erkennt. So groß ist die Freude gar nicht, als wir darum bitten, für die Patienten Weihnachtslieder singen zu dürfen.

Vermutlich machen wir keinen sonderlich vertrauenerweckenden Eindruck. Und wo gibt es schon einen Chor, der sich aus Frauen und Mädchen und bunt zusammengewürfelten Soldaten zusammensetzt! Na gut —, die Oberschwester gibt schließlich ihre Einwilligung. Unser Kurzprogramm, so ähnlich wie unlängst in Heiligenhafen, findet Zustimmung und Dank. „Das Lazarett?" Ja, das sei in der und der Schule an dem und dem Ende der Stadt untergebracht; wie schön, daß wir da auch noch singen wollten. „Vielen Dank nochmals und auf Wiedersehen!" „Wiedersehen!"

Schon sitzen wir wieder im Bus und sind nach kurzer Fahrt an der bezeichneten Schule; — am Lazarett, denn das große rote Kreuz auf dem Dach läßt keinen Zweifel aufkommen, daß wir richtig sind. Kurze Begrüßung mit irgendeinem Arzt und schon stehen wir im Halbkreis und singen unser Kurzprogramm. Hier geht es munterer zu, als vorhin im Krankenhaus: Wir bekommen starken Beifall aus den Krankenzimmern und von den herzuhumpelnden Verwundeten. Er wird uns auch durch Klopfen mit Krücken oder auf Prothesen gespendet. Der danach herzutritt, hat eine weiße Schürze um und sieht gemütlich aus. Also ist er wohl der Küchenbulle. Tatsächlich —, ehe ich ihn mir richtig angesehen habe, überrascht er uns mit der Freudenbotschaft, daß wir jetzt eingeladen würden. Viel könne er zwar nicht bieten, aber einen Teller Grütze und einen Pott Kaffee, dünn aber heiß, dazu möchte er uns einladen. Hier im Treppenhaus müssen wir das unterdrücken, aber im Eßraum, in den er uns nun führt, bricht spontan das Freudengeheul aus, das wir ihm schuldig sind. Wer beschreibt unser Behagen und unsere Freude, mit denen wir uns zu Tische setzen? Es ist ja nicht so, daß eine zusätzliche Ration das Gefühl vorübergehender Sättigung erbringt. Nein —, das richtige runde Völlegefühl kommt aus dem Bewußtsein, etwas „außer der Reihe" und dazu gänzlich unverhofft bekommen zu haben. Der Koch erweist sich als gutmütiger hilfsbereiter Mensch. Immer wieder versichert er, er habe gut gewirtschaftet, und wegessen würden wir hier ganz bestimmt keinem etwas. Alsdann wollen wir essen, was möglich ist. Wahrscheinlich werden alle Sängerlein nachher über eine ungewohnt solide Atemstütze verfügen! Noch einen letzten Schlag, dann großes Dankeschön an unseren Wohltäter, und es wird Zeit, zurück zur Kirche zu fahren.

Mit der Erregung, die jeden vor Beginn eines Programms befällt, vor allem vor seiner ersten Aufführung — beim Theater nennt man das Premierenfieber — und großer Freude sehen wir von der Orgelempore, wie sich die Kirche füllt. Die Mariner sind in der Überzahl, aber es sind auch viele Landser zu sehen und dazwischen Zivilisten in großer Zahl. Unsere freudige Erregung hat den Höhepunkt erreicht: Die Kirche ist bis auf den letzten Platz besetzt. Erich eröffnet das Programm. Er und ich, wir sind in Leipzig durch die gleiche Schule gegangen. Bach war, ist und bleibt für uns das A und O aller Musik, wie Reger sagte. Was mag aus unseren Lehrern Straube, David, Abendroth geworden sein? Konzertviertel −, Thomaskirche −? Wer von den Studienfreunden wird überlebt haben?

Eingerahmt von Vor- und Nachspiel umfaßt die Kantate im Wechsel von Instrumentalstücken und alten Weihnachtsliedern für Singstimmen a capella oder ebenfalls mit Instrumenten das adventliche und weihnachtliche Geschehen. Ihr Titel konnte nur lauten: „Mitten im kalten Winter"; − Kälte, Armut, Verlorenheit, Heimatlosigkeit, Hoffnungslosigkeit; − und dennoch und trotzdem ist die Ros entsprungen, die uns helfen wird, das Schicksal zu bestehen, das uns alle so unbarmherzig getroffen hat. Und die, die hier mit aller Hingabe singen und musizieren, zünden für viele Hörer das Licht an, nicht nur für diese Weihnacht, sondern für den Weg aus der Dunkelheit in ein neues Leben in einer besseren Welt.

Der letzte Ton ist verklungen, das Programm mit Erfolg zu Ende gebracht. Händedruck mit Erich und den beiden Geigern, Schulterklopfen im Kreis des Männerchors und ein dankbarer Blick zu den Singemädchen, weil alles gut gegangen ist. Die Kirche leert sich. Auch wir gehen nach unten. Ein Teil unserer Hörer verläuft sich bereits, der andere wartet noch auf uns. Hände strecken sich uns entgegen. „Hat mir gefallen. Vielen Dank. Kommt wieder. − Hier nimm die Aktive!" Wir sind alle sehr gerührt, zumal einige Mariner und Zivilisten noch so lange stehenbleiben und sich mit uns unterhalten, bis wir einsteigen müssen, und der Bus sich wieder über Kopfsteinpflaster dahinklappernd Richtung Fehmarnsund in Bewegung setzt.

Dort haben wir keinen Aufenthalt, denn unser Bus kann sofort auf die Fähre setzen. Es ist kalt und dunkel. Um wenigstens gegen den Wind geschützt zu sein, bleiben wir dicht an dicht im Fahrzeug sitzen. Es dauert nicht lange, bis der Sund überquert ist und wir an Land fahren. Eine knappe halbe Stunde später sind wir wieder in Heiligenhafen, ebenso beglückt wie ermüdet von den Erlebnissen des Tages.

17.12.

Gestern haben wir die Weihnachtskantate in der Kirche zu Heiligenhafen aufgeführt. Noch zwölf Aufführungen werden folgen. Laut Veranstaltungsplan sind es vor allem die Kirchen von Blekendorf, Giekau, Grömitz, Grube, Hansühn, Lensahn, Neukirchen bei Heringsdorf und Neukirchen bei Malente. Wie ich bald erkennen sollte, zählen sie alle zu den schönsten und ältesten Ostholsteins.

Heute haben wir eine lange Fahrt vor uns: Wir werden die Kantate in Schönberg bei Kiel aufführen. Die Karte, die ich Ende Mai bekommen habe, als wir in den Kral marschierten, reicht gerade so weit, daß ich das Dorf noch darauf finden kann: Schönberg, nahe der See, ostwärts der Kieler Förde; wie mir von Einheimischen erklärt wird, das größte Dorf in einer Landschaft, die sich, früher abhängig vom Kloster Preetz, Probstei nennt. Bis nach Lütjenburg und weiter zum Südostufer des Selenter Sees kann ich die Fahrt durch die schöne und meist noch unbekannte Landschaft ungetrübt genießen. Dann freilich müssen wir die R 202 nach rechts verlassen und über ausgefahrene Schotterwege weiterschaukeln. Der Motor lärmt, die ganze Kiste knackt und quietscht, die Kotflügel wackeln, und drinnen versetzen einem die Holzbänke einen Stoß nach dem anderen; — nein, das macht nun wirklich keinen Spaß mehr! Dafür kann mir Inge B. — sie ist in Heiligenhafen geboren und möchte Lehrerin werden — viele Fragen beantworten, die ich stelle. Was ins Gebiet der Heimatkunde gehört, das hat sie griffbereit zur Verfügung. Außerdem macht es ihr offensichtlich Spaß, einen wißbegierigen Zuhörer zu haben. Einige frühere, die heutige und dazu künftige, das sind Lektionen, an die ich mich noch in späteren Jahren dankbar erinnern sollte. Wir sind schon seit mehr als zwei Stunden unterwegs, da sagt Inge neben mir: „Guck mal, da hinten der Kirchturm von Schönberg." — Es ist gut zu wissen, daß die martervolle Fahrt bald zu Ende sein wird. Wir haben nun auch gar keine Lust mehr, noch länger gekarrt zu werden!

Heute bei der dritten Aufführung hat sich das bereits eingespielt: Wir sind so rechtzeitig an Ort und Stelle, daß vor dem Konzert noch eine Probe stattfinden kann. Erich muß die Orgel kennenlernen, die Geiger müssen sich, der Kälte zum Trotz, einspielen, und der Chor muß sich einsingen. Auch ist jeweils eine Stellprobe erforderlich. Und schließlich müssen wir vor Beginn wissen, welche akustischen Gegebenheiten uns erwarten. Mit diesen Vorbereitungen geht die Zeit bis zum Beginn um 15.oo Uhr rasch hin. Es bleibt gerade noch Gelegenheit, uns auf dem Gang durchs Dorf warmzulaufen und dabei zu beobachten, wie Landser und Zivilisten der Kirche zustreben, um sie wie in Burg oder gestern in Heiligenhafen bis auf den letzten Platz zu füllen.

Durch ein Zufallsgespräch nach dem Konzert erfahre ich, daß mein alter Regimentskommandeur überlebt hat und nicht weit von hier eine Gefangeneneinheit „befehligt". „Ob du die Möglichkeit hast, wieder in diese Gegend zu kommen, ist höchst zweifelhaft", so geht es mir durch den Kopf. „Du mußt den Alten aber wiedersehen", ist mein nächster Gedanke. Wenn ja, muß schnell gehandelt werden, zumal das Unternehmen ein Abenteuer werden wird. Satjendorf —, nee, nicht Satjewitz wie bei Neukirchen, sondern tatsächlich Satjendorf wird mir zuverlässig als Aufenthaltsort des Obersten genannt. Der Blick auf die Karte ist wenig ermutigend: Wir müssen eine Straße nehmen, die näher unter der Küste entlang über Stakendorf und Hohenfelde und von da über Satjendorf nach Lütjenburg zur R 202 führt und die noch schlechter sein dürfte, als diejenige, auf der wir gekommen sind. Was ist zu tun, jetzt wo es schon anfängt dunkel zu werden? Allein kann ich das sowieso nicht entscheiden. Ich kann doch nicht verantworten, daß wir alle auf irgendeinem Schotterweg mit geplatzten Reifen oder verrecktem Motor liegenbleiben, noch dazu in einer Gegend, die kaum einer von uns kennt, und noch dazu bei Dunkelheit. Ich muß mit unserem Fahrer, der Perle von einem Obergefreiten, sprechen. „Der Kommandeur? Ja, das war'n feiner Mann, da lassense uns ma hinfahrn, Herr Wachtmeister. Dat werd'n wir woll krieg'n", spricht's und fragt, ob wir nicht gleich einsteigen wollen. Also dann! Gesagt, getan, und schon geht die Fuhre los. In der letzten Dämmerung ist gerade noch der Wegweiser, zum Glück der richtige, zu erkennen, und dann beginnt eine Fahrt, an deren Ende ich froh sein muß, daß alles gut gegangen ist, wenn man davon absieht, daß unser Bus in allen Tonarten gestöhnt und gelegentlich geheult hat, wie ein wundes Tier, und davon, daß uns von der harten Schaukelei wehtut, was nur schmerzen kann. Nur raus, denn sitzen kann nun niemand mehr.

Im Dorf irgendwo bleibt der Bus stehen. Weiteres ist in der Dunkelheit zunächst nicht auszumachen. Alle steigen aus, um sich erst mal warmzulaufen. Ich spreche die erste

beste Gestalt an, die sich zeigt, und erfahre schon bald, daß
der Oberst in dem und dem Haus bei dem und dem Bauern
wohnt. Also gehe ich in die angegebene Richtung und finde
das Haus. Aus der Diele dringt der Schein einer schwachen
Glühbirne nach draußen. Er reicht gerade, um ein paar Stufen zu erkennen und die Klinke zu fassen. Drinnen, an der
rechten Tür, ist ein Schild mit dem Namen des Obersten zu
lesen. Was mir jetzt durch den Kopf geht, ist nicht das
Hinundher um Krieg und Frieden, ist nicht das Wennund-
aber um den Kommiß und alles, was wir als anfechtbar erkannt haben. Mich beseelt jetzt ausschließlich der Wunsch,
einen verehrten Vorgesetzten, einen baltischen Edelmann
und einen guten Menschen wiederzusehen und vor ihm eine
gute Figur zu machen.

Also dann: Anklopfen, kurz abwarten, eintreten, Hacken
zusammenschlagen und stehen wie eine Eins: „Wachtmeister W. bittet Herrn Oberst besuchen zu dürfen." Das funktioniert, daß es schnarrt und rasselt! „Mann, wo kommen
Sie denn her?" Ich berichte kurz und dann Händedruck
und die Aufforderung zum Hinsetzen. Ja — und dann freu-
en wir uns erst mal, daß wir beisammen sind und von gemeinsamen Erlebnissen sprechen können, hastig, in Stichworten, so wie es die knappe Zeit eben zuläßt: Polozk,
Oswejasee, Düna, Riga, Kurland, Libau, Danzig, Westpreußen, Hela, Swinemünde, Vorpommern, Mecklenburg mit
der Gefangennahme bei Jesendorf.

Ich denke zurück an die soundsovielte Kurlandschlacht,
wo unbegreiflicherweise in den Tagen vor Weihnachten
1944 Post auf den Regimentsgefechtsstand kam. Für den
Kommandeur war ein Päckchen mit Weihnachtsgebäck dabei, das er sorgsam auszählte und auf alle gleichmäßig ver-
teilte. Und wir sprechen von der Erleichterung, die darin
bestand, daß die Kämpfe am 23. 12. nachließen und am
24. 12. ganz aufhörten, so daß wir, zumindest über Weihnachten, Ruhe hatten. Und wir erheitern uns ein letztes Mal
an dem Heeresgruppenbefehl, demzufolge in den Tagen
nach der Schlacht die rückwärtigen Dienste die kämpfenden
Einheiten zu entlasten hatten, — ein Fest für die kämpfende
Truppe!

Auf dem Tisch steht ein Teller mit Grütze, von dem der
Oberst offenbar gerade vor meinem Kommen die Hälfte
abgegessen hat. Nun entschuldigt er sich dafür, gibt mir
einen sauberen Löffel und lädt mich zum Essen ein. Ich
lehne dankend ab, muß aber bei Androhung eines „dienstlichen Befehls" schließlich doch essen. Und wie das

schmeckt! Schon schlägt mir das Gewissen, wenn ich nur an den Chor denke, den ich viel zu lange alleingelassen habe. Und nun das Essen hier, — es ist der Gipfel unkameradschaftlichen Verhaltens, könnte man denken. In Wirklichkeit ist es nichts mehr und nichts weniger, als ein Wiedersehen zweier Soldaten, die ein Stück des Krieges gemeinsam durchgestanden haben. Ich erfahre noch rasch, daß der Kommandeur versucht hatte, den Amis und Tommies zu entkommen, daß er aber endgültig geschnappt wurde, als er bei Hitzacker über die Elbe wollte. Man schickte ihn in den Kaffernkral, wo er nun abwarten muß, bis er in eines der berüchtigten belgischen Lager kommen wird, wo er eine weitere Zeit verbüßen muß, ehe er endgültig entlassen werden kann.

„Vielen Dank, Herr Oberst. Darf ich Sie bitten, mit nach draußen zu kommen? Ich habe eine Überraschung für Sie." Wie wir vor die Haustür kommen, stehen sie bereits im Halbkreis davor, die Singemädchen und die Männer. Sie ahnten wohl, was kommen würde und haben mir das Wiedersehen davor herzlich gegönnt. Ich schiebe noch schnell unseren Fahrer, den einzigen Angehörigen des alten Haufens, zum Oberst hin, damit er auch ihn begrüßt, und dann beginnen wir, so wie es sich seit dem Singen in den Baracken wie von selbst ergeben hat. Als wir damit zu Ende sind — „Es ist für uns eine Zeit angekommen, die bringt uns eine große Freud" —, und ich mich umdrehe, kommt „der Alte" auf mich zu und bedankt sich mit feuchten Augen. Ich habe Mühe, Haltung zu bewahren. „Auf Wiedersehen, mein Lieber, und machen Sie's gut." „Auf Wiedersehen, Herr Oberst, und gleichfalls alles Gute." Hacken zusammen, Hand an die Mütze, Kehrtmachen und Wegtreten; — ein Glück, daß es ein Reglement gibt, sonst hätte ich nicht gewußt, wie ich hier davonkommen sollte. Unser Halbkreis löst sich auf. Wir gehen zum Bus, der Oberst verschwindet im Haus. Ich habe ihn nicht wiedergesehen und auch nie wieder von ihm gehört.

Während der Rückfahrt kommen meine Gedanken nicht von der imponierenden Erscheinung los, der ich begegnet bin: Im Norden Estlands geboren und, wie es sich für den Sproß einer baltendeutschen Adelsfamilie gehörte, Kadett in der zaristischen Armee; — damals, als der deutsche Einfluß in St. Petersburg noch stark war, und der baltendeutsche Adel einen großen Teil der hohen Offiziere und Beamten stellte, von Künstlern jeder Fakultät ganz zu schweigen. Estland erstritt sich die Selbständigkeit. Der inzwischen zum Offizier beförderte Kadett stellte sich der Armee des neuen Staates zur Verfügung und avancierte bis zum Hauptmann. Dann klangen die Heilrufe eines der Zukunft vertrauenden Volkes weit über die Grenzen des Reiches hinaus und auch bis ins Baltikum. Und so wenig die Reichsdeutschen begriffen, daß jeder Heilruf neues Unheil bringen würde, so wenig begriffen die Baltendeutschen, daß das, was mit dem „Heimholen ins Reich" gemeint war, tatsächlich nichts weiter war, als das Verschachern einer Volksgruppe und ihres vielhundertjährigen Erbes, als das „Heimholen" im Rahmen der Rückführung auch anderer volksdeutscher Gruppen mit dem Versinken ihrer Leistungen, nur weil Hitler und Stalin das so beschlossen hatten.

Im sogenannten Warthegau kamen die meisten baltendeutschen Familien an. Mit dem ihnen eigenen Instinkt für ungewöhnliche Situationen vor den Toren des Reiches meisterten sie alle Schwierigkeiten. Der „estnische" Hauptmann meldete sich zur großdeutschen Wehrmacht und avancierte bis zum Oberst. Und blieb jeder Zoll der baltendeutsche Edelmann, auch dort in der Bauernstube von Satjendorf. Und ein guter Mensch dazu, wie an der Front, so auch hier in Armut und Hoffnungslosigkeit.

Es schrecken mich nicht mehr so viele Stöße aus meinem Nachsinnen auf, wie zu Beginn der Fahrt. Also haben wir sicher Lütjenburg schon hinter uns und befinden uns bereits auf der R 202. Richtig, wir fahren an Blekendorf vorbei, wie ich am Ortsschild erkennen kann. Dann kommt irgendwo die Stelle, wo links der Straße Weißenhaus liegt und die See ganz nahe ist. Und dann ist es nicht mehr weit bis Oldenburg. Da geht es links durch die Stadt und weiter nach Gremersdorf und Heiligenhafen, auf der R 207, die wir von früheren Fahrten nun schon kennen. Dann wie üblich: Haltestellen in der Stadt, Weiterfahrt ins Barackenlager und Ende des heutigen Unternehmens –, müde, hungrig und angefüllt von den tiefgehenden Eindrücken des Tages.

Ich gehe noch in die Stube unseres Fahrers und bringe ihm die Hälfte meiner Abendverpflegung. Das fällt mir schwer, aber schließlich hatte ich einen halben Teller voll Grütze zusätzlich. Und ohne seine Bereitwilligkeit hätte ich das Wiedersehen mit dem Kommandeur nicht haben können.

23.12.

Von Blekendorf, wo wir am Nachmittag gesungen und musiziert haben, kommen wir nach Lütjenburg, wo unsere Weihnachtsmusik am Abend stattfinden soll. Zuvor bekommen wir alle eine Scheibe Brot — Karo einfach, belegt mit Daumen und Zeigefinger — und einen Becher mit einer undefinierbaren heißen Brühe. Was wir da trinken gegen Durst und Kälte, ist wirklich nicht auszumachen; es könnte ebensogut Muckefuck übelster Sorte sein, wie der soundsovielte Aufguß eines Brühwürfels aus alten Beständen.

Der Leutnant, der unserer Orgel- und Einsingeprobe mit besonderem Interesse zuhört, scheint der Organist zu sein. Richtig: Wie wir fertig sind, ergibt sich rasch ein Gespräch. Erich und ich, wir erfahren dabei, daß unser Gegenüber aus Mecklenburg gebürtig ist und zuletzt Organist am Dom zu Naumburg war, dem durch die Stifterfigur der Uta von Naumburg in der ganzen Welt bekannten Bauwerk. Dorthin will er nach seiner Entlassung, die er bald in die Wege leiten wird, auch unbedingt zurück. Das tat er zwar, wie ich später erfuhr, aber nicht für viele Jahre. Dann schien ihm das Leben „drüben" unerträglich und er setzte sich nach Westen ab, wo er, der inzwischen nicht nur auf dem Gebiet der Kirchenmusik, sondern auch der Schulmusik zu Namen gekommen war, ein neues Betätigungsfeld fand. Zu einer Begegnung ist es nicht wieder gekommen. Zu danken habe ich aber immer noch für ein gutes Gespräch, für eine echte „Fachsimpelei", in schlimmen Zeiten von ganz besonderem Wert.

24.12.

Mit Schreiben, mit Chor- und Instrumentalproben sowie Adventssingen und den Fahrten zu Aufführungen der Weihnachtskantate waren die Tage der Vorweihnachtszeit mehr als ausgefüllt. So kommt mir zum Glück erst heute morgen zum Bewußtsein, daß Weihnachten ist, — Weihnachten 1945. — Nach dem Aufstehen genehmige ich mir erst ein Stück Holz mehr als unbedingt notwendig wäre. Ich möchte es an diesem klaren Wintermorgen etwas gemütlicher haben als sonst. Außerdem muß ich Wasser heiß machen, denn ich will mich waschen, ich meine, so richtig waschen, so von Kopf bis Fuß, allerdings nur aus der Schüssel; alles andere würde meine Möglichkeiten gänzlich übersteigen. Man nennt das ein Kulturbad nehmen oder eine rituelle Waschung zelebrieren, wobei man sich, wie die Landserfantasie meint, gen Osten zu wenden hat. Das stimmt genau, da ist keine Schwierigkeit, denn die Fenster meiner kleinen Barackenstube gehen tatsächlich nach Osten. Also dann: Ordentlich einheizen. Für Sonderfälle stehen da diverse Sorten Holz in diversen Stärken zur Verfügung. Schnell den Barackengang nach vorn zur Tür und Wasser holen. Pott aufsetzen und Schüssel bereitstellen. Die Wäschebestände untersuchen. Ja —, es ist noch eine saubere Garnitur vorhanden. Nichts steht demnach meiner Absicht entgegen, mich von grundauf sauber anzuziehen. Soweit es mein Äußeres betrifft, kann ich die Zeit nützen und die Uniform ausbürsten und Stiefel putzen. Schon fängt der Pott an zu singen. Das Wasser wird in die Schüssel gefüllt. Mein „Bad" kann beginnen. Ich muß mich beeilen, denn es ist noch kalt in der Stube. Dafür vermittelt das Abreiben mit dem Handtuch wahre Wonnegefühle. Sie steigern sich noch nach dem Anziehen frischer Wäsche und frischer Socken. Und dann die Rasur —! Nach zwanzig Minuten fühle ich mich wie ein neuer Mensch und festlich gestimmt dazu! Das gibt mir auch die Fähigkeit, mit dem Frühstück — Karo einfach mit der üblichen braunen Brühe — zufrieden zu sein.

Ich muß mich draußen umsehen und gehe an den Südrand des Lagers, dorthin, wo ich ein paar Nadelbäume weiß, nicht zu groß, so daß man die Äste erreichen und auch abreißen oder abbrechen kann. Ob die Bäume überhaupt noch stehen? Wahrscheinlich sind sie längst abgehauen und in irgendeinem Ofen verschwunden. Oder sie bilden, wenn es sich jemand leisten kann, sie nicht in den Ofen zu stecken, den Weihnachtsschmuck in irgendeiner Barackenstube oder einer Hälfte oder einem Viertel davon. Auf einem Stück schwarzem Verdunkelungsstoff, der im letzten Ausverkauf des Krieges mitgeholfen hat, dieses Lager vor dem Zerbröseltwerden durch britische Bomber zu bewahren, oder auf einem braunen Woilach, dessen Geruch noch heute von weiten Ritten durch die Ukraine oder das Baltikum zeugt, auf beiden, von denen jetzt der eine oder andere einen großen Raum unterteilt, macht sich ein Fichten- oder Kiefernzweig recht gut. Nein —, sie stehen noch, zwar bereits zerzaust und nicht mehr vollzählig, aber für meinen Zweck sind noch genug Äste vorhanden. Ich denke, daß ein schöner Zweig genug ist. Er wird sich bestimmt gut ausnehmen, wenn ich ihn in der langen Wand gegenüber von den Fenstern in eine der Fugen stecke, die jeweils zwischen zwei

Brettern in der Wand klaffen. Es dürfte somit ein besonderer weihnachtlicher Effekt entstehen, denn in welchem Steinhaus, in welcher intakten Vorkriegswohnung gibt es schon die Möglichkeit, Zweige zum Schmuck des Heims einfach in die Wand zu stecken?

Ich habe das Bedürfnis, den Zweig in der Hand, noch einen kleinen Rundgang zu machen. Ich muß hinauf auf die Höhe zu einem Blick ins Land und einem Blick auf die See, heute am 24. Dezember. Und nicht nur das muß ich. Vielmehr gehen meine Gedanken fast unmerklich zurück:

Zu Weihnachten 1939, der ersten Kriegsweihnacht, war ich noch zu Hause. Lis und ich, wir waren überglücklich, denn wir feierten mit unserem ersten Kind. Und mit Millionen Gleichgesinnter vertrauten wir auf unsere gerechte Sache und glaubten an den Sieg.

Ein Jahr später war ich immer noch Zivilist. Wir feierten und waren dankbar für unser zweites Kind, das ein Vierteljahr vorher, gleichfalls in Nürnberg, zur Welt gekommen war.

1941 im Mai war ich Soldat geworden. Als Weihnachten bevorstand, hatte ich die Einnahme von Kiew miterlebt und befand mich nun bei der Weihnachtsfeier der Batterie auf einem Truppenübungsplatz in Süddeutschland. Es war „ergreifend": Ansprache des Batteriechefs, knapp, markig, Siegheil auf den Obersten Befehlshaber der großdeutschen Wehrmacht. Anschließend Geselligkeit mit Korn und Bier, Austausch von Erinnerungen, bei zunehmendem Alkoholgenuß zunehmend von Zoten durchsetzt. Schließlich kommandiertes Aufstehen. Der Spieß spricht ebenso kurz wie mißglückt und bringt ein Prost auf den Chef aus. Danach habe ich zum Klavier zu gehen, die Maßkrüge poltern zurück auf den Tisch und alle singen, vom Lied wie vom Alkohol gleichermaßen ergriffen, „Stihillä Nacht, heiligä Nacht". Ende. Am Morgen des 24. fahre ich auf Kurzurlaub, glücklich über das Zusammensein mit den Meinen und froh darüber, sie aus der Marketenderei so beschenken zu können, wie es außerhalb der Wehrmacht schon nicht mehr selbstverständlich war.

1942 war ich als Funker auf der B-Stelle der Batterie im Urwald am Jägersumpf ostwärts von Kiestinki in Finnland. Batteriechef, Rechentrupp, Fernsprecher und Funker hausten in verschiedenen Blockhütten. Wir Funker hatten die unsere am Mittag, in der Zeit, in der die Dunkelheit sich ein wenig lichtet, zu räumen und uns auf den Weg Richtung Troß zu begeben, an einem bestimmten Punkt kehrtzumachen und uns dann zurückzumelden. „Der hat den Karelienkoller!", sagten wir und meinten, der Chef habe durchgedreht. Bei unserer Rückkehr mußten wir ihm das böse Wort schleunigst abbitten, denn aus der Tür der Funkerhütte trat der Chef und bat uns hinein. Mit einem Wachtmeister zusammen hatte er jedem Angehörigen der B-Stelle den Gabentisch gedeckt: Die Sonderzuteilung aus der Marketenderei sowie Päckchen und Briefe aus der Heimat waren liebevoll aufgebaut. Unsere Überraschung war vollständig, und voller Freude und Dankbarkeit wünschten wir einander eine schöne und möglichst ruhige Weihnacht.

1943 sah es nicht gut aus: Wir hatten aus dem Raum Krementschug zurückgemußt und saßen nun in Golowkowka, einem Dorf, das weiter westlich lag als Tschigirin, von wo aus wir im vergangenen September zum Einsatz gekommen waren. Ich wurde den Quartiermachern zugeteilt; so hatte die Funkerei ein einigermaßen gutes Unterkommen gefunden. Der 24. Dezember wurde zu allem anderen, nur nicht zum Tag des Friedens, zum Tag des Heils für einen Teil der Christenheit, zum Tag der Lichtwende für die Andersgläubigen. Zwei Mann von den Funkern wurden abkommandiert zu einer Vergeltungsaktion gegen Partisanen: Die hatten im Nachbardorf den Kommandeur unserer IV. Abteilung hinterrücks erschossen und damit ein Verbrechen begangen. Wir konnten dergleichen nicht hinnehmen, wollten wir uns in diesem mörderischen Kampf nicht selbst aufgeben. Also wurden die Bewohner des Dorfes in das nächste Dorf verbracht. Meist waren es Frauen, Kinder und alte Menschen. Churchill war später der Auffassung, daß man solche Evakuierungen auch in großem Stil mit Millionen von Ostdeutschen praktizieren könne, wenn es dabei nur „human" zuginge, etwa so human wie hier von Dorf zu Dorf, wo viele Bewohner mit ihren Habseligkeiten auf WH-Fahrzeugen transportiert wurden und die Landser halfen, das wenige Kleinvieh wegzutreiben. Als die Aktion beendet war, wurde das Dorf, aus dem die Partisanen erwiesenermaßen stammten und in dem der Major ermordet worden war, an allen vier Ecken angezündet und dem Erdboden gleichgemacht. Die Abkommandierten kamen bekümmert und verstört in ihre Unterkünfte zurück. Von Weihnachtsstimmung konnte keine Rede mehr sein, auch deshalb nicht, weil die Post nicht nachgekommen war. Was blieb, war allein die Möglichkeit, dem Marketenderschnaps und -wein kräftig zuzusprechen, zu rauchen, was das Zeug hielt, und in diesem immer unwirklicher werdenden Zustand des

Alkoholisiert- und Nikotinisiertseins „der Lieben in der Heimat zu gedenken". — Anfang Januar 1944 machten wir Stellungswechsel. Es gab noch einen Halt in Radwinowka, weiter im Nordwesten. Dann kam die nächste Stellung in Pastorskoje, noch weiter westlich des Dnjepr, wo der Iwan endgültig die Falle zuschlug. Wir saßen im Kessel von Tscherkassy und erlebten das Grauen des Krieges in bisher unvorstellbarem Ausmaß. Aber ich kann nicht mitreden, denn mit mir waren Kameraden, die in Stalingrad eben überlebt und nun z. T. panische Angst hatten vor dem, was hier von neuem zu bestehen sein würde. Sie waren weitergereicht worden von einer Scheiße zur anderen, wie sie das formulierten!

Weihnachten 1944: In ein paar Andeutungen war davon schon die Rede. Gegen Mittag des 24. kamen wir übermüdet und abgekämpft von dem schnell errichteten Regimentsgefechtsstand in unseren Bunker bei Zemelnieki zurück, glücklich, wieder einmal davongekommen zu sein. Das Getöse der Schlacht ist großer Ruhe an der Front gewichen. Noch hat es nicht geschneit, und doch breitet sich heute weihnachtliches Land um uns aus. Zeit ist bis zum Einbruch der frühen Dunkelheit nicht zu verlieren: Der Bunkerofen muß angeheizt und in Hochform gebracht, Gerät und Ausrüstung müssen ordnungsgemäß verstaut werden. Ich gehe in den hinter uns gelegenen Wald und hole ein paar Zweige. In der Dämmerung kommt das Essenfahrzeug vom Troß und bringt außer weihnachtlichen Sonderrationen auch noch einmal Post von daheim. „Haut euch auf die Pritschen, Leute; Gesicht zur Wand und pennt eine halbe Stunde. Ich spiele inzwischen den Weihnachtsmann." Rasch sind die Sonderzuteilungen in Form von Schokolade, Zigaretten und Schnaps verteilt und Briefe und Päckchen dazugelegt, so daß jeder eine Art Weihnachtsteller an seinem Platz hat. In die Nähe des Ofens stelle ich einen Kanister voll Rotwein, Sonderration für die vorgeschobene Funkstelle des Regiments. Darüber und über manche kleine Gabe ist die Freude groß. Die Nachrichten aus der Heimat aber sind so schlimm, daß wir uns von hier aus der immer noch intakten Heeresgruppe Kurland heraus manches kaum vorstellen können. In gedrückter Stimmung und in allgemeiner Ratlosigkeit ging der Tag zu Ende. Am 26. wird uns der Iwan wieder seinen Willen aufzwingen. Die Schlacht wird weitergehen, ohne daß er nennenswerte Erfolge wird erzielen können.

Mit abwesenden Augen sitze ich in meiner Stube. Nur mit Mühe finde ich in die Wirklichkeit der Weihnacht 1945 zurück. Alles Wehklagen über unser Schicksal bleibt sinnlos, wenn wir, wie der Fürst immer wieder betont, in dem schauerlichen Ende nicht zugleich auch den neuen und trotz aller Not verheißungsvollen Anfang sehen. Auch der heutige Tag wird nicht leicht werden, aber ich bin froh gestimmt, wenn ich daran denke, daß wir singen und musizieren dürfen, ein Glück, das mir jahrelang versagt geblieben war.

Das gemeinsame Essen stimmt uns festlich. Zwar gibt es nur Eintopf, aber so wohlschmeckend, daß es Ernsts Geheimnis bleiben wird, wie er die Mahlzeit so hingezaubert hat. Er kocht mit Herz, sagt Fritz. Nach dem Essen sitzen wir noch bei einer Gemeinschaftszigarette zusammen und sprechen davon, was der Tag bringen wird. Es ist traurig zu spüren, wie dabei die Spaltung der Gruppe Wieman offenbar wird: Dort die Spielgemeinschaft mit dem Fürsten an der Spitze. Sie ist nach der heutigen Aufführung des Sternsingerspiels in Schloß W. eingeladen, Heiligabend zu feiern. Hier der Chor mit Erich und den beiden Geigern, die sich auch heute wieder um mich scharen werden, allerdings ohne eine Einladung bekommen zu haben. Wir werden also nicht zusammen feiern können. Nein –, traurig will ich deshalb nicht werden. Ich glaube nur zu ahnen, daß von heute an unsere Gemeinschaft in die Brüche gehen und aus „Worpshafen" nichts werden wird; – ein Jammer um den schönen Plan! Dennoch: Das Auseinandergehen nach dem Essen ist heute nicht leicht, denn letztlich gehören wir doch alle zusammen. Wir wünschen einander schöne Weihnachten, und dann macht jeder sich fertig, die Spielgemeinschaft zur Abfahrt und wir zum Gang in die Stadt.

Von der Orgelempore aus beobachten wir, wie sich die Kirche füllt, so lange, bis alle Bänke, alle Stühle, auch die mitgebrachten (wer einen hat!), besetzt und auch Stehplätze kaum noch verfügbar sind. Aber die können ja ohnehin nur von besonders stabilen Naturen eingenommen werden; für alle anderen ist die Gefahr, vor Hunger umzukippen, einfach zu groß. Es kommt ein vollständiger Querschnitt dessen zusammen, was hier in Heiligenhafen bereits ansässig war und was sich im zu Ende gehenden Jahr noch eingefunden hat: Alte und Junge; Landser aller Waffengattungen und Dienstgrade z. T. in bereits mehr oder weniger abgetakelten Uniformen; Zivilisten aus bodenständigem Hause in etwas bestaubter Eleganz, mit der sie hinter der Mode sind, ihre Gesichter verraten etwas von ihrer kleinen heilgebliebenen Welt; Zivilisten, die, auch aus volksdeutschen Gebieten, geflohen sind, zum anderen die Heimat Ostpreußen oder Pommern verlassen mußten; die Frauen tragen Marinehosen und -mäntel und krönen die schäbige Frisur durch irgendwoher besorgte Tücher; die Männer, meist in vorgerücktem Alter, stecken in Klamotten, zusammengestoppelt und bunt, wie in einer schlechten Operette. Die Gesichter sind abgezehrt und verhärmt, große Augen sprechen nicht nur von leiblichem Hunger, sondern von seelischer Not, für die es offenbar kein Maß gibt. Sie alle drängen herein und schicken sich an, die erste Friedensweihnacht seit sechs Jahren zu feiern, zu vernehmen, daß wirklich Friede auf Erden ist und daß aus der Not des Heute Wohlgefallen für das Morgen werden soll.

Wir alle, die wir den Überblick von oben haben, sind im Innersten gepackt von dem, was wir sehen und den Empfindungen, die uns zunehmend durchwühlen: Weihnachten 1945! Wir haben nichts mehr, was man Besitz nennen könnte. Wir haben knapp, was zum Überleben reicht. Aber wir sind aufgeschlossen für alles Schöne, wir wissen wieder, was ein Gedicht ist, wir wissen wieder, was uns die schöne alte Kirche zu sagen hat und das Land und die See um die Stadt herum und vor ihr. Wir singen und musizieren mit einer Hingabe, daß uns kein Hunger mehr zu quälen vermag und sind glücklich, andere Menschen damit erfreuen zu können. Und —, wir haben Frieden! Wir wälzen uns zwar in vielen Nächten mit schlimmen Gedanken auf unserem Lager, aber wir haben Frieden. Und wir wünschen uns sehnsüchtig, er möge uns auch dann für lange Zeit erhalten bleiben, wenn nunmehr andere Mächtige unseren gepeinigten Erdteil regieren!

Die empfangenen Eindrücke sind so verwirrend, daß mich Lampenfieber heimsucht in einem Ausmaß, wie es mir sonst fremd ist. Da wir im Rahmen des Gottesdienstes singen und musizieren, übernimmt Erich nach Absprache mit dem Pastor das gesamte Orgelspiel. Mit seinem Können gibt er dem Ganzen einen festlichen Glanz, während der Chor den Gemeindegesang anführt. Und Besucher, die uns neulich schon hier gehört haben, versichern, Erichs Orgelspiel sei heute weit besser gewesen, einfach bewundernswert. „Mitten im kalten Winter" zum Schluß des Gottesdienstes sei gleichfalls schöner gewesen als zuvor und habe alle Not vergessen lassen. Schließlich sei man geradezu froh gestimmt gewesen. Wir sind sehr gerührt über solche Äußerungen und meinen, sie seien für uns alle das schönste Weihnachtsgeschenk.

Nach Schluß des Gottesdienstes gehen die Menschen nach allen Richtungen davon; die Dunkelheit saugt die Elendsgestalten auf. Wir bleiben beisammen bis zum Markt, wo wir auseinandergehen wollen. Aber daraus wird nichts. Wir sind guter Stimmung, weil alles so schön gegangen ist und weil wir auch noch Zuspruch hatten. Wir sind uns in der Auffassung einig, daß wir auch denen noch eine Weihnachtsfreude machen sollten, die aus dem Flüchtlingslager nicht zur Kirche gegangen waren. Also bleiben wir zusammen und gehen zu Vieren oder Sechsen, je nachdem, wieviel Platz gerade ist, eingehakt zum Lager. Wir erinnern uns, als wir das Lazarett-Tor passiert haben, daran, daß wir am 2. Advent auch hier gesungen haben. Die da untergebracht sind, in der ursprünglichen Luftwaffen- und späteren Marinekaserne mögen z. T. ja schlimm dran sein, aber verglichen mit dem gegenwärtigen Leben „draußen" herrscht hier eine ungewohnte Geborgenheit für diejenigen, die auf Pflege angewiesen sind. Unser kleines Programm wurde mit Dank und Beifall aufgenommen. Nun ziehen wir wieder wie am 1. Advent durch das Barackenlager, diesmal aber nicht von Baracke zu Baracke. Vielmehr singen wir auf einigen Plätzen dazwischen. „Heut ist ein Sternlein vom Himmel gefalln" und „Singt Fried den Menschen weit und breit" klingt es in den frühen Winterabend. Hie und da sind Gesichter hinter den Fensterscheiben zu sehen oder es kommen vermummte Gestalten aus der einen oder anderen Tür, um uns aus größerer Nähe zu hören und Dankeschön zu sagen. Nun soll es genug sein, denn daß wir uns warmgelaufen hatten, davon spüren wir schon lange nichts mehr. So gehen wir auseinander, indem wir uns gute Wünsche für den heiligen Abend sagen. Morgen und übermorgen werden wir uns wiedersehen, wenn wir zu Aufführungen der Weihnachtskantate über Land fahren.

Wer will, kann hingehen. Wer nicht will, denkt: „Leckt mich am Arsch" und läßt es bleiben. Ich jedenfalls gehe. Ich gehe zu einer kleinen Weihnachtsfeier, die für Landser von einem General angesetzt ist. Sie findet im Saal der Baracke 7 statt und vereinigt ein kleines Häuflein Unentwegter, darunter auch etliche meiner Sänger, um eine einzige Glühbirne, die irgendwo von der Decke hängt. Sitzgelegenheiten sind kaum vorhanden. So stehen wir also und erleben, wie niemand mit hochgeschraubter Stimme eine Meldung macht. Vielmehr tritt der General nach wenigen Augenblicken von der Saaltür her in unsere Mitte und sagt seinerseits: „'n Abend". Entweder er findet darauf gar kein

Echo oder nur ein geringes: „'n Abend" und ein sehr spär-
liches: „'n Abend, Herr General." Er sagt noch einmal: „'n
Abend" und fügt diesmal noch: „Männer" hinzu. Dann beginnt er seine Ansprache, von der er gleich eingangs sagt, sie
würde nur kurz werden, nur ein paar gutgemeinte Worte. Zu
unserer Überraschung spricht er ohne „schnarrendes Bei-
werk" und ohne falsches Pathos, er spricht wie du und ich
sozusagen. Es nimmt sehr für ihn ein, wie er, mit ostpreußi-
schem Akzent, vom Vaterland spricht, von den Erfolgen an
allen Fronten, derer wir uns nicht schämen sollten, von der
Schicksalswende und der endlichen Niederlage mit dem Ende des Reiches. Aber es sei noch nicht aller Tage Abend:
Einmal kämen wir alle wieder nach Hause —, die Ostpreußen, die Pommern, die Schlesier und all die anderen, deren
Land unter russische bzw. polnische Besatzung oder in
tschechische Hand geraten sei — denn der Herrgott wird es
nicht zulassen, daß sie ohne Heimat bleiben. Von ihm ist
gewollt, daß der Mensch eine Heimat habe, und in diesem
Sinne sollten wir den Strahl der Hoffnung in uns nicht ver-
kümmern lassen. Und in diesem Sinne wünsche er uns eine
ärmliche, aber schöne Weihnacht. Und wenn er in nicht zu
ferner Zeit aus einem der belgischen Generalslager zurück-
sei, würde er sich freuen, den einen oder anderen von uns
wiederzusehen. „Alles Gute und auf Wiedersehen!" „Wiedersehn, Herr General!" Noch ehe er die Saaltür erreichen
kann, hat ihn die Dunkelheit verschluckt.

Ich sah ihn wieder, als wir gemeinsam stempeln gingen.
Wir trafen uns unfreiwillig gegen Ende der festgesetzten
Zeit, weil wir es nicht schätzten, erst lange in der Schlange
zu stehen. Nach gegenseitiger Begrüßung, Stempel und Geld
gingen wir in den kleinen Tabakladen in der Nähe des Rat-
hauses und kauften uns einen Zigarillo, „ehe ich das Geld
bei meiner Frau abliefern muß", wie der General sagte.

Von den Freunden ist keiner hier. Also gehe ich in meine
Stube und bringe den Ofen erst mal „auf Trab", indem ich
ihn zur Feier des Tages mit „feinsten Hölzern" füttere. Er
dankt es mir dadurch, daß er schon nach kurzer Zeit in der
ganzen Bude für Wärme und Gemütlichkeit sorgt. Das
Abendbrot schmeckt nun doppelt gut. Und danach wan-
dern die Gedanken unfreiwillig nach Hause, sofern es dieses
Zuhause im echten Sinne überhaupt noch gibt. Also suchen
sie Lis und die Kinder. Wie mag es ihnen ergehen? Wie
werden sie Weihnachten erleben inmitten der Welt aus
Schutthalden und Bombentrichtern, für die Mutter erfüllt
von der Sorge ums Überleben, für die Kinder von der Freu-

de an Spielen, so herrlich in ihrer Neuartigkeit, daß sie vordem undenkbar gewesen wären? Wie mag es den beiden Vätern gehen? Dem einen ist die Frau ein für alle Mal genommen, der andere weiß von der seinen nicht in einer winzigen Andeutung irgendetwas, aber er hofft, sie möge bald zu ihm zurückkehren, vielleicht aus dem Zuchthaus in Bautzen oder aus dem Lager Mühlberg an der Elbe, von denen gemunkelt wird. Und Werner? Was mag aus dem „Vermißt" eines Tages werden, ein „Gefallen" oder doch noch ein „Lebend"? Und aus mir, was wird aus mir werden? Ist denn nur das Teilchen eines Lichtstrahls zu erkennen, der nur in einer einzigen Richtung die schwarz verhangene Zukunft ein ganz klein wenig zu erleuchten vermag? Nein! Aber die Freude an der Musik wird mich auch künftig mein Schicksal meistern lassen.

Der Tag war lang und schwer und dennoch schön. Fast möchte ich davon träumen, daß ich den Keim von etwas Künftigem, von etwas Neuem und Besserem spüren dürfte. Das wäre in diesen Tagen besonders gut.

31.12.

Gestern haben wir die Weihnachtskantate zum letzten Mal gesungen, sind zum vorläufig letzten Mal durch das schöne winterliche Land gefahren, und ab heute sind wir „arbeitslos". Vieles ist zur Jahreswende für uns fraglich geworden, z. B. auch die Möglichkeit, weiterhin wie bisher tätig zu sein. Was hier an „Restbeständen der Wehrmacht" noch herumsitzt, wird bei zunehmender Zahl täglicher Entlassungen in wenigen Wochen abgewandert sein. Wer soll dann unsere Busfahrten finanzieren, selbst wenn noch relativ viele Sänger bleiben sollten? Und für wen sollen wir singen und musizieren? Nein —, das kann hier nur noch etwas werden, wenn eines Tages „Worpshafen" tatsächlich entstehen sollte. Aber davon wird nur noch selten gesprochen.

Während unseres gemeinsamen Mittagessens kommen M. W. und seine Frau. Wir sitzen im großen Kreis um den Tisch und lassen die Gedanken zurückgehen. Jeder kramt eine andere Erinnerung „aus seiner Kiste", weit zurück aus der Vorkriegszeit — wie lange ist das eigentlich her?! —, ernst oder heiter, oder eine Erinnerung an den Jahreswechsel im vorigen Jahr. Bei dem, was der Fürst zum Besten gibt, wird der Glanz der alten Film- und Theaterstadt Berlin lebendig. Dort diente man der Kunst auch dann noch, als es der Bomben wegen schon kein Mensch mehr für möglich hielt.

Ich bin beim vorigen Jahr, Altjahrsabend 1944, im Bunker der vorgeschobenen Funkstelle bei Zemelnieki: Die Schlacht, die am 26.12.44 wieder aufgeflammt war und uns harte Stunden bereitete, weil an Fernsprechverkehr kaum noch gedacht werden konnte, war offensichtlich zu Ende. Der Iwan hatte das so gewollt, nachdem wir ihm nichts geschenkt hatten. Nun: Die Mittags- und Abendverpflegung waren betont „über dem Strich", und auch der 1. Januar 45 ließ da nur Gutes erwarten, wie gemunkelt wurde. Schnaps- und Weinzuteilung waren beachtlich, ich möchte sagen, dem Rang des Tages angemessen. Schon der Anblick brachte uns in Stimmung, aber wir vergriffen uns noch nicht an den Flaschen. Das sollte, nicht auf Befehl, sondern auf Beschluß der Bunkerbesatzung, dem Abend vorbehalten bleiben. Dafür hielten wir es für gut, etwas zu tun, was streng verboten war, der Funküberwachung aber zum Glück verborgen blieb: Wir wünschten nämlich allen Funkern des Regiments ein gutes neues Jahr, indem wir . . ., „Prosit Neujahr", absetzten und zu unserer Freude auch Antwort bekamen, von denen, die zu den Abteilungen abgestellt waren, wie von denen, die bei der Infanterie Dienst taten.

Am Nachmittag machte ich einen Spaziergang durch den Wald, der sich hinter dem Bunker erstreckte. Ich freute mich von neuem an der Schönheit der Landschaft und ließ meine Gedanken, wie immer, wenn ich Schönes erlebte, zurückgehen in die Heimat, dorthin, wo das Leben einen neuen Anfang würde nehmen müssen, wenn wir den Krieg erst mal würden überstanden haben.

Als der Abend kam, erwies es sich als ein großes Glück, daß wir einen Antialkoholiker aus Weltanschauung bei uns hatten. Der übernahm den Dienst an den Geräten freiwillig, während ich an mich hielt, um keinesfalls etwas zu riskieren, was für alle hätte verhängnisvoll werden können. Die anderen Funker durften sich an Schnäpsen und Weinen laben, die die Marketenderei geschickt hatte. Keiner indessen gab seine gute Haltung auf; ich konnte mich darauf verlassen. Dafür ergriffen sie — ich machte inzwischen beide Augen zu! — kurz vor zwölf Uhr die Karabiner, gingen damit vor die Bunkertür und schossen, da die Front ganz still war, zwölfmal in den sternklaren Himmel. Es war Schlag zwölf, und sie behaupteten, mein Kommando hätte noch nie so angenehm in den Ohren geklungen wie eben. Wir saßen noch zusammen und ließen die Gedanken zu den Angehörigen gehen, zu den Eltern, zu den Kindern, zur Frau oder Braut oder Brieffreundin; — als seelischer Halt nahmen sie alle den gleichen Rang ein. Wir saßen beisammen in einer Gelöstheit, wie sie mir schon am nächsten Tag ganz unwirklich vorkam, die entweder ahnen ließ, daß uns das zum letzten Mal im Krieg beschieden sein würde, oder einfach auf dem bekannten Spruch beruhte, der an allen Fronten umging: „Kameraden, laßt uns den Krieg genießen, der Friede wird furchtbar sein!" Die Funkwache in der Neujahrsnacht war übel dran, denn erstens war eine ewige Unruhe im Bunker und zweitens mußte verstärkt geheizt werden, weil ein dauerndes Kommen und Gehen herrschte. Die gelben Flecke im Schnee vor dem Bunker erwiesen, daß die Nacht sehr unruhig gewesen war, weil nach Schnaps und Wein alle hatten mehrmals pinkeln müssen.

Am Nachmittag und Abend bin ich im wesentlichen mir selbst überlassen, denn die Spielgemeinschaft ist wieder unterwegs; alle die zur Weihnachtskantate gehört haben, bleiben hier und warten nur darauf, daß dieser Tag möglichst bald zu Ende geht.

Ich bin mit meinen Gedanken daheim im Vogtland. Die Erinnerungen werden quälend, als ich nicht zur Ruhe kommen kann und, hin- und hergeworfen zwischen Wachen und Schlafen, in das Jahr 1946 hineinliege. Es wird ein Jahr des Friedens werden. Der Krieg, der genießenswerte, war doch kein Geschäft für mich, muß ich denken.

6.1.46

Nun ist auch die vorläufig letzte Aufführung des „Heiligenhafener Sternsingerspiels" gewesen, und wir sitzen beisammen und versuchen, uns Rechenschaft zu geben über die bisherige Arbeit und neue Erkenntnisse zu gewinnen für die künftige. Aber damit kommen wir nicht weit, denn der Fürst hat Fritz und seinem Komponisten Walter — er hat nicht nur die Musik zum Spiel geschrieben, sondern auch die Melodien gefunden zu Versen aus der „Halunkenpostille" —, wie sich herausstellt, insofern bereits weitergeholfen, als er sie durch Inanspruchnahme guter Beziehungen nach Celle vermittelt hat. Beide werden uns also demnächst verlassen, um dort Boden unter die Füße zu bekommen.

Fritz, den Ruhelosen, hat es nach Jahren der Seßhaftigkeit, in denen er immer mehr zu Namen kam, wieder in die Welt getrieben; zwischen Skandinavien und Kreta ist er zu

Hause, wie er schreibt. Walter ist in seinen alten Beruf als Schulmusikerzieher zurückgegangen und in der Heidestadt seßhaft geworden.

Johnny rückt seinerseits mit der Sprache heraus: Er geht in den Beruf zurück, den er zuerst gelernt hat, und soll als Schriftsetzer in der Druckerei in Lütjenburg Arbeit finden. Er wird damit der erste sein, der wieder ins zivile Leben zurückfindet.

Pit ist schlimm dran, denn er hat nichts aufzuweisen als nicht zu Ende geführte Studien. Er muß aber weiterkommen, und seine vielseitigen Begabungen lassen keinen Zweifel daran, daß er vorankommen wird. Eine Beziehung soll ihm zunächst nach Detmold verhelfen. Vor allem würde ihn dort am Theater eine irgendwie geartete Mitarbeit bei der Regie reizen.

Heinz möchte nach Berlin zurück und hofft auf irgendeine Arbeit beim Funk. — Die anderen sind noch unentschlossen oder gar ratlos.

Als ich gefragt werde, welche Pläne ich denn hätte, gestehe ich ehrlich, daß ich die Absicht hätte, hierzubleiben, vor allem auch deshalb, weil ich „Worpshafen" nicht so ohne weiteres aufgeben könnte. Und wenn es sich hier mit unserem bisherigen Kreis nicht ermöglichen ließe, dann sollte man es in Gemeinschaft mit anderen aktiven Kräften versuchen.

Wir befinden uns in einer schlimmen Lage: Wir haben vom Kommiß die Nase gestrichen voll und gehören ihm doch stärker an, als uns klar ist. Schließlich beruht die Arbeit der vergangenen Monate mit allen ihren unverhofften Möglichkeiten auf der Geborgenheit, die der Kommiß bietet; auf Tuchfühlung, auf Bescheidenheit, auf gesicherter Verpflegung, und sei sie noch so kärglich, und Löhnung, und sei das Geld noch so wertlos. Wir möchten gern loskommen davon und wissen doch nicht recht wie. So einfach, wie wir uns das vor Monaten gedacht hatten, als wir unserer gemeinsamen Arbeit zuliebe überhaupt nicht von Entlassung redeten, kommen wir jedenfalls nicht hinüber ins zivile Leben und in eine, wie man so schön sagt, gesicherte Existenz.

Einer wirft Zündstoff ins Gespräch: In Lübeck, so wird vor allem bei der Fahrbereitschaft erzählt, gibt es eine Schnellentlassungsstelle. Man muß irgendein Papier haben, hinfahren, sich durch die Mühle drehen lassen und einen Schein in die Hand kriegen, um in ganz kurzer Zeit Zivilist zu werden. Wir anderen haben mit großen Ohren zugehört, und es dauert nicht lange, da reden wir nur noch von Entlassung im allgemeinen, vor deren Umständlichkeit und Langwierigkeit jedem graut, und von Schnellentlassung im besonderen, deren Vorzüge wir preisen, ohne eigentlich Bescheid zu wissen. Als wir auseinandergehen, ist es beschlossene Sache, daß wir alles in die Wege leiten müssen, damit wir sobald wie möglich in Lübeck entlassen werden.

10.1.

Es hat alles geklappt. Der Fürst hat uns durch seine vielfältigen Beziehungen mal wieder geholfen, und Fritz, Hans, Heinz, Johnny, Pit, Walter, Werner und ich, wir haben die Genehmigung zu einer Fahrt nach Lübeck, damit wir dort entlassen werden. Ich genieße die Fahrt, auch wenn sie durch einen verhangenen Wintermorgen geht, vor allem auch deshalb, weil wir uns heute nicht aus dem Kral hinaus- und wieder hineinzumogeln brauchen, wie damals im Sommer.

Wenn ich mich nicht sehr irre, ist es die große Allee, die zur Stadt führt, von der wir, nicht allzu weit vom Hauptbahnhof, links abbiegen. Genau kann ich das nicht feststellen, denn die Fenster, hinter denen wir in einem „ausgeschlachteten" Funkwagen sitzen, sind nicht groß. Jedenfalls fahren wir durch ein von Tommies bewachtes Tor und halten in einem fabrikähnlichen Gelände. Da stehen nicht nur andere Fahrzeuge, sondern vor allem Schlangen von Landsern, die entlassen werden wollen; dazwischen Besatzer, wie mir scheint, etwas zu reichlich bewaffnet, um die ausgemergelten Germans in Schach zu halten.

Pit quatscht den ersten besten von ihnen an und erfährt, daß wir uns da drüben anzustellen haben, wo sich vor einer großen Tür eine der Schlangen gebildet hat. Also gehen wir, unser Soldbuch und die Bescheinigung griffbereit. Dann stehen wir und werden so lange von den anderen mit Scheißhausparolen eingedeckt, bis wir auch unseren Senf dazugeben. Meine Güte, was können fronterfahrene Männer für dummes Zeug reden! In gewissen Abständen wird das Tor, vor dem wir stehen, geöffnet. Dann gehen, nicht ohne Kontrolle, zehn Landser hinein, und die anderen rücken nach. Die Schlangen vor den Nachbartoren tun dasselbe, wenn es bei ihnen so weit ist. „Ick höre immer Schnellentlassung! Stimmt det? Sind wir hier richtig? ", läßt sich Johnny vernehmen. Nee —, es hilft nischt; langsamer kann es auch bei einer Schnellentlassung nicht gehen! Ich weiß nicht, wie lange wir gestanden, gelabert und getrippelt oder die Arme gegen den Oberkörper geschlagen haben. Jedenfalls sind wir nun an der Reihe, als die große Tür wieder aufgeht.

„One, two, three, four, . . .", zählt der Posten. Das bedeutet, wir acht und zwei fremde Landser dazu, und schon sind wir in einer großen Halle. Sie ist für den gegenwärtigen Zweck durch Aufstellen von Tischen, zwischen denen Gänge bleiben, hergerichtet und läßt den Durchgang für zwei Schlangen erkennen: Eine führt geradeaus, die andere nach halblinks. Im Flüsterton spricht sich schnell herum, daß man jetzt aufpassen muß. Auf jeden Fall muß man in der Schlange bleiben, die geradeaus geht, denn das bedeutet „British and American Zone" —, „Trizonesien" war noch nicht erfunden. Halblinks bedeutet „Russian Zone" und verheißt somit nichts Gutes.

Weiß der Teufel, was in diesen Sekunden, die sich plötzlich als so unerhört wichtig erweisen, Walter für ein Fehler unterlaufen ist oder welches Mißverständnis zwischen ihm und dem britischen Posten geschehen sein mag: Ich sehe jedenfalls, nachdem ich „Dresden, Russian Zone" gehört habe, wie der Tommy Walter in die Schlange nach halblinks boxt. Die ist weniger lang als unsere und macht zudem einen weit verzagteren Eindruck als unsere. Hier geht alles programmgemäß und mit Routine und wirklich so, daß das Wort „Schnellentlassung" gerechtfertigt ist. Berechtigungsschein, daß man hier entlassen werden darf, und Soldbuch abgeben am ersten und zweiten Tisch; Bescheinigung, daß man aus der Wehrmacht entlassen ist, am dritten.

Und dann kommt die Endstation am vierten Tisch: Da bekommst du, gleich ob Hauptmann oder Stabsgefreiter, „das Rückgrat der Armee", einheitlich vierzig Besatzungsmark, acht Zigaretten englischer Provenienz nach heutigem Kurs, und das für mehrjährige treue Dienste, einschließlich der „Vergünstigung", jederzeit einen „kalten Arsch" zu kriegen. In meinem Fall ist es die Quittung für fünfundfünfzig Monate und zehn Tage praktischer Geografie von der Ukraine nach Finnland, in die Normandie und zurück in die Ukraine, ins Baltikum und von da zurück in die Gegend von Schwerin. Und das alles nicht im Stile von KdF-Reisen, sondern im Rahmen eines Kampfes um Sein oder Nichtsein, dafür aber gegen Löhnung.

„Wachtmeister W. meldet sich ab"! Wo ist der nächste Schwarzhändler? Ich bin jeder Vernunft zum Trotz entschlossen, die 40.— Besatzungsmark baldmöglichst in echte

„Tommy" umzusetzen. In ihrem Rauch kann ich besser über die letzten Jahre nachsinnen und, falls das noch möglich sein sollte, wieder Zutrauen finden für die Zukunft.

Ehe ich mich in weitere Gedanken verlieren kann, sehe ich links drüben Walters hilflose Blicke. Was mit ihm werden wird, weiß auf unserer Seite keiner. Jedenfalls bleibt er da drüben in der linken Schlange, während wir durch eine Hintertür nach draußen geschleust werden. Die Prozedur ist zu Ende. Du stehst in einer hinterhofähnlichen Gegend mit anderen verloren hinter irgendeiner Mauer und faßt es jetzt nicht und in Jahren auch nicht, daß dir der Dank des Vaterlandes nachgeschlichen ist, ohne dich zu erreichen —, genau so, wie es das ketzerische Landserwort geweissagt hatte. Und du stehst und verlierst den Boden unter den Füßen. Das einzige, was übrigbleibt, ist, eine Träne abzuwischen, die dir aufgestiegen ist, ohne daß du es hindern konntest.

Walter war nicht zu helfen, auch war nichts zu erfahren, wie die bestätigen, die nach mir aus der Hintertür kommen. Wir wollen ihn nicht im Stich lassen und warten über eine Stunde auf ihn. Dann fahren wir niedergeschlagen über das, was uns widerfahren ist, und besorgt um ihn zurück.

In Heiligenhafen erzählen wir dem Major, was geschehen ist. Auch der Fürst bekommt Nachricht, daß wir Walter nicht mit zurückgebracht haben. Die Aufregung ist groß. Himmel und Hölle werden in Bewegung gesetzt. Nach drei Tagen spricht sich herum, Walter käme bald zurück. Und tatsächlich kommt er am Nachmittag des dritten Tages an, blaß, unrasiert, ausgehungert und übermüdet. Ein Fahrzeug hat ihn aufgesammelt auf der Straße von Eutin nach Schönwalde. Er hatte die Zeit im „Heldenkeller", einem für aufgegriffene Germans in der Eutiner Kaserne hergerichteten Gefängnis, verbracht. Das Ganze stellte sich, wie die vom Fürsten ausgelösten Bemühungen ergaben, als Irrtum heraus. Ein nervös gewordener Tommy hatte bei „Dresden, Russian Zone" geglaubt, recht zu handeln, wenn er dergleichen „officers, conspirators with Russians" erst mal hinter Schloß und Riegel brachte. — Wir traten einen Teil unserer Rationen an Walter ab, damit er sich sattessen konnte. Und als er ausgeschlafen hatte, war der „Heldenkeller" nur noch Gegenstand von gutartigen Witzeleien, die er mit Humor hinnahm.

Die Stunden nach unserer Rückkehr aus Lübeck bestehen in einem Zusammenhocken mit allen erdenklichen trüben Gedanken unter dem Stichwort: „Weißt du noch? ". Es ist ein Zusammensein, das eigentlich keiner will. Vielmehr möchte jeder mit sich allein sein, um mit sich und der Vergangenheit fertigzuwerden und danach einen Blick in die Zukunft zu tun, falls das heutzutage überhaupt möglich sein sollte. Ja —, jeder möchte mit sich selber erst mal ins Reine kommen. Aber keiner hat den Mut dazu. Jeder weiß, daß das Zusammensitzen heute nichts bringt, als das, was jeder vom anderen schon weiß. Dennoch sucht einer die Nähe des anderen, braucht die Tuchfühlung und sei es auch nur, um mit dem anderen eine Zeitlang vor sich hinzustieren. Das Reden über Walter und das Durchkauen aller Möglichkeiten dessen, was mit ihm inzwischen hat geschehen können, — das bringt uns auch nicht weiter, denn keiner hat irgendeinen Anhaltspunkt. Nun gut —, dann soll der Abend so trübe zu Ende gehen, wie selten einer, seitdem wir beisammen sind. Hoffen wir auf morgen. Auch hier muß aus dem Ende eines Abschnitts, eines für uns ganz entscheidenden Lebensabschnitts, ein neuer Anfang werden.

11.1.

Einige haben das gestern noch erledigt; ich hatte dazu keine Lust mehr, Pit auch nicht. Also gehen wir heute zur Stadt, um uns im Rathaus anzumelden. Unsere Stimmung ist wieder gut; alle schweren Gedanken sind gestern abend überwunden worden. Der Wintertag ist zudem schön. Wir haben Freude an dem Spaziergang. Eine junge Dame, die uns im Einwohnermeldeamt die notwendigen Formulare gibt und wieder abnimmt, kennt uns beide aus verschiedenen Veranstaltungen und ist daher betont freundlich und hilfsbereit. So sind wir guter Dinge, als wir die Formalitäten erledigt haben und uns mit herzlichem Dank als frischgebackene Bürger von Heiligenhafen verabschieden. Und als wir danach in einem anderen Zimmer noch die Lebensmittelmarken empfangen haben, sind wir zuversichtlich. Das Wohlbefinden wird vollkommen, als ich Pit auf der Rathaustreppe erst mal zu einer Zigarette einlade, selbstverständlich mit der Bitte um Rückgabe der Kippe. Ich kann es mir leisten, großzügig zu sein, denn ich habe heute vormittag den „Dank des Vaterlandes" in Zigaretten umgesetzt. Wenn wir beide ihn verpaffen, kommen wir vielleicht am ehesten von unserer Enttäuschung los! „Schade, jetzt könnt ich mich so richtig schön besaufen", meint Pit, als er mir die Kippe zurückgibt.

Am Abend vor dem Einschlafen kommt mir in den Sinn, wie mich die Stadt angeheimelt hat, als ich sie im letzten

Sommer kennenlernte. Nun bin ich also Bürger dieser Stadt geworden. Mir will scheinen, daß hier im heiligen Hafen, wo ich vor Anker liege, ein neuer Abschnitt meines Lebens beginnen wird.

15.1.

Damals im Sommer lernte ich sie kennen, als sich Pit, der ihr gerade begegnet war, mit ihr unterhielt. Ich wurde Fräulein B. vorgestellt, einem großgewachsenen Mädchen von etwa neunzehn Jahren, das den ostpreußischen Dialekt zu mildern versuchte, und zu dem ich auf der Stelle große Sympathien empfand. Das erlittene Schicksal war schlimm: Sie war auf einem großen Hof aufgewachsen, von dem aus man die Türme von Königsberg sehen konnte, der Stadt, in die sie zur Schule ging und eben noch hätte Abitur machen sollen, wenn nicht alles anders gekommen wäre. Der Vater war aus irgendeinem Grunde nicht beim Wehrdienst, sondern auf seinem Hof und war nicht zu bewegen, ihn zu verlassen, als die großen Trecks zusammengestellt wurden und sich nach Westen in Bewegung setzten. Er wurde das Opfer der Liebe zu seinem Land. Frau und Tochter dagegen machten sich mit den Tausenden, die flohen, auf den Weg, überzeugt, daß es sich dabei nur um ein vorübergehendes Ausweichen vor der Front handeln könne, nach dessen Stillstand man wieder zurückkehren und den Mann und Vater wiedersehen würde. Aber dieses Ausweichen endete erst in Ostholstein. Von allen dabei erlittenen Schrecknissen war das schlimmste der Tod der Mutter. Sie war weder den körperlichen noch den seelischen Strapazen gewachsen. Einige Verwandte waren die einzigen vertrauten Menschen, die auf dem letzten Teil der Flucht und hier im Barackenlager für das Mädchen sorgten.

Nachdem ich Fräulein B. zu ihrer Barackenstube gebracht hatte, sprachen Pit und ich noch über sie. Wir waren uns darin einig, daß wir uns um sie kümmern müßten, soweit es nur überhaupt in unseren Kräften stand.

So kam sie nicht nur in den Wieman-Chor, sondern auch in unsere Baracke, wo wir ihr eine bessere Bleibe bieten konnten als ihre bisherige gewesen war. Nicht lange danach sah ich nach dem Mittagessen Johnny vor ihrem Fenster stehen. Und als ich ihn energisch sagen hörte: „Also, wat is nu? Kommste mit oder bleibste hier?", da faßte ich das, wie ich ihn kannte, nicht nur als seine Liebeserklärung auf, sondern wußte über die beiden insgesamt Bescheid. Ich freute mich für sie. Ruth, das Mädchen, gehörte fortan zu uns rauhen Männern, als wäre sie jahrelang mit uns im Einsatz gewesen. Sie war sich zwar mit Johnny einig und gehörte ihm, aber sie war dennoch für uns alle da, — das halbe Kind mit den großen Augen und der sanften tiefen Stimme. Sie war für jeden von uns die Vertraute, wenn einer etwas zu besprechen hatte, was er mit seinem Kumpel nicht klarkriegen wollte. Dabei bewies sie ein Fingerspitzengefühl, das einer lebenserfahrenen Frau wohl angestanden hätte. Gleichermaßen fühlte sie sich zuständig für das Stopfen von Strümpfen und das Annähen von Knöpfen oder andere kleine Hilfsdienste, die wir Männer jahrelang hatten entbehren müssen. Alles in allem war es erstaunlich, daß Ruth nicht hinter Inge zurückstand, sondern mit natürlicher Selbstverständlichkeit ihren Platz neben ihr einnahm. — Im Chor gehörte sie zusammen mit Uschi, Inge K., Irene, Kucki oder Lotte und Lore oder Marianne wegen ihrer Hingabe an die gemeinsame Sache zu den wervollsten Kräften.

Jetzt, nachdem aus Soldaten Bürger dieser Stadt geworden sind, wir kein Soldbuch mehr besitzen und demzufolge weder Löhnung erhalten noch an der bisherigen Verpflegung teilnehmen können, übernimmt Ruth unsere Betreuung. Meine Güte —, das arme Mädchen! Was in Verbindung mit den Lebensmittelmarken aufgerufen wird, besorgen wir uns selbst und geben davon ab, was sie für die Mittagsmahlzeiten benötigt. Aber das reicht ja nicht hin und nicht her. So beschafft der eine oder andere von uns von irgendwoher irgendeine Zusatzverpflegung, meist Steckrüben, die bald zur Standardmahlzeit werden. Sie sind in Wasser gekocht, außer von einem Soßenaroma kann von keiner anderen Zutat die Rede sein. Ruth bringt diesen Armenfraß oft mit feuchten Augen auf den Tisch und meist mit so vielen Entschuldigungen, daß wir sie häufig noch trösten müssen, obwohl wir vor Hunger mit den Zähnen knirschen, und der Magen in allen Tonarten knurrt. Jedesmal, wenn wir den rechteckigen Blechpott, ein irgendwoher stammendes und für Ruths Küche vereinnahmtes Gefäß, leergegessen haben, müssen wir mit unverändert weiterknurrendem Magen unseren inneren Schweinehund, der ewig mehr fordern möchte, zum Schweigen bringen. Weiß Gott, ein hartes Stück täglicher Arbeit an sich selbst!

Selten, aber immerhin, geschieht es dann, daß einer das Gespräch noch einmal auf den letzten Sommer bringt: Als einziges Kapital, das damals von aktuellem Wert war, hatte

Ruth etliche Selbstversorgermarken aus der Heimat mitgebracht. Es waren so viele Bögen, daß sie alle allein hätte nicht verbrauchen können. So lud sie, als die Marken zu verfallen drohten, uns Männer zu einem Gang in die Stadt ein. Der Schlachter staunte nicht schlecht, als ein junges Mädchen einige pulvergeschwärzte Krieger solcherart zum Sattessen einlud. Und nicht nur Wurst wurde gekauft, nein, auch Fleisch, das, auf irgendeiner Kochgelegenheit zubereitet, ein fürstliches Mahl ergab. „Halt's Maul!" sagt einer. „Ich kann solche Geschichten einfach nicht mehr hören!"

30.1.

Johnny ist heute vormittag mit seinen wenigen Habseligkeiten zur Stadt gegangen, um mit dem Bus — eine Fahrtgenehmigung hatte er sich vor Tagen bereits besorgen müssen — nach Lütjenburg zu fahren und dort in der Druckerei seine Arbeit aufzunehmen. Ruth begleitete ihn. Wir anderen blieben zurück, um die beiden allein zu lassen, wiewohl der Gedanke uns reizte, auf dem Markt eine rauhe Abschiedsszene zu veranstalten. Wir wären dann besser über die Stunden hinweggekommen. So blieb jeder mit schweren Gedanken für sich allein. Die Ahnung, daß mit uns und der Arbeit in unserem Kreis bald alles zu Ende gehen würde, verdichtete sich zur Gewißheit: Nach Johnny sollten bald die meisten der anderen gehen. Pit und Fritz kamen ein paar Wochen später noch einmal zurück. Was sie von Not und Elend „draußen in der Welt" berichteten, war so unfaßbar, daß man beim Zuhören erstarren konnte. Es war dabei auch noch einmal vom Zusammenbleiben die Rede, und sei es auch ohne den Fürsten, aber nicht hier, sondern irgendwo im Lande, wo sich für unser ausgefallenes Vorhaben günstigere Bedingungen bieten würden. Das klang zwar gut, aber ich konnte mich nicht mehr darüber hinwegtäuschen, daß ich wohl der einzige war, in dessen Kopf das Stichwort „Worpshafen" hie und da noch auftauchte, ehe es später ganz daraus verschwand.

Der Fürst war nun hier nicht mehr zu sehen. Wenn es gelegentlich auch schwerfiel, so konnten wir im Grunde doch verstehen, daß er nun, nachdem er uns und vielen anderen gegeben hatte, was er nur hatte geben können, an sich denken mußte. Zunächst war er noch viel unterwegs, meist zu den sogenannten Dienstgruppen, hierzulande meist die in Kiel und anderen Häfen stationierten Minenräum kommandos, Himmelfahrtskommandos, für die sich die Sieger selbst zu gut waren. Und: Wir hatten ja genug Erfahrung mit Hiwis; jetzt waren nur die Rollen vertauscht.

Im Chor ist seit vier Wochen das große Abschiednehmen ausgebrochen. Besondere Einbußen hat der Männerchor zu erleiden, denn wer hier nicht hergehört, möchte zumeist in die alte Heimat entlassen werden, und wem das verwehrt bleibt, der will sich eine neue suchen. Die Familien oder deren Reste müssen sich irgendwo zusammenfinden, um ein neues Leben zu beginnen. — Mit denen, die bleiben werden, entweder für eine begrenzte Zeit oder für immer, sitze ich nun oft zusammen. Alle bestärken mich in meiner Absicht, den Chor zu erhalten. Daß es gelingt, dazu wollen alle mithelfen. Sie versprechen es mir immer wieder. Gut —, nach Überwinden aller noch vorhandenen Bedenken ist mein Entschluß so gut wie gefaßt: Der Wieman-Chor wird mit vereinten Kräften umgewandelt in den „Singkreis Heiligenhafen". Unter dieser Namensgebung hatten wir schon die Weihnachtskantate gesungen, um uns von den Sternsingerspielern zu unterscheiden.

Übrigens: Heute vor einem Jahr war morgens die Batterie angetreten. Wir hatten unsere Stellung in der Nähe von Dzukste verlassen mit dem Ziel Libau und waren während der Nacht nach Frauenburg marschiert. Hier standen wir nun ausgefroren und übermüdet zwischen ausgebrannten oder zerschossenen Häusern. Die Feierstunde, die uns bereitet wurde, war die kürzeste, die wir erleben konnten: Der Batteriechef hielt sich im Hintergrund. Der Spieß hielt die „Ansprache" so: „Heute ist der 30. Januar. Was das bedeutet, wissen alle. Anschließend ist Schnapsempfang und Ruhe in den Quartieren. — Wegtreten!" Wir aßen einen Kanten Brot, ließen uns vollaufen und pennten in den Nachmittag hinein, um in der nächsten Nacht weiter nach Westen zu marschieren, dem untergehenden Reich entgegen, zu dessen Auferstehung ich zwölf Jahre zuvor in Leipzig mit angetreten war.

Es sollte mich bittere Jahre kosten, zu erkennen, daß vor Hitler tausend Jahre gleich zwölf waren; vor der Geschichte nur ein Augenblick, allerdings der schlimmste, den zu überwinden nur unter äußerster Anstrengung möglich sein wird.

10.2.

Die Gruppe, die sich in Putlos zusammengefunden hat und

der Erich angehört hatte, ehe er zu uns kam, ist nach Heiligenhafen umgezogen und hat sich in der übernächsten Baracke einquartiert.

Wir, das sind die Gruppe Friedrich und die Reste der Gruppe Wieman, wir kennen uns von ein oder zwei Begegnungen mit wenigen Gesprächen und wissen nicht viel voneinander. Mir scheint, es fehlt auf beiden Seiten an Toleranz. Niemand weiß so recht warum, aber tatsächlich sind Barrieren entstanden, über die einer nur nach einem Kraftakt hinwegkommen würde, sofern man das auf der einen oder anderen Seite nur wollte. Niemand aber will, weil er fürchtet, er könne sich etwas vergeben. Und so bleibt alles, wie es ist, auch wenn wir nun nahe beieinander sind. — Ich glaube, ich muß das demnächst ändern, zumal ein Gerücht umgeht, demzufolge die „Friederiche", wie wir sie nennen — wir sind für sie die „Wiemänner" — die Absicht haben, hier in Heiligenhafen noch auf Jahre zusammenzubleiben. Mal sehen, ob ich mit ihnen über das Stichwort „Worpshafen" ins Gespräch kommen kann.

Die Beziehung zu Dr. Reinhold Netolitzky und seiner sudetendeutschen Gruppe, die sich „Der Morgenstern" nennt, ist noch lockerer. Wie soll unsereiner jetzt, wo wir nicht mehr über Land fahren können, von hier nach Grömitz kommen?! — Es wird erzählt, der Leiter der Bühne sei Schüler von Max Reinhardt gewesen und verfechte ein kultisches Theater, basierend auf dem der Antike und anknüpfend an Volksspiele des Mittelalters und aufbauend aus der Stunde Null. Sie sollen auch einen feinen Musikanten haben. Ihn würde ich besonders gern kennenlernen.

Nachsatz: Niemand aus unserem Kreis konnte ahnen, daß dem „Morgenstern" gelingen sollte, wovon wir nur geredet hatten in z. T. quälenden Gesprächen: Die Sudetendeutschen blieben beisammen und prägten ihren eigenen Stil, teilweise schroff abgelehnt von Leuten mit geringem Tiefgang, dafür aber gelobt und bejubelt von Theaterfreunden, die sich dem Neuen und dem Besonderen gegenüber offenhalten. Und die Bühne besteht heute noch, geprägt von der Hingabe an die Sache und von der Zucht, die Dr. Netolitzky von Anfang an gefordert hatte, und getragen von den Idealen der hohen Kunst des Theaterspielens. Sie hat ihren Namen nicht nur in der Bundesrepublik, sondern auch im europäischen Ausland; nur dort ist es schlecht um sie bestellt, wo sie ihr Zuhause hat. Darüber und über mancherlei anderes, was mit Kultur zu tun hat, sollte man sich in Ostholstein Gedanken machen.

178

16.2.

Als Johnny am letzten Wochenende hier war, gab er seinen ersten Bericht von der Arbeit in Lütjenburg. Er klang einigermaßen tröstlich, vermutlich auch deshalb, weil sich das Chaos der Zeit in kleinen Städten nicht so verheerend auswirkt wie in großen. Johnny lud mich ein, ihn bald zu besuchen, um mir „seinen Laden" mal anzusehen. So ergattere ich mir mit allen möglichen Dringlichkeiten einen Erlaubnisschein, daß ich den Bus benutzen darf und fahre heute vormittag los. Johnny will am Nachmittag mit mir zurückfahren, weil er möglichst jedes Wochenende bei Ruth verbringen möchte.

Unterwegs überlege ich die Möglichkeit, das Gute mit dem Nützlichen zu verbinden und Johnnys Chef um Papier zu bitten. Kein Blatt habe ich mehr und brauche es doch so nötig, vor allem um mir Notizen zu geliehenen Büchern zu machen, die mir wichtig sind. Wann jemals wird sich unsereiner solche Bücher wieder kaufen können? Ich hoffe, daß das klappen wird, denn ich kenne den Inhaber der Druckerei bereits von seinen Besuchen in Heiligenhafen. Schließlich hat er ja die „Zeltlieder und Barackenverse", das „Heiligenhafener Sternsingerspiel" und das Textblatt zu „Mitten im kalten Winter" gedruckt.

Der Bus hält auf dem Markt, und etwas abseits davon und daher leicht zu finden, liegt die Druckerei. Ich trete ein und klopfe an der ersten Tür links. Der Inhaber bittet mich hinein, nicht gerade hell begeistert, aber doch nicht ohne Herzlichkeit, weil ich ja bei der „Gruppe Wieman" war und Johnnys Freund bin. Der kommt auch bald aus der Setzerei, freut sich, daß ich da bin und darauf, heute nachmittag mit mir nach Heiligenhafen zurückzufahren. Dann geht er wieder an die Arbeit. Die Frau des Hauses tritt herzu. Ich werde ihr vorgestellt. Nun beginnt ein Gespräch über die hoffnungslose Lage im allgemeinen und besonderen. Nein, ein Gespräch ist es eigentlich nicht. Über das Niveau einer unverbindlichen Rederei kommen wir nicht hinaus. Ich sitze da als ein ganz armes Schwein. Mein Gegenüber — die Frau hat sich bereits wieder zurückgezogen — gehört dagegen offensichtlich zu den Arrivierten von heute, deren Wendigkeit und Anpassungsfähigkeit ich entweder gar nicht oder nur mit Schwierigkeiten folgen kann. Oder soll ich nicht Maul und Nase aufsperren, wenn er vom britischen Kreisresidentofficer wie von seinesgleichen spricht und mir dabei die nächste „Players" anbietet? Ich kann gerade noch meine Bitte um Schreibpapier vorbringen, dann wird der Chef des Hauses in die Druckerei gerufen. Ich bin nicht böse darüber. So kann ich mir etwas zu lesen zur Hand nehmen, wovon einiges herumliegt. Zwischendurch kommen andere Besucher, entweder Kunden oder solche, mit denen graue bis schwarze Geschäfte abgewickelt werden hier in diesem Raum, der vermutlich der einzig verfügbare ist. Auch die Frau des Hauses taucht immer wieder auf, die Not beklagend und das Geschick preisend, das sie durch englische Zigaretten und Milchpulver und andere Köstlichkeiten vor noch Schlimmerem bewahrt. Währenddessen ist mein Entschluß gefaßt: Ich werde hier auf Johnny warten. Und wenn es noch so unhöflich ist, auch über die Mittagszeit. Wer heute oben schwimmt, kann gerne nach unten etwas abgeben!

So wenig mich die bisherigen Besucher interessiert haben, so sehr erregt der meine Aufmerksamkeit, der jetzt eintritt: Eine große Erscheinung mit weit geschwungener Hakennase, bekleidet mit einem Offiziersledermantel der Luftwaffe. Vielleicht ist es nur der mir jahrelang eingebleute Respekt vor Vorgesetzten, der mich vor dem Ledermantel aufstehen läßt, vielleicht ist es aber auch Zuneigung, die ich in der Sekunde verspüre. Jedenfalls stehe ich auf, und wir beide gehen aufeinander zu und stellen uns vor. „Mönnich", höre ich. Habe ich das auch richtig verstanden? Nach einer Weile, in der wir entweder aneinander vorbeigucken oder uns nur heimlich ansehen, damit der eine ergründet, wer der andere ist, frage ich: „Entschuldigen Sie, heißen Sie mit Vornamen Horst, Horst Mönnich? " „Ja, der bin ich." „Gibt es ein Buch von Ihnen, das ‚Die Zwillingsfähre' heißt? " „Ja, nur nicht von mir allein, sondern von meinem Zwillingsbruder und mir." „Donnerwetter", sage ich, „dann kenne ich Sie ja schon seit vor dem Krieg." Und nun rücken wir aufeinander zu und erwärmen uns an einem immer lebhafter werdenden Gespräch: Geboren 1918 in der Niederlausitz, der Zwillingsbruder kurz vor dem Kriegsausbruch bei der Wehrmacht tödlich verunglückt, er selbst Soldat bis nach Kurland hinein (ich auch!) und mit einem der letzten Schiffe der Kriegsmarine herausgekommen und hier in der Gegend an Land gesetzt. Unterkunft beim Leuchtturmwärter des Leuchtfeuers Neuland, etwa eineinhalb Stunden nördlich von hier. Ich berichte von mir, von meiner Herkunft und den Jahren an der Front, sowie meiner Arbeit in der Gruppe Wieman. Nach kurzer Zeit weiß jeder, wen er vor sich hat und freut sich über die unverhoffte

Begegnung. Pläne? „Mensch, besuchen Sie mich doch mal! dann können wir darüber sprechen. Für heute Tschüs! Ich muß los, sonst krieg ich meine Fahrgelegenheit nicht!" Durch das Fenster sehe ich ihn um die Ecke Richtung Markt verschwinden. Ich bin traurig, daß unser Gespräch so kurz war, und froh, einem außerordentlichen Menschen begegnet zu sein.

Notwendiger Einschub: In der Tat machte ich mich ein gutes Jahr später von Lütjenburg aus auf den Weg nach Behrensdorf und zum Leuchtfeuer Neuland. Kein Kohldampf konnte mich davon abhalten, mit Horst Mönnich das begonnene Gespräch fortzusetzen. Die Schönheit der Landschaft mit dem Blick von Stöfs auf den großen Binnensee und die offene See gab mir zudem Schwung, die erforderlichen Kilometer Schotterweg hinter mich zu bringen. Ähnlich strapaziös war für Mönnich der erste Besuch in Heiligenhafen, wo noch im gleichen Jahr die „Heiligenhafener Kulturtage 1947", erdacht und vorbereitet von mir unter Mithilfe von Johnny und Mönnich, stattfanden. Sie wurden trotz flammender Appelle und trotz vielbeachteter Veranstaltungen, darunter einer Ausstellung des Lütjenburger Malers Willy Knoop, nicht wiederholt –, bis heute nicht.

Der Wohlstand begann auszubrechen: Wir konnten uns in Mönnichs VW eine Fahrt nach Fehmarn leisten, das wir beide lieben.

Dann kamen Bücher und Hörspiele, die ihren Autor zu Namen brachten: „Das Land ohne Träume", „Der vierte Platz", „Die Einreisegenehmigung". Was mich immer von neuem anrührte und erschütterte, das ist das beständige Mitleiden mit unserem geteilten Land und den Menschen hüben und drüben sowie die unbedingte Ehrlichkeit in der Deutung ihrer Schicksale.

Das letzte Treffen fand zwanzig Jahre nach dem ersten statt. Wir stellten die gleichen Auffassungen zum Zeitgeschehen fest und waren uns einig über die Aufgabe der Künste in dieser Zeit. Worin wir uns seltsamerweise unterschieden, überraschte uns selbst: Mönnich hatte seine Liebe zu Süddeutschland entdeckt, wohin er verzogen war, ich war froh, hier im Norden zu leben. Bin so froh, daß ich mich deshalb als Kriegsgewinnler fühle!

Mein Beharrungsvermögen sollte nicht unbelohnt bleiben: Ich wurde zum Mittagessen eingeladen und bin glücklich, mich endlich mal wieder sattessen zu können. Nicht lange danach soll der Bus gehen, mit dem wir zurückwollen. Aber irgendetwas Geschäftliches kommt Johnny unvermutet dazwischen oder irgendetwas klappt nicht so, wie es soll, — jedenfalls können wir den vorgesehenen Bus nicht nehmen. Mir ist das eigentlich gar nicht recht, denn seit Mönnich gegangen ist, beginnt das alles hier langweilig zu werden. Aber Johnny zuliebe bleibe ich, zumal er ganz sicher ist, daß in ein paar Stunden wieder ein Bus geht. Und den wollen wir nehmen! Gut —, dann machen wir das so!

Der Nachmittag schleppt sich hin mit Dröseln, nichtssagenden Redereien und gelegentlichem Lesen. So fällt es Johnny und mir nicht schwer — ich habe ein Paket Schreibpapier unterm Arm —, überpünktlich an der Bushaltestelle zu sein. Da stehen wir und stehen immer noch, bei zunehmendem Hunger und schneidender Kälte, aber ein Bus kommt nicht. Vermutlich hat er nur eine Reifenpanne oder einen geringfügigen Motorschaden, Pannen, mit denen heutzutage jeder rechnen muß. Wir sprechen uns Mut zum Ausharren zu und stehen; nein —, stehen eigentlich nicht mehr, sondern schlagen uns die Hände und trampeln uns die Füße warm. Am Fahrplan ist nicht genau auszumachen, ob oder ob nicht. So warten wir weiter. Warten über eine halbe Stunde, bis aus der Dunkelheit eine Stimme sich vernehmen läßt, daß der Abendbus sonnabends nicht fährt! Wie üblich in solchen Situationen zischelt Johnny in heilloser Wut erst mal: „Verfluchte Scheiße!" Dann versuchen wir vernünftig zu sein, wägen alle Für und Wider ab und ringen uns zu dem Entschluß durch, zu Fuß zu gehen. Mein in letzter Minute noch vorgebrachter Einwand, daß wir, wohlgemerkt ohne einen Kanten Brot in der Tasche und ohne Rastmöglichkeit, erst nach frühestens fünf bis sechs Stunden Marsch in Heiligenhafen sein können, macht auf Johnny keinen Eindruck mehr. Der hat schon auf stur geschaltet, und so gehen wir los und beginnen ein Unternehmen, das mich an schlimme Zeiten im Osten denken läßt!

Zwischen Futterkamp und Kaköhl überholt uns ein LKW der Tommies. Sie sind die einzigen, die auf dieser Straße außer uns unterwegs sind. So setzen wir einen Fuß vor den anderen, ich das Paket unterm Arm, Johnny seinen Wäschebeutel an der Hand, und werden immer müder und immer hungriger und durstiger. Aber weiter, immer weiter und mechanisch links-rechts, wie in fünf Jahren gelernt! Als wir die Höhe erreicht haben, auf der Kaköhl liegt, machen wir Pause. Johnny kommt dabei auf die Idee, nach rechts dem Schild zu folgen, das zum Polizeiposten weist. Der ist tatsächlich noch wach und sitzt in einer gemütlich warmen Stube, in der ich nach wenigen Augenblicken einschlafe.

Wie ich wach werde, vermutlich schon nach kurzer Zeit, ist es nichts mit der Möglichkeit, daß vielleicht ein Polizeifahrzeug zufällig in Richtung Oldenburg führe und uns mitnehmen könne, und es ist auch nichts mit Übernachten hier. Der Polizist hat Johnnys Bitte mit dienstlichem Unterton abgelehnt. Da hilft nun alles nichts; wir müssen weiter! „Gute Nacht!" „Wiedersehn!" Und schon sind wir wieder draußen und schwanken nach kurzer Zeit nur noch von Chausseebaum zu Chausseebaum.

In diesem kläglichen Zustand erreichen wir Döhnsdorf. Für mich steht fest, daß hier etwas geschehen muß, was uns von unserem einfach nicht zu bewältigenden Nachtmarsch abbringt. Wir machen Rast vor einem Haus, das direkt an der Straße liegt und in dem Licht brennt. Erst muffeln wir uns an mit „Blödsinn", „Scheiße", „völlig bekloppt" und „wie kann man bloß", dann rauchen wir gemeinsam eine feine Tommy und dann dämmert's uns ganz langsam. Es bedarf keiner langen Erörterungen mehr, bis wir uns darin einig sind, daß wir hier ein Telefon finden müssen, damit wir Frau v. B., dem Engel des „Sternsingerspiels", unsere Notlage schildern und sie um ein Nachtquartier bitten können. Aber so spät, jetzt um 22.oo Uhr? „Nu is mir alles ejal", sagt Johnny, macht kehrt, geht einige Stufen hoch, drückt auf die Klinke und steht — in der Gaststube des Dorfkrugs, wovon wir keine Ahnung gehabt hatten. Die Wirtin ist freundlich und läßt uns sogleich telefonieren. Ganz wohl ist uns dabei zwar nicht, aber es gibt keine andere Möglichkeit, als das Gespräch zu wagen. Tatsächlich ist der „Weihnachtsengel" noch wach! Frau v. B. erbarmt sich unser sofort und spricht uns Mut zu, die letzte Strecke vom Dorf bis zu ihr noch zu bewältigen. Sie werde inzwischen für fertige Betten sorgen.

Wir setzen uns einen Augenblick und schlürfen ein undefinierbares Getränk, das uns die Wirtin gebracht hat. Dann wieder raus in die Nacht und in die beißende Kälte und links-rechts, links-rechts am Straßenrand entlang bis zur Abzweigung links. Dann den Schotterweg entlang, der direkt an die See führt, dann rechts abbiegt und links an Weißenhaus vorbeigeht, die Schleuse passiert und uns gleich danach zum Broek bringt. Wir sehen Licht, machen uns bemerkbar und werden eingelassen. Ich kann gerade noch ein paar Worte der Entschuldigung und des Dankes finden, dann sacke ich auf dem nächsten Stuhl zusammen. Frau v. B. begreift sofort, daß ich nichts weiter brauche als ein Bett. So führt sie mich nach oben in einen Raum, in dem zwei Betten stehen, Betten mit Matratzen, mit weißem Bettzeug und Messinggestänge an Kopf- und Fußende —, welche Pracht! Womit haben wir diesen Luxus verdient? „Gute Nacht!" Ich ziehe die Stiefel aus, schmeiße die Klamotten auf die Erde und falle total übermüdet ins Bett. Nein —, das tu ich nicht! Ich habe mich noch so weit in der Gewalt, daß ich mich in aller Form zu Bett begebe, so wie es die gute Sitte hier in diesem Hause erheischt. Ja, das tu ich. Und dann Licht aus und Augen zu für den verschärften Feldschlaf alter Art, so sehr, daß ein Auge das andere nicht mehr sieht.

17.2.

Wie ich die Augen aufschlage, sehe ich Johnny vor mir stehen, d. h. ich sehe ihn eigentlich gar nicht, sondern vermute nur, daß er es ist. Zum Sehen oder gar Erkennen bin ich noch nicht fähig. „Na, Mensch wat is nu? Los, los! Steh endlich auf! Wie oft soll ick Dir denn noch wecken? !", und was weiß ich, was er noch von sich gibt, um mich wachzukriegen. Ich kann zunächst gar nichts begreifen, weder davon, was gestern war, noch wo ich jetzt bin, noch wie das mit uns weitergehen soll. „Mensch, nu mach schon! Wir wolln doch losfahren, nach Heiligenhafen, verstehste? " Ja, ich beginne zu verstehen und komme mit Mühe, aber dennoch aus dem Bett. Was —, um Elf ist es schon? Meine Güte —, dann bin ich sicher der letzte, der aufgestanden ist! Los —, antreten zur Schnellwäsche, anziehen, Bettdecke zurück, Fenster auf und runter ins Erdgeschoß, um erst mal eine Entschuldigung bei Frau v. B. loszuwerden. Aber weder sie noch Johnny sind im Haus zu finden. Dafür entdecke ich beide draußen im Hof bei einer Kalesche, die offenbar abfahrtbereit ist. Da erinnere ich mich dunkel an eine Äußerung von gestern abend, derzufolge Frau v. B. heute nach Heiligenhafen fahren muß und uns mitnehmen will. Ich trete hinzu und stammele eine Entschuldigung, die mir lächelnd abgenommen wird, allerdings mit der Bemerkung, daß das Frühstück längst gewesen sei und ich nun aus Zeitgründen nichts mehr bekommen könne.

Ich habe auch gar keine Zeit über Kohldampf und Durst nachzudenken, denn wir steigen schon ein und fahren nach rechts aus dem Hof hinaus, also nach Heiligenhafen zu, wo Frau v. B. mit dem Fürsten und der Fürstin verabredet ist. Zunächst geht es durch ein offenstehendes Tor auf den Panzerschießplatz Putlos, wie er sich nach dem Hof nennt, der früher hier bewirtschaftet wurde. Die alte Poststraße, auf der wir dann, teils Schritt, teils Trab, dahinfahren, führt hinauf auf den Wienberg und gibt den Blick frei auf die See nach links und weit ins Land hinein nach rechts. Sie bleibt wie bisher immer unter der Küste, bis wir über Georgenhof, Wandelwitz, Johannisthal von Westen her unsere Behausung in Baracke 7 erreichen. Beim Absteigen spüren wir unangenehmer als zuvor, wie durchgefroren wir sind. Mir setzen Durst und Hunger zudem so zu, daß ich mich erbärmlich fühle. Es sind rund vierundzwanzig Stunden vergangen, seit ich etwas gegessen und getrunken habe! Der Gaul wird ausgespannt und bekommt Futter vorgelegt, wohlgemerkt vor den Menschen, wie ich das von der Bauernartillerie ja nicht anders gewöhnt bin, und wir gehen in die Barackenstuben, Johnny mit Frau v. B. zu Ruth, ich in meine Stube. Während ich den Ofen anheize, verdrücke ich einen Kanten Brot und trinke einen Becher kalten Muckefuck, der gestern übriggeblieben ist. Dann falle ich auf den Strohsack, denke eine Sekunde noch an das Prunkbett der letzten Nacht und sinke in tiefen Schlaf. Es gibt keine bessere Möglichkeit, den Sonntag herumzukriegen, als ihn planmäßig zu verpennen.

20.2.

Das Streichquartett ist gleichfalls den Entlassungen zum Opfer gefallen. Was mir besonders leidtut, das ist der Abschied vom Leutnant. Er ist nicht zu bewegen hierzubleiben, auch eine Andeutung in Richtung auf „Worpshafen" macht keinen Eindruck auf ihn. Er muß hinaus in die in Trümmern liegende Welt, um zu studieren, denn außer dem Soldatenhandwerk hat er nichts gelernt. Was er hier zurückläßt, ist nicht nur die Lücke im Streichquartett des Kapitäns, die sich so bald nicht wieder wird schließen lassen, sondern auch die Lücke in der Betreuungsarbeit des Lazaretts, die schon lange ausstrahlt auf die interessierten Kreise in der Stadt, vor allem dann, wenn es sich um eine Lesung von M. W. oder einen Klavierabend von Marie-Luise Claudius, der Tochter des Dichters Hermann Claudius, handelt. — Der Abschied ist nicht leicht, zumal ich das Gefühl habe, hier wird eine sich anbahnende Freundschaft jäh abgebrochen. Wir versichern einander ein Wiedersehen, wenn die Zeiten besser geworden sind. Dazu wird es nicht kommen. Ich sollte den Weg nur aus der Ferne verfolgen: Aus dem Leutnant von einst ist der Dozent für Musik und Professor an einer norddeutschen Hochschule geworden, dessen Name weithin einen guten Klang hat.

Seine Nachfolge in der Betreuungsarbeit tritt ein Hauptmann, ehemals Schulrat in Magdeburg, an. Als Handpuppenspieler aus Leidenschaft ist er viel unterwegs. Mit seinem „Rucksacktheater", wie er es nennt, wird er bei Zivilisten und Landsern, soweit sie noch im Kral sind, vor allem aber bei Kindern bald zu einem Begriff, immer willkommen in den Dörfern Ostholsteins.

Durch mancherlei Veränderungen hat der Kapitän keine Bleibe mehr. Da in unserer Baracke Stuben frei geworden sind, nehmen wir ihn auf, und er wohnt fortan bei uns. Ihm fällt mit Selbstverständlichkeit die Rolle des Barackenältesten zu, wegen seiner untadeligen Haltung respektiert von uns allen, die wir wesentlich jünger sind als er. Seine Liebe zur Musik und zur Kammermusik im besonderen, ist unverändert stark. Sie wird weiterleben in seinem Sohn aus zweiter Ehe, der sich zur Elite hinaufarbeiten sollte, und viele Jahre später wird zu lesen sein, daß er über eine phänomenale Begabung verfügt.

26.2.

Der im Spätherbst in der Gruppe Wieman die Organisation übernommen hat, stammt aus Hamburg, ist blond und schätzungsweise 1,90 groß. Sein Dienstgrad ist der eines Leutnants. Er gibt sich meist bieder und verfügt über Humor, ein Umstand, der ihm viele Sympathien sichert. Zu stark werden sie allerdings nicht, denn jeder, der Umgang mit dem Leutnant hat, spürt beizeiten, daß er sich nur bis zu einem gewissen Grad öffnet. Was dahinter liegt, bleibt zwielichtig bis unergründlich. Lassen wir aber die menschlichen Dinge beiseite, ist festzustellen, daß wir mit seinen organisatorischen Maßnahmen sehr zufrieden waren. Bei den Chorfahrten durch den Kral ist jedenfalls nicht eine Panne passiert, die ihm anzulasten gewesen wäre.

Nun, nachdem die Gruppe Wieman nicht mehr existiert, jedenfalls nicht mehr als aktive Gemeinschaft, hat der Leutnant sich auf ein ziviles Unternehmen umgestellt: Er hat sich ein Zimmer ergattert und ist Chef einer Agentur, die Theater- und Konzertveranstaltungen vermittelt. Oder sagen wir, er ist Chef einer selbstgegründeten Gastspieldirektion. Hans A. — ihm bleibt z. Zt. keine andere Wahl — ist als Bürovorsteher engagiert, und ein abgetakelter Obergefreiter ist Saaldiener und Platzanweiser im benachbarten Kursaal.

Theater, Varietés, Kapellen und alles, was sich sonst noch auf den Brettern, die . . ., weniger sehen und hören lassen kann, als möchte, gibt es nun im Lande mehr als genug. Was in der Branche heutzutage gängig ist, was Zugkraft erhoffen läßt, das bringt die Gastspieldirektion hierher nach Heiligenhafen, teils von weit her, teils nur aus geringer Entfernung. In Neustadt hat sich ein Theater etabliert, das sich der mehr oder weniger gehobenen Unterhaltung verschrieben hat, also von der bewährt dahinplätschernden Operette bis zum Volks- und Schauerstück reicht. Aus Eutin kommt eine „Bunte Bühne", die den Namen mit dem größten Sohn der Stadt gemein hat. Daß dem so ist, halte ich aber für rein zufällig. Ein tieferer Zusammenhang ist da nicht erkennbar. Wir − das sind die noch Verbliebenen unserer Gruppe − haben eine Vorstellung erlebt, die sich als herrlichstes Klamottentheater und als zünftige Schmiere entpuppte. Sie versetzte uns in eine solche Hochstimmung, daß wir uns ernstlich vornahmen, in Wort, Spiel und Musik eine Parodie auf diese Art von „Bühnenkunst" zu verfassen. Der Weggang der anderen hat diesen Plan leider nicht zur Ausführung kommen lassen; − ewig schade, denn niemand wäre dafür geeigneter gewesen als Fritz.

5.3.

Alle Vorbereitungen sind abgeschlossen. Wir haben noch einmal alles besprochen: Das Hinterzimmer im „Holsteinischen Haus" wird unser Probenlokal werden. Ich habe alte Freunde, die überlebt haben, um Chornoten angebettelt, die sogar so rechtzeitig, z. T. aus Leipzig, eintrafen, daß noch Chorstimmen ausgeschrieben werden konnten. Erich W. und Kurt waren dabei unermüdliche Helfer. Johnny hat ein schönes Plakat geschaffen, das in einer Auflage von etwa zwanzig Stück in der Stadt aushängt. Es zeigt zum ersten Mal unser Signum: Den niederdeutschen Treppengiebel, wie er charakteristisch für die hiesige Kirche ist, umgeben von dem kreisrund gesetzten Namen unseres Chores: „Der Singkreis Heiligenhafen". Aus Schaufensterscheiben, hinter denen entweder gar nichts mehr liegt oder hinter denen sich eine höchst dürftige Auslage darbietet oder aber − bei den sogenannten Tauschzentralen ist das auf eine geradezu erheiternde Art der Fall −, hinter denen sich ein

wüstes, völlig überladenes Sammelsurium aller nur möglichen Gegenstände hoch gestapelt zeigt, werden die Ein-
wohner der Stadt aufgerufen, Mitglied des Chores zu werden, entweder aktiv mitzusingen oder passiv unsere Arbeit
zu fördern.

Ich habe mir ein Programm für die erste Probe zurecht-
gelegt, das zumeist aus Sätzen alter Meister besteht. Heute
am ersten Anfang kann nur etwas gut sein, was sich jeder
Kritik entzieht und somit die Hingabe jedes einzelnen er-
weckt. Für den Schluß ist das „Innsbruck-Lied" vorgesehen,
weil wir, abgesehen von den Einheimischen, allesamt in
fremden Landen sind, in der damaligen und der anderen
heutigen Bedeutung „im Elend". Die musikalische Vorbereitung des Abends nimmt mich stark in Anspruch, denn
meine Erfahrung auf diesem Gebiet ist recht gering. In Leipzig stand das Orchesterdirigieren an erster Stelle, die Chor-
leitung an zweiter. So waren mir Werke von Haydn oder
Brahms geläufiger, als Chorwerke von Isaac oder Schütz, so
oft ich auch neben dem Mitsingen in der Hochschulkantorei
den Thomanern zugehört hatte. In den Jahren nach dem
Studium erweiterten sich meine Kenntnisse nicht nur auf
dem Gebiet der Oper, sondern auch auf dem der Operette,
dies allerdings sehr gegen meinen Willen. Froh jedoch konnte ich sein, auf dem Gebiet des Balletts und der Schauspielmusik hinzugelernt zu haben. Was das gemeinsame Singen
mit Laien anging, so hatte ich im vergangenen Jahr mehr
gelernt, als ich erhoffen durfte. Davor jedoch war ich damit
immer zu kurz gekommen. Oder soll ich die drei Offenen
Singstunden anführen, die ich in vier Jahren irgendwo hinter der Front durchführen durfte, weil den Vorgesetzten für
den Dienstplan gerade nichts Besseres einfiel, zuletzt im
Januar 45 mit dem Durchhaltelied „In Kurland im Nordosten steht die eiserne Wacht"? Nein —, für heute blieb es
bei den Kenntnissen, die ich in Leipzig erworben hatte.

Lampenfieber hat mich selten heimgesucht. Nun muß
ich mir allerdings eingestehen, daß ich welches habe. Und es
nimmt zu, je näher der Abend kommt. Etwa eine Viertel-
stunde vor der festgesetzten Zeit bin ich im „Holsteinischen
Haus". Auf dem Weg dorthin habe ich genug Zeit, mir meinen Neuanfang nach einer Unterbrechung von fast fünf Jahren auszumalen. Vieles kommt mir in den Sinn, was auf
einsamen Funkwachen oder langen Märschen immer wieder
durchdacht worden ist, daß es nämlich unumgänglich notwendig sein wird, sich nach dem Krieg der Laien anzuneh-
men, die aufgrund ihrer Veranlagung ebenso behutsam wie

zielstrebig in die Musik eingeführt und in ihr unterwiesen werden sollten, und daß diese Erziehung auf möglichst breiter Basis gerade jetzt nach dem totalen Zusammenbruch wichtiger ist, als ein Musikleben überalterter Prägung von neuem zu kultivieren. So bin ich sicher, heute zu meinem kleinen Teil mit einem kleinen Kreis Gleichgesinnter zum Neubau beizutragen. Und damit weicht das Lampenfieber auf der letzten Strecke meines Weges einer freudigen Erregung.

Sie wird jäh gedämpft, als ich das Haus betreten habe und lediglich einige wenige aus dem Wieman-Chor antreffe. Doch dann ab 20.oo Uhr kommen andere und vor allem neue hinzu. Wir machen uns miteinander bekannt und können nach etwa einer halben Stunde, als die Eintragungsliste umgegangen ist, feststellen, daß außer Schleswig-Holstein die meisten Landschaften Mitteldeutschlands, alle Gebiete des deutschen Ostens und sogar einige volksdeutsche Gebiete in den hier Zusammengekommenen vertreten sind. Ich sage, was notwendigerweise zu sagen ist, und erspare mir und den anderen jedes überflüssige Wort. Schließlich sind wir ja zum Singen zusammengekommen! Wir beginnen sogleich mit „Viva la musica!", um den ersten Versuch zu machen, uns zusammenzusingen. Nein −, schön klingt das gewiß nicht, aber es ist der erste Anfang, und er macht Freude, wie ich den Gesichtern ablesen kann. Wir nehmen uns dann ein Madrigal vor und empfinden nun schon richtigen Spaß am gemeinsamen Tun. Diejenigen, die bereits Erfahrung im Chorsingen haben − sogar Blattsänger sind dazwischen! −, nehmen die anderen, die wenig Erfahrenen oder die Neulinge, mit und helfen auf diese Weise, aus den Versammelten und sich Mühenden einen Chor zu machen, heute und in den folgenden Proben, von denen jede Woche eine stattfinden soll. Nach der Pause, die Fragen und Antworten und den ersten Gesprächen miteinander gilt, ersingen wir noch das „Innsbruck-Lied", sozusagen unser erstes „Repertoire-Stück". Und dann ist die Probe zu Ende. Wir haben sicher keinen Grund, auf irgendetwas stolz zu sein, aber wir haben Grund genug, von diesem ersten gemeinsamen Singen nicht so sehr aus musikalischen, sondern vielmehr aus menschlichen Gründen im Inneren angerührt zu sein.

Die meisten bleiben bis zur Marktecke am Thulboden beisammen. Die im letzten Jahr mit mir gesungen haben, äußern unverhohlen ihre Freude über den Neuanfang heute abend. Die Neuen halten sich meist zurück, versichern aber

wiederzukommen. Unter ihnen fällt mir ein etwa Gleich-
altriger auf, um den eine abgetakelte Marineuniform schlot-
tert, die ihm einmal gut gesessen hat, damals, als er noch
„bei Figur" war. Seine Äußerungen, die er jetzt tut, lassen
erkennen, daß er heute abend Feuer gefangen hat und alles
tun möchte, was dem neuen Unternehmen voranhilft. „Wir
müssen uns gründlich aussprechen", meint er. „Noch vor
der nächsten Probe komme ich Sie besuchen. Baracke 7,
hörte ich. Ist das richtig? " „Ja, das ist richtig." „Auf bald
denn. Gute Nacht". „Gute Nacht". Langsam am Stock
gehend, verschwindet er in der Dunkelheit.

Wie wir uns verabschieden bzw. den gemeinsamen Heim-
weg antreten wollen, ertönt von irgendwoher aus der Höhe,
nicht weit von uns, eine Glocke. Nein —, vom Kirchturm
kommt der Ton nicht; sein Geläut klingt anders. Ehe ich
mich besinnen und fragen kann, sagt Lore — sie ist in der
Mühlenstraße in nächster Nähe unseres Probenlokals zu
Hause — wie zur Erklärung: „De Kökschenklock. Wi möt
no Hus!" „Was sagst Du da? ", frage ich verdutzt, denn ich
habe auch nach einem Dreivierteljahr noch erhebliche
Schwierigkeiten mit der plattdeutschen Sprache. „De
Köksch, das ist die Köchin. Und die Glocke ruft die
Köchinnen, daß sie abends rechtzeitig wieder im Hause
sind, wenn sie Ausgang gehabt haben." „Danke Dir", sage
ich und bin froh, nun Bescheid zu wissen über eine origi-
nelle Einrichtung, die ich weder davor in einer Kleinstadt
kennengelernt hatte, noch später kennenlernen sollte.

Jeder sucht in der Dunkelheit des anderen Hand zum
Verabschieden. Dann gehen wir, diejenigen, die im Barackenlager hausen, fast in Straßenbreite und guter Dinge,
bis wir uns auf dem Platz zwischen den Baracken endgültig
„Gute Nacht" wünschen, und alle ihren Stuben zugehen.

Ich muß mir aus einigen Kippen noch eine Pfeife stopfen. Dann sitze ich eine Weile und bin mit meinen Gedanken bei dem, was heute gewesen ist. Ich konnte nicht ahnen, daß ein Tag zu Ende ging, der noch viele Jahre für
meine weitere Entwicklung von Bedeutung bleiben sollte.

11.3.

Es klopft und herein tritt der neue Sänger, der seinen Besuch angekündigt hatte und nun die Gelegenheit zu einem
ausgiebigen Gespräch sucht. Er nennt noch einmal seinen
Namen und setzt sich auf den zweiten Stuhl, den ich hier in

meiner Stube habe. Wir sitzen uns am Tisch schräg gegenüber, nicht zu weit vom Ofen, denn draußen ist es noch
kalt. Und nun beginnt, erst unsicher und stockend, dann
immer fließender, unser Gespräch: Ich denke, es ist am
besten, zunächst kurz und knapp von sich zu berichten,
damit der andere Bescheid weiß. Als ich geendet habe, beginnt mein Gegenüber: Geboren im östlichsten Hinter-
pommern; Studium der Naturwissenschaften in Greifswald;
Studienrat, in den letzten Jahren bei der Kriegsmarine, die
ihn hierher kommandiert hatte, wo ihn der Zusammenbruch überraschte. Seine Frau stammt aus Masuren. Sie haben drei Kinder. Die Familie ist auch hier in Heiligenhafen.
Sie verbrachten den letzten Sommer zwar in bitterster
Armut, blieben aber vor unliebsamen Überraschungen, wie
sie in diesen Zeiten an der Tagesordnung waren, verschont.
Bis den Besatzern der idiotische Gedanke kam, alles, was
„Rat" war, einzusperren und auf unbegrenzte Zeit schmo-
ren zu lassen. Selbstverständlich waren auch alle Studien-
räte ohne Ansehen der Person Handlanger der Gestrigen
gewesen. Sie mußten daher in Lager gebracht, bestraft und
auf besondere Weise umerzogen werden. Aus dem Bericht
geht eindeutig hervor, daß mein Gegenüber gefährlich unter-
ernährt und krank nach Heiligenhafen zurückgekommen ist,
als er im Spätherbst aus dem Lager entlassen worden war; —
besonders schlimm für einen Mann, der aufgrund seiner Veranlagung den Freuden guten Essens und Trinkens besonders
zugetan war.
Je mehr wir uns gegenseitig erwärmen, umso mehr wendet sich unser Gespräch von der Vergangenheit ab und der
künftigen Arbeit im Singkreis zu: Wir halten die Grund-
konzeption durchaus für richtig, möchten aber den Singkreis nicht nur als Chor verstanden wissen, sondern als musikalische Institution schlechthin. Das bedeutet, daß er auch
für meinen aufzunehmenden Privatmusikunterricht zuständig sein und auch als Veranstalter dann in Erscheinung treten soll, wenn er selbst nicht auftritt. Unser beider Gedanken ergänzen sich auf überraschende Weise. Wir entzünden
uns so sehr aneinander, daß wir, als es zu dämmern beginnt,
das Gespräch für heute nur ungern beenden. Ich bin sehr
froh über den heutigen Nachmittag und bringe meinen Besucher noch ein gutes Stück den Lütjenburger Weg hinab.
Nachschrift: Wir sind so verfahren. Außer den Veranstaltungen, die der „Singkreis Heiligenhafen" selbst bestritt, fanden zahlreiche andere statt, in denen er lediglich als Veranstalter fungierte. Diese Funktion bewährte sich besonders

im Winter 1947/48, als vier „Meisterkonzerte" mit namhaften auswärtigen Kräften durchgeführt wurden. Im gleichen Winter kam es zu einer fruchtbaren, leider nur einmaligen Zusammenarbeit zwischen der Gruppe Friedrich und dem Singkreis: Wir erarbeiteten das „Christgeburtspiel" mit der Musik von Ludwig Weber und führten es mehrere Male in der Kirche zu Heiligenhafen auf.

Heinz blieb mein Freund, auch trotz gelegentlich auftretender Entfremdungen. Er reiste, oft auf geradezu abenteuerliche Weise, mit zu den Singwochen oder Wochenendsingen, die ich ab Sommer 1947 leitete; er gehörte dem „Jungen Chor Schleswig-Holstein" an, und schließlich wurde ich sein Kollege am Gymnasium. Wir erinnerten uns später noch oft an den Beginn unserer Freundschaft, an die Not und auch an seinen vorzüglichen Tabak, Marke Eigenbau, von dem er mir gelegentlich welchen schenkte. Er hieß nicht einfach „Siedlerstolz", sondern „Postlandperle", weil der Züchter samt Familie in der Postlandstraße ein Unterkommen gefunden hatte. „Postlandperle" —, das Gütezeichen für einen Pfeifentabak, der auch verwöhntesten Ansprüchen gerecht wird!

Als ich ihn das letzte Mal sah, war aus dem gebrechlichen aber energisch in die Zukunft strebenden Mann von 1946, aus dem lebensfrohen, dem Heute hingegebenen Mann der fünfziger Jahre ein vorzeitig Gealteter geworden, der, wie er selbst sagte, nur noch aus der Erinnerung lebte. Kurze Zeit danach mußte er die Welt, die er so liebte, vor der Zeit verlassen.

20.3.

Nicht nur mir ist klar, daß ich von irgendetwas leben muß, soll die so verheißungsvoll begonnene Arbeit weitergeführt werden. Das Geld, das ich noch besitze, wird bald ausgegeben sein. Und dann? Ja, dann, so meint man im Singkreis, dann müssen wir mithelfen. Gut —, ich bekomme ein Honorar für die Chorarbeit. Da das naturgemäß nicht hoch sein kann, biete ich Privatstunden an, die ich zu geben bereit bin, für Singkreismitglieder selbstverständlich zum Vorzugspreis. In kurzer Zeit habe ich rund zehn Privatschüler, die wesentlich mithelfen, mich über Wasser zu halten. Allerdings mache ich mir nichts vor: Ein Teil von ihnen bringt keine andere Voraussetzung mit, als die gute Absicht, mir zu helfen. Sie werden, so muß ich befürchten, bald wieder abspringen, wenn sie erst merken, daß sie auch geringen Anforderungen nicht werden folgen können.

Zufällig komme ich über dieses entscheidende und noch nicht geklärte Thema in ein Gespräch mit dem ehemaligen Leutnant und jetzigen „Gastspieldirektor". Er ist nicht abgeneigt, mir zu seinem Teil zu helfen, wenn er dafür damit rechnen kann, daß er irgendwann auch den Singkreis durch seine Agentur mal „verkaufen" darf. Das sage ich ihm zu, ohne in Gedanken freilich große Eile zu entwickeln. Ich weiß nicht, wie das gehandhabt worden ist und wie er das nun zu erklären versucht: Jedenfalls verwaltet er im Einverständnis mit M. W. als letzter Impresario der Gruppe Wieman die nicht unerheblichen Gelder, die wir „eingespielt" haben. Das betrifft vor allem die Spielgemeinschaft des „Sternsingerspiels" sowie die Musikabende, die der Wieman-Chor durchgeführt hat. Also ist auch von mir erbrachtes Geld in der Summe — er nennt sie immer noch nicht, und ich werde sie auch nie erfahren! — enthalten. Der „Gastspieldirektor" entscheidet, daß er mir monatlich einen Betrag zur Verfügung stellen könne, denn die Gruppe Wieman existiere ohnehin nicht mehr, und ich sei ja der einzige, der in ihrem Sinne weiterzuarbeiten beabsichtige. „Vielen Dank erst mal". „Ja bitte, gerne und Tschüs!" „Wiedersehn!"

Und ich nehme die nächste Gelegenheit wahr, Johnny um Rat zu fragen. Der meint, daß mein Anteil an der Gesamtsumme bestimmt groß genug sei und daß ich geprügelt werden müßte, wenn ich dem Angebot nicht folgen würde. — Also komme ich der Aufforderung nach und setze meinen Namen unter ein Schriftstück, das mir monatliche „Sicherheit" gewährt. Nehme ich alles zusammen, was sich mir nun bietet, komme ich auf etwa RM 200,— im Monat. Das ist wenig genug, aber ich muß damit den Anfang wagen.

26.3.

In einem Brief aus Plauen schreibt Lis, daß es ihr und den Kindern den miserablen Umständen entsprechend leidlich gut geht. Mein Vater kann sich noch selbst helfen. Er versucht auf seine Weise, durch die Not hindurchzukommen: Freundinnen meiner eingesperrten Mutter helfen ihm mit Wäschewaschen und einer gelegentlichen Suppe. Er selbst bringt sich jeden Tag von seiner alten Firma in der Aktentasche etwa zwei Briketts mit. Und mit seiner Brotration ist er äußerst gewissenhaft. Nadeln mit bunten Köpfen im Brotlaib zeigen ihm heute an, wieviel er morgen und übermorgen verbrauchen darf. Mein Schwiegervater dagegen ist seelisch und körperlich zum Wrack geworden. Er liegt seit Wochen im Bett und wird noch Monate darin liegen, ehe er, abgemagert zum Skelett, diese schnöde Welt verlassen darf.

Lis hat sich dort nach allem erkundigt, was sie für die Übersiedlung nach hier wissen muß. Sie hat noch zu nähen und zu ordnen, auch Holz aus den Trümmerbergen auf Vorrat zu hacken, aber dann wird sie mit den Kindern die große Reise antreten. Sie schreibt, daß es wohl im Mai so weit sein wird. Bis dahin bittet sie noch um Geduld und Verständnis dafür, daß sie daheim alles ordentlich zurücklassen muß.

In der Baracke 7 sind noch Stuben frei. Ich muß nun alles daransetzen, daß zwei davon frei bleiben, bis die Familie kommt. Schlafen, Wohnen, Kochen und vor allem der Privatmusikunterricht können sich nicht in zu beengten Verhältnissen abspielen. Besonders muß ich vor den Kommissionen auf der Hut sein, die von Zeit zu Zeit durch die Baracken gehen. Sie bestehen aus Vertretern der Stadt und der Lagerleitung und geben vor, mit den bescheidensten Mitteln, versteht sich, aber immerhin, Gutes tun zu wollen. In Wirklichkeit dringen sie ungebeten in die Elendsstuben ein und glotzen ihre Bewohner an wie ein Bauer, der im Zoo zum ersten Mal ein Zebra sieht. Dann legen sie es darauf an, noch ein paar Menschen mehr zusammenzupferchen als bisher. Und sie legen es darauf an, hier einen Stuhl und dort einen Spind als überzählig anzusehen und ein paar Tage später ohne Rücksicht auf begründeten Widerspruch abholen zu lassen. In mondlosen Nächten fährt dann ein Fuhrwerk die Stücke, meist von einem Helfershelfer umgearbeitet (er hat immer gut zu tun und zu leben!), davon. Mehl oder Grütze oder Kartoffeln, die dafür von draußen kommen, werden freilich nicht im Lager abgeliefert. Jedenfalls habe ich das nie bemerkt.

3.4.

Sobald es die Witterung zuläßt — der Winter, streng und lang, erschien in dieser Zeit ewigen Hungerns und Frierens kälter, als er tatsächlich war —, sobald es also möglich ist, sieht man häufig eine lange hagere Gestalt auf einem alten irgendwoher besorgten Fahrrad über Land radeln, einen Mantel gegen Wind und Wetter sowie eine Aktentasche auf dem Gepäckträger festgeschnallt. Es ist Eckart v. Naso, vor dem Krieg und bis in den Krieg hinein Chefdramaturg in Berlin. Doch nicht diese Tätigkeit hat ihn weithin bekanntgemacht, sondern seine schriftstellerische Arbeit. Hier ist vor allem sein „Seydlitz"-Roman mit einer besonders hohen Auflage zu nennen.

Er war mir in einer aus zwei Heften bestehenden Feldpostausgabe in die Finger gekommen, und ich habe ihn verschlungen. Mir schien, daß er nicht nur wegen seiner historischen Echtheit, sondern auch wegen der schönen Sprache, in der er geschrieben ist, zu den besten historischen Romanen gehört.

Als die Einheiten mit kleinen „frontgemäßen" Büchereien — viel zu spät! — ausgerüstet wurden, bekam ich die unserer Batterie in Verwahrung und führte sie auf dem Funkwagen mit. Meine Freude war groß, als ich bemerkte, daß zu ihrem Bestand auch der „Seydlitz"-Roman gehörte.

Allein, die Freude sollte nicht lange währen: Wir befanden uns im Norden der Kaschubischen Schweiz, und die Rote Armee war dabei, uns weiter nach Norden zu treiben. Entweder es gelang dann, in der Gegend von Putzig nach Südwesten zu schwenken und „mit dem rechten Rad im Wasser" sich entlang der pommerschen Küste abzusetzen, oder die Einheiten wurden in diesen Tagen nach Osten abgedrängt, um den Versuch zu machen, Danzig noch zu halten, aber nur nach Art einer Verschnaufpause, auf Tod und Leben freilich; aber mehr war nicht zu erhoffen. Zur zweiten Gruppe hatten wir uns zu zählen, denn von Lebno aus schwenkten wir nach Osten und bewegten uns auf Schönwalde zu. Die Straße führte in der reizvollen Hügellandschaft über einen langgestreckten Höhenrücken. Die sich auf ihr im Kampf ums Überleben stockend und mühsam dahinbewegten, waren zum kleineren Teil Soldaten. Zum größeren waren es Flüchtlinge, die sich zu einem großen Treck zusammengeschlossen hatten. Der eisigen Kälte und dem starken Schneefall so preisgegeben, wie die Straße nicht den geringsten Schutz bot gegen die immer näher heranrollenden russischen Panzer, saßen sie auf den hochbepackten Leiterwagen, von denen immer mehr von der Straße abkamen, weil die Menschen vor Angst und Schrecken nicht mehr Herr der Lage waren oder die Pferde unter dem nun einsetzenden Beschuß scheuten oder durchgingen. Ganz schlimm wurde es, wenn sich bis zu drei oder vier Fahrzeuge ineinander verkeilten und die nachfolgenden in panischer Angst warten mußten, bis wenigstens ein Teil der Straße zur Weiterfahrt wieder zu gebrauchen war.

Dazwischen sah ich — und ich dachte sekundenlang, ich sei in diesem Wahnsinn irre geworden — französische Kriegsgefangene, die ihr ganzes Können aufboten, um ein zweispännig gefahrenes Coupé oder einen gar vierspännig gefahrenen Landauer zwischen Tod und Verderben einer Rettung entgegenzufahren. Im Wagen sind Gutsherrinnen zu erkennen, die auch jetzt noch Haltung bewahren. Die Kinder, die bei ihnen sitzen und mit Schrecken und Verwunderung nach draußen blicken, sind vermutlich die Enkel. Und auch um sie kümmern sich die Franzosen, denn sie werden nun Güte und Verstehen, die ihnen selbst entgegengebracht worden sind, mit der Tapferkeit erfahrener Frontsoldaten belohnen. Der Beschuß nimmt zu und steigert sich bis zum Abschlachten und Zertrümmern alles dessen, was sich auf der Straße befindet. Die Wehrmachtsfahrzeuge sind in dieser Situation nicht nur zur Handlungsunfähigkeit verurteilt; sie sind genau so verloren wie Leiterwagen und Kutschen. Mich zwingt die aussichtslose Lage zu einem Entschluß, der uns überleben läßt: Bei der nächsten Lücke, die entsteht, treiben wir die vier Pferde samt dem Funkwagen nach rechts von der Straße. Wir alle überwinden tatsächlich den verwehten Straßengraben und gelangen aufs Feld, das der Wind vom Schnee entblößt hat. Kurzer Halt, Aufsitzen und so schnell wie möglich den Hang hinunter und auf das Dorf zu, — hinter uns das trockene Bellen der Panzerkanonen und die Schreie der Verwundeten, um die sich keiner mehr kümmern kann, so wenig wie um die Toten. Kurz darauf sind weder Abschüsse zu hören noch Einschläge. Dafür fahren die Russen von schräg hinten auf die Straße zu und zermalmen alles, was unter die Raupen ihrer T 34 gerät. Und was sich dann noch regen sollte, fällt den MG-Salven zum Opfer.

Im Dorf herrschen Überfüllung und heilloses Durcheinander. Die Reste der Batterie, die schon vorhanden sind oder noch eintreffen, erhalten den Befehl, der auf das Schlimmste schließen läßt und den es seit Tscherkassy nicht mehr gegeben hat: Das Gepäck, auch das persönliche, ist bis auf ein äußerstes Minimum zu vernichten. Wir kommen freilich so gut wie nicht dazu, denn niemand hat mehr Zeit, irgendwo Feuer zu machen und darüber zu wachen, daß wir damit nicht noch mehr zur Zielscheibe für die russischen Panzer werden, als wir es ohnehin bereits sind. Niemand könnte dann verhindern, daß das ganze Dorf in Flammen aufgeht. Also wird alles, was bleiben muß, von den Fahrzeugen geworfen und am Rand der Straße, am Rand der Wege im Dorf und seiner Höfe gestapelt.

Die Kiste mit der Batteriebücherei ist schwer. Um Zeit zu sparen, soll auch sie vom Fahrzeug geworfen werden. Aber zuvor ziehe ich rasch die Schlüssel aus der Feldbluse, denn ich muß unbedingt noch einen Blick tun auf das, was ich behütet habe und was den nun Nachdrängenden nichts bedeuten kann, wenn sie eine zersplitterte Kiste und zerfledderte Bücher finden werden. Zwei Hefte liegen obenauf, und es nützt alles nichts, die müssen mit, zumal zu weiterem Suchen sowieso keine Zeit mehr ist: „Seydlitz" I und II, lese ich und freue mich eine Sekunde lang darüber, diesen Griff getan zu haben. Die Hefte verschwinden hastig im Brotbeutel. Da ist in diesen Wochen mehr als genug Platz!

Irgendjemand hat Kaffee gekocht. Und irgendwo wird Verpflegung ausgegeben. So mampfe ich einen Kanten Brot und einen Zipfel harte Wurst und spüle mit heißem Kaffee nach. Dann kann ich die Müdigkeit nicht mehr bezwingen: Bis zum Weitermarsch wird noch Zeit sein, sich irgendwo für eine halbe Stunde hinzuhauen. Im nächsten Bauernhaus gerate ich zufällig ins Schlafzimmer und lasse mich, so wie ich bin, auf eines der Betten fallen. Mach dir nichts draus, denke ich vor dem Einschlafen, wenn du die Bettwäsche versaust. Auf diesem Bezug wird so bald kein Kind wieder zur Welt gebracht und auch kein neues mehr gemacht werden vom Jungbauern und seiner Frischvermählten. Und es wird sich sobald niemand mehr hier zum Sterben niederlegen, denn wer heute stirbt, der verreckt draußen, ganz schnell durch einen Splitter, der ein Organ sofort zerreißt, oder ganz langsam, indem er es ausbluten läßt.

Befehl zum Abmarsch. Die Straße oder der Weg oder was sich auch unter dem Schnee verbergen mag, führt nach Osten. An Fahrzeugen sind nur noch wenige bespannte vorhanden, die Motfahrzeuge sind bereits gesprengt. Unser Funkwagen ist kaum noch zu gebrauchen, denn Deichsel und Protzhaken sind so beschädigt, daß hier keine Reparatur erfolgen kann. So bleibt nichts anderes übrig, als sich mit Fahrern und Pferden abzumühen und dann — es mag inzwischen Mitternacht geworden sein — auszuspannen, die Geräte auf die Pferde zu verladen und das Fahrzeug zu sprengen. Dann setzen wir den Marsch mit den anderen fort. Er ist eine verschlimmerte Variation des Ausbruchs aus dem Kessel von Tscherkassy. Damals war es heller Wintertag, heute ist es stockfinstere Nacht.

Am frühen Morgen erreichen wir, erschöpft und ausgehungert, aber ohne erhebliche weitere Ausfälle, Großkatz, gelegen zwischen Gotenhafen und Zoppot. Dort fängt die Division diejenigen in einem Meldekopf auf, die überlebt haben. Unsere Batterie hatte seit gestern, ohne daß wir das an Ort und Stelle hätten wahrnehmen können, sehr schwere Verluste.

Beim nächsten Verpflegsempfang mußte ich aufpassen, daß die „Seydlitz"-Hefte in einem Fach des Brotbeutels blieben und Brot und Butter in das andere kamen. Zum erneuten Lesen einiger Abschnitte kam ich erst an einem Tag, an dem der Iwan verschnaufen mußte, ehe er zur Vernichtung Danzigs antrat. — Und später dann, als ich gar nichts mehr hatte oder in flüchtigen Quartieren finden konnte, da hatte ich wenigstens diesen Roman bei mir.

Jetzt, etwa dreizehn Monate später begegne ich bei einer seiner zahlreichen Vortragsfahrten dem Autor des Buches. Wir bedanken uns gegenseitig: Eckart v. Naso für die Rettung eines Exemplars und ich für den Gewinn, den ich aus seiner Arbeit haben durfte.

9.4.

Seit das große Abschiednehmen begonnen hat, seit vor allem Pit nicht mehr hier ist, sieht auch Inge keinen zwingenden Grund mehr, bei uns zu bleiben. Hinzukommt, daß sie beim Fürsten auch keinen Unterricht mehr hat.

Die Hoffnung, das Gretchen spielen zu können — deshalb war sie ja eigentlich in den Kral gekommen —, hat sich zwar nicht erfüllt, aber daß sie im „Sternsingerspiel" die Maria darstellen durfte, empfand sie selbst als ganz große Freude und als Gewinn von bleibendem Wert. Sie wird allen, die das Spiel gesehen haben, wegen der hervorragenden Leistung in Erinnerung bleiben.

Was mich betrifft, so denke ich dankbar an die gemeinsame Arbeit vom Sommer und Herbst zurück. Ich liebte ihre Stimme und ihre Art, ein Gedicht zu sprechen. Und ich bewunderte sie, wenn sie alle Strapazen unserer Fahrten durch den Kral statt mit Murren mit gleichbleibender Fröhlichkeit auf sich nahm.

Als sie neulich ging, um auf irgendeine Weise nach Hamburg zu kommen, wo sie zu Hause war, da gab es einen schweren Abschied mit dem Versprechen auf ein Wiedersehen.

Als ich sie vor ein paar Jahren zum letzten Mal sah, konnten wir beide feststellen, daß wir zu jeder Zeit, besonders aber damals im Kral, der Kunst so gedient hatten, wie wir es für unsere Pflicht hielten. Und der Mensch lebte nicht nur 1945 nicht vom Brot allein, sondern wie eh und je so auch heute. Wir saßen uns gegenüber und luden ab, was wir als Last mit uns geschleppt hatten und was wir voreinander loswerden wollten. Dann sagten wir nach jahrzehntelanger Freundschaft zum ersten Mal „Prost!" zueinander und stöberten in der Kiste der Erinnerungen. Dabei konnten wir blödeln und lachen, wie damals nach einer gelungenen Aufführung oder auf der nächtlichen Heimfahrt, wenn uns „Wiemans bequemer Reisebus" nach Baracke 7 zurückschaukelte.

„Prost, Inge! Warst ein feiner Kerl und wirst es für mich immer bleiben."

15.4.

Seit einiger Zeit ist Heinz, der Sani-Oberfeld, als Spieß im Lazarett tätig. Davor war er anderen Einheiten zugeteilt gewesen. Beim ersten Wiedersehen herrscht auf beiden Seiten große Freude darüber, daß einer den anderen wieder in der Nähe weiß. Und bald sitzen wir an einem Abend bei ihm zusammen und sprechen von den gemeinsamen Erlebnissen und davon, was die Zukunft bringen wird. Sie ist für Heinz so ungewiß wie für mich, denn er stammt gleichfalls aus Mitteldeutschland und möchte genauso gern nach Hause wie ich und möchte doch so wenig unter die russische Besatzungsmacht wie ich. Er ist der Meinung, daß seine Frau, die demnächst kommen wird, die endgültige Entscheidung treffen soll. Vorerst jedenfalls wird er hier bleiben, denn im Augenblick weiß er genauso wenig, wohin, wie ich.

Die Milchsuppe, die er für mich „abgezweigt" hat, schmeckt vortrefflich und stillt den Hunger wenigstens für kurze Zeit. Sie ist eine solche Stärkung, wie früher ein Schluck aus der Sani-Labeflasche. Freunde wußten, daß sie auf langen Märschen nur zum Sani zu gehen brauchten, um einen Schluck Wodka, den Heinz meist bei sich hatte, zu bekommen. Wenn die Stimmung der Truppe gut bis vorzüglich war, konnte es auch vorkommen, daß erst einer, dann viele durch die marschierende Batterie riefen: „Sanitääter!" Die Bescheid wußten, grienten sich eins. Heinz aber wartete entweder am Straßenrand oder lief nach vorn und labte den

„Verschmachtenden", von dem der Ruf ausgegangen war.

Diesem Abend sollten noch viele folgen. Und jedesmal fand ich bestätigt, daß ich einen ausnehmend guten Menschen zum Freund hatte.

24.4.

Ostern ist gewesen. Es ist bei kühlem Wetter ohne besondere Ereignisse vorübergegangen. Die Gedanken gehen, ohne daß ich es hindern kann, ein Jahr zurück: Bleiben sie an Ostern 1945 hängen, versetzen sie mich zurück in die aussichtslose Situation, in der wir uns nach dem Untergang Danzigs ostwärts der Stadt an der toten Weichsel befanden, ausgemergelt, zum Umfallen müde, aber dennoch entschlossen, alles zu tun, um noch Schlimmeres zu verhüten oder doch wenigstens hinauszuzögern. Bleiben die Gedanken am heutigen Datum hängen, dann versetzen sie mich zurück nach Stöwen, von wo aus wir sahen, wie Stettin vernichtet wurde. So sehr uns das Grauen bei diesem Anblick auch überkam, so froh waren wir doch darüber, nicht wie in Danzig mittendrin sein zu müssen, sondern aus sicherer Entfernung zuschauen zu dürfen. Außerdem hatten wir alle Ursache, nun an unsere eigene Haut zu denken. Jeder wollte sie ja vom geordneten über den eiligen Rückmarsch bis hin zur regellosen Flucht in Sicherheit bringen.

Aber das sind nur Gedanken, die mich heimsuchen und mir zusetzen. In Wirklichkeit sitze ich auf einem Stuhl, den ich nach draußen gebracht habe, an der Südwand der Baracke in der Sonne. Da räkele ich mich. Nee —, aus dem zentralgeheizten Zimmer darfst du nicht kommen! Aus einer Stube mußt du kommen, in der ein Ofen steht, der sofort erkaltet, wenn du ihn nicht fortgesetzt fütterst, und für den du seit Tagen nur das allernötigste Futter hast. Du mußt also verfroren aus dem kalten Budenmief kommen, in dem die Reste stinkender Kippen, aufgesparter Steckrüben und eines Hemdes, das du mit der bewährten Reichseinheitsseife gewaschen hast, hängengeblieben sind. Nur dann hast du ein Gefühl für den Sonnenstrahl, der durch die noch kühle und klare Luft dringt, und dem du dich wie ein vollgefressener Kater hingibst. Nur dann hast du ein Auge für das zarte Grün, das dir schüchtern entgegensprießt. Nur dann hast du eine Nase für den Wohlgeruch, mit dem der junge Lenz die Luft erfüllt.

Armer Ex-POW, es wird eine Zeit kommen, wo du dich

nach solchen Erlebnissen zurücksehnst, weil du wohlhabend geworden bist, dir dafür aber der Kontakt zur Natur in dieser Intensität weitgehend abhandengekommen ist.

Indessen regen sich viele Hände. Die Frauen sind froh, daß sie die Wäsche wieder draußen trocknen können. An anderer Stelle schütteln und klopfen sie Decken aus oder helfen den Männern, wenn die dabei sind, ein winziges Stück Rasen in ein Gewürzgärtchen zu verwandeln. Irgendwoher besorgtes Gartengerät ist mehr als knapp. So muß die Arbeit aufeinander abgestimmt sein, damit es entsprechend von Hand zu Hand gehen kann. Größere Stücke Land sollen bald vergeben werden. Aber ich werde mich noch nicht darum bemühen, bevor die Familie da ist. Ich sollte, was ich jetzt nicht ahnen konnte, das Versäumnis ein Jahr später wettmachen müssen, indem ich hinter dem Barackenlager ein Stück Land bekam — ein besseres war nicht mehr zu kriegen —, von dem ich tagelang erst mal Schubkarre um Schubkarre voll Abfall jeder Art wegfahren mußte, ehe ich den ersten Spatenstich tun konnte.

Die kleinen Laub- und Nadelbäume, die zwischen den Baracken standen, sind großenteils in den Brennhexen verschwunden. Was da noch an Büschen steht, soll jetzt an die Reihe kommen, jedenfalls dort, wo es nottut. Was ein jeder wie und woher „organisiert" hat, verrät er nicht, auch rührt daran niemand, denn der andere wünscht ja selbst auch nicht, nach solchen Dingen befragt zu werden. Tatsache ist, daß Material für „Erweiterungsbauten" vorhanden ist, seien es Latten und Pfosten oder seien es Ziegel oder sei es auch nur eine Rolle rostiger Maschendraht mit ein paar Stangen, — kurz und gut: Material, mit dem man hier einen Karnickelstall anbauen oder ein Hühnerhäuschen mit Ziegeln und Lehm an eine Barackenwand kleben oder wenigstens einen Hühnerhagen abstecken kann. So wird ein Anfang gemacht, der schlimmsten Not, der man im ersten Flüchtlingswinter ausgesetzt war, zu Leibe zu rücken. Die Geschicklichkeit, mit der das hier geschieht, klopfend und hämmernd, kann vorzeiten bei den Kolonisten nicht größer gewesen sein.

Von der Höhe über dem Lager, auf die ich gegangen bin, sehe ich die Betriebsamkeit um jede Baracke, mit der der Frühlingstag genutzt wird. Alle sind draußen, niemand ist untätig, selbst die Kinder nicht. Sie nutzen jeden freien Hang zum Bau kleiner Höhlen oder Burgen, in denen sie statt Figuren kleine Holzstücke aufstellen oder hinundherschieben.

Auf dem Rückweg komme ich an einer Kiste vorbei, die an ihren Schmalseiten zwei Trageschlingen aus starkem Bindfaden hat. Sie steht in der Sonne und im Windschatten an einer Barackenwand. In ihr liegt, strampelnd und vor Vergnügen krähend, ein Säugling. Da spüre ich so deutlich, wie seit einem Jahr nicht mehr, daß das Leben weitergeht, trotz allem, was gewesen ist, trotz unserer gegenwärtigen Armut, und daß es weitergehen wird, wie wir hoffen, in einen langen Frieden hinein.

12.5.

Von Freunden und Bekannten oder durch deren Vermittlung hatte ich im Laufe der Wochen so viele Fachbücher bekommen, daß ich darangehen konnte, einen Vortrag auszuarbeiten, den ich zu halten gedachte. Das Thema — ich fand die endgültige Formulierung erst, als die Arbeit schon weit gediehen war — lautete: Die deutsche Musik der Gegenwart, Darstellung und Aufruf. Es ging mir darum, die Situation zu umreißen, in der sich die zeitgenössische Musik vor dem Krieg befunden hatte und in der sie sich jetzt befand, oder besser, zu befinden schien, denn von hier aus ließ sich Gültiges kaum oder gar nicht feststellen. Außer einer Bestandsaufnahme, soweit sie bei der Lückenhaftigkeit des mir zur Verfügung stehenden Materials möglich war, enthielt dieser Teil ein Bekenntnis zur Musik der Gegenwart schlechthin. Ich wandte mich entschieden gegen eine Flucht in die Vergangenheit! Der zweite Teil war ein leidenschaftlich vorgebrachter Aufruf zum Mittun auf der Basis von Volkslied und Volksmusik. Ich prangerte den passiven Musikliebhaber an und pries den aktiven. „Laßt uns singen und musizieren!", war der letzte Satz.

Es ist vier Tage her, daß ich den Vortrag gehalten habe. Die Veranstaltung wurde getragen vom „Singkreis Heiligenhafen" und fand statt im sogenannten Kinosaal des Lazaretts, vermutlich dem ehemaligen Offizierskasino. Erich spielte vor Beginn und nach Schluß je einen Satz der vor zehn Jahren entstandenen II. Sonate für Klavier von Paul Hindemith. Der Hörerkreis bestand zunächst einmal aus den meisten Mitgliedern des Singkreises. Dazu hatten sich etliche Musikinteressierte eingefunden, die ihm nicht angehörten. Alle, die mir zuhörten, blieben reserviert bis frostig. Vorübergehend glaubte ich auch eine profunde Abneigung zu spüren. Jedenfalls gingen wir nach Schluß längst nicht so freundschaftlich auseinander wie sonst. Vielleicht war jeder, mich eingerechnet, sogar froh, daß er gehen durfte.

Die Gründe für den geringen Erfolg wurden mir erst später klar: Ich hätte nicht so viel voraussetzen dürfen, wie ich es getan hatte. Wer in Königsberg oder Stettin die Konzerte besucht hatte, es dabei aber für ratsam hielt, neue Musik auszuklammern, den konnte ich in der Zeit so unendlicher persönlicher Sorgen nicht hier in Heiligenhafen zum Verfechter neuer ungewohnter Klänge machen. Und wenn, dann hätte es nicht so fordernd geschehen dürfen, wie ich das in heiliger Begeisterung getan hatte, sondern mit viel mehr Liebe und Geduld. Ungereimtheiten und der Hang, mit anderen Worten zwar, so aber doch mehrfach in dieselbe Kerbe zu hauen, mögen dazugekommen sein. Auch blieb ich am Manuskript hängen. Kurz und gut, ich nahm mir, als ich einigen Abstand gewonnen hatte, vor, in Zukunft bei dem zu bleiben, wozu ich die Zuhörer aufgerufen hatte: Aktiv zu sein und mit Gleichgesinnten zu singen und zu musizieren, statt belehrende Vorträge zu halten.

Heinz drückte mir die Hand und fand als einziger ein gutes Wort. Mönnich, der immer beteuerte, unmusikalisch zu sein, wird einige Zeit später auf meine Bitte hin das Manuskript kritisch durchsehen. Er wird es richtig finden, sprachliche Unebenheiten auszumerzen und dort große Fragezeichen anzubringen, wo ich mich auf Kosten einer exakten Aussage in überladene Unklarheiten verloren hatte. Bei mehreren Abschnitten allerdings wird er „gut" an den Rand schreiben. Für die aufgewandte Mühe danke ich ihm jetzt noch.

Heute am zeitigen Nachmittag versammeln wir uns im „Holsteinischen Haus" zur Einsingprobe. Dann gehen wir gemeinsam zum Lazarett, wo uns der Sani-Oberfeld und Lazarettspieß Heinz in Empfang nimmt und uns zu den Häusern begleitet, wo unser Singen besonders angebracht erscheint. In allen können wir ohnehin nicht singen, denn wir konnten in den wenigen Wochen seit Bestehen des Chores nicht mehr erarbeiten als ein Kurzprogramm, bestehend aus einer auf den Monat Mai abgestimmten Mischung aus Madrigalen und Volksliedsätzen. Die Unsicherheiten und Ungenauigkeiten, bedingt hauptsächlich durch das allgemeine Lampenfieber beim ersten Singen, nehmen wir nicht tragisch. Beim zweiten und dritten haben sie sich bereits verloren, und beim vierten haben wir uns völlig freigesungen und empfinden Freude am Singen und an unserer Gemeinsamkeit. Mit Beifall wird nicht gespart. Wir sind so froh darüber, daß es kaum mit Worten zu sagen ist. Einer sucht den Blick des anderen, um Freude und gegenseitige Zuneigung wenigstens anzudeuten.

Ohne Zugabe können wir nicht auseinandergehen. Wir singen sie auf dem Platz vor dem Verwaltungsgebäude, umringt von Landsern und Zivilisten, von Vertriebenen und Einheimischen, von Kranken und Gesunden.

Am Tor findet der Abschied nicht statt: Alle spüren, daß wir jetzt noch nicht auseinandergehen können. So ziehen wir in Straßenbreite dem Stadtpark zu. Und dort stellen wir uns noch einmal im Halbkreis auf und singen zum letzten Mal für heute unser kleines Programm „Grüß Gott, du schöner Maien". Kaum jemand kann davon wissen, kaum jemand geht zufällig vorbei. So ist dieses letzte Singen nur für uns und ganz nach innen gewandt; — es ist der schönste Lohn für den heutigen Tag.

15.5.

Es hatte sich noch gar nicht richtig herumgesprochen, daß der neue Chor am Sonntag im Marinelazarett gesungen hat, da wurde ich schon telefonisch ins Rathaus bestellt. Die Befragung, die da zunächst stattfand, ärgerte mich, denn ich wurde sehr an vergangene Zeiten erinnert. Da wußte der Ausbilder längst, daß er den Rekruten Meier II vor sich hatte. Trotzdem fragte er zu Beginn des Zusammenstauchens erst mal: „Sie heißen?", damit er wieder, als Bestätigung seiner Kenntnisse, „Meier II" hören konnte. Der Anschiß, der dann losbrach, begann sozusagen bei Null und hatte damit den größten Spielraum oder, bei Artilleristen vor allem, die größte Streuungsbreite, und versprach daher ein Maximum an Wirkung. Also: „Sie haben hier einen Chor aufgemacht?" Die Antwort: „Ich habe hier nichts aufgemacht. Ich habe vielmehr Gleichgesinnte zum Singen zusammengerufen." Dann ging es weiter: davon wisse man nichts. Darauf ich: Plakate hätten längst gehangen, und der Chor wäre beisammen, habe vorgestern seine Bewährungsprobe bestanden und müsse daher erhalten bleiben. Weiter: Plakate hätte man keine gesehen (!), aber wenn, dann verschlimmere das die Sache nur. Und überhaupt sollte ich wissen, daß wir eine Militärregierung hätten, und die dulde derlei Eigenmächtigkeiten nicht, jedenfalls nicht ohne entsprechende Lizenz. Mein Einwand, von Militär und Regierung hätte ich gerade genug, und ob das die neuen Freiheiten seien, von denen geredet werde, verschlimmerte den Vorgang nur. So war ich still und hörte zu, wie mir eindringlich gesagt wurde, ich müsse mir schleunigst eine Lizenz der Militärregierung besorgen, d. h. ich müsse beim Kreisresidentofficer in Oldenburg vorsprechen und meinen Fall erklären. Würde ich die Lizenz bekommen, was ja auch im Interesse der Stadt läge, wäre die Angelegenheit erledigt. Im anderen Fall müsse der Singkreis seine Probenarbeit einstellen. Mein Gegenüber wandte sich wieder seiner Schreibtischarbeit zu. Ich war entlassen.

Morgen, das war mir klar, mußte diese Sache erledigt werden, und mit Erfolg, versteht sich, und koste es, was es wolle, versteht sich ebenfalls.

Heute sitze ich hinten auf einem LKW, der über die Dörfer, wie man sagt, nach Oldenburg fährt. Der Fahrer hat mich mitgenommen, und weil im Fahrerhaus schon alles besetzt ist, ohne schwarzen Fahrpreis; aber für den jetzigen Platz hinten müsse er wenigstens eine Tommy haben, meint er. Egal —, soll er haben. Das Unternehmen ist mir wichtig genug. Und die Sonne scheint in einen schönen Maientag hinein! Getrübt wird er höchstens durch den Staub der Schotterstraße und meine zunehmende Nervosität.

In Oldenburg am Markt ist die Fahrt zu Ende. Ich erkundige mich und finde die richtige Straße, die von hier aus zum Landratsamt führt, das fast außerhalb der Stadt liegt. Es ist für einen ewig Hungrigen ein schier endloser Weg! Dann habe ich zwei Gebäude vor mir, links ein jüngeres großes, vielleicht in den zwanziger Jahren gebaut, und rechts ein älteres kleineres, das aussieht, wie ein ehemaliges Gutshaus. Ich folge der teils englischen teils deutschen Ausschilderung und gehe auf das rechte Haus zu. Hier wird regiert, Donnerwetter! Man sieht, was man in Heiligenhafen nicht zu sehen bekommt, jedenfalls nicht so: Man sieht die Polizeiposten der Besiegten, abgemagert in zu weit gewordenen Uniformen steckend, Uniformen, die kraft befohlener Demontage kaum noch welche sind. Dann schon lieber, muß ich denken, das jetzige Räuberzivil, wie gleichfalls befohlen, in flaschengrün, braun oder schwarz, wie ich es trage. Und man sieht die kraftstrotzend wohlgenährten boys der Sieger, MP und entsprechend bewaffnet, denn wer kann diesen Germans schon trauen? Selbst hier im kleinen Oldenburg muß man vor ihnen auf der Hut sein!

Na —, ich kann mich nicht weiter für diese Dinge interessieren, kann schon gar keine weiterreichenden Überlegungen anstellen, sondern muß mich um mich kümmern; da steht genug auf dem Spiel. Dann also am englischen Posten vorbei und ins Haus. Im Flur rechts stehen Bänke, auf denen sie sitzen, die armen Deutschen, die bei der Besatzungsmacht etwas vorzubringen haben.

Ihre Gesichter könnte man in drei Gruppen einteilen: Die der ersten Gruppe verraten nicht gerade Optimismus, aber sie lassen erkennen, daß ihre Besitzer „das Ding schon schaukeln" werden. Schließlich war man immer wendig genug gewesen, daß der Erfolg im Leben nicht ausbleiben konnte. Es war egal, ob man vor oder nach Dreiunddreißig mit der Obrigkeit zu tun gehabt hatte. Und in dem Schlamassel, der hinter uns liegt? Da war man dank fester Verbindungen irgendwo in der Etappe unentbehrlich. Und jetzt? Da mußte man den Besatzern nur irgendwie gefällig sein, um voranzukommen. „Take it easy. Wait and see!" Die zweite Gruppe der Gesichter gehört denen, die mit jeder Obrigkeit, die sie erlebt haben, schlecht klargekommen sind. Vor Dreiunddreißig standen sie zu weit rechts, danach zu wenig, denn in die Partei mochten sie schon gar nicht. Und jetzt lagen sie völlig falsch, da ihre in sich ruhende Haltung es nicht zuließ, sich schnell mit denen zu arrangieren, die das Land besetzt hielten, an das auch jetzt noch zu glauben man sich bemühte. Die dritte Gruppe von Gesichtern gehört denen, die in ihrem Leben so gut wie nie mit einer Obrigkeit zu tun hatten, die infolgedessen auch kein Verständnis für Verordnungen oder Gesetze aufbringen und die auf diese Weise still und zurückgezogen wie eh und je dahinleben. Sie sitzen nun, wie zu erwarten, ergeben vor einer Obrigkeit, mit der sie noch weniger anfangen können als vordem, denn sie ist uns allen fremd. Gleichgültigkeit und Teilnahmslosigkeit stehen in diesen Gesichtern —: Schlimmer als bisher kann es sowieso nicht mehr kommen.

Ich überblicke sie alle noch einmal und entdecke dann einen freien Platz. Wie ich ihn einnehmen will, faßt mich ein weißhaariger Herr am Unterarm und sagt im gemütlichsten Ostpreußisch: „Nee, Herrchen, Sie müssen jehn und sich dort drieben anmelden." Dort drüben, das ist von ihm aus gesehen rechts, wo am Ende des Raumes eine Tür offensteht, hinter der jemand an einem Schreibtisch sitzt. Also muß ich dorthin. Und obgleich die Tür offen ist, klopfe ich und sage: „Guten Morgen." Der Mann am Schreibtisch, ein Zivilist, sitzt in einer Wolke von „Senior Service", von denen eine große Packung vor ihm liegt, blickt nicht auf und erwidert meinen Gruß nur äußerst mürrisch. Dann fragt er nach Namen, Anschrift, Beruf und Geburtstag und trägt diese Angaben in eine lange Liste ein, von da überträgt er sie auf eine Karteikarte und von da auf eine zweite Karte, deren Zweck mir noch nicht klar ist. Es ist bei jedem Neuankömmling eine lange Prozedur im Stile traditionsreicher britischer Bürokratie. Der Mann spricht ein Deutsch — sein Englisch ist, wie ich höre, viel besser —, an das ich mich erst gewöhnen muß. Vermutlich gehört er zur Sorte derer, die man früher „Beutegermanen" nannte. Sein Gebaren, vor allem sein Umgang mit den Mitmenschen, ist mir höchst unsympathisch. Derart penetrant sollte er nicht spüren lassen, daß er hier etwas zu sagen hat, während die anderen vor seiner Tür das Maul zu halten haben. — Übrigens: Was ist das für ein Abzeichen, das er trägt? Sicher ganz etwas Neues. Ich habe es jedenfalls noch nie gesehen; ist ja aber auch nicht meine Sache.

Die Anmeldung ist erledigt. Ich finde einen Platz nahe der Tür. „No smoking" steht da. So sind wir allesamt dazu verurteilt, „Senior Service" von nebenan mitzuschnuppern; quälend zwar, aber bei den heutigen Preisen sehr sparsam. Nun kommt meine Gehirnmühle langsam auf Touren: Wenn die, die schon länger hier sitzen, alle vor mir drankommen, dann habe ich Zeit genug, meinen „Fall" ganz solide durchzudenken: Anklopfen, Eintreten wie gelernt. (Die sollen sehen, wie das bei einem German ex-sergeant-major noch immer klappt!) Dann: „Good morning, Sir." (In geschliffenem Englisch. Aber du meine Güte, das hast du vor vierzehn Jahren zum letzten Mal in der Schule gesprochen. Wie soll das heute gehen? Wie wird es klingen, wenn Silbe für Silbe dem Mund entfleucht ist?) Und weiter! Was sag ich dann? Soll ich deutsch weitersprechen? Nein —, in seiner Sprache ist der Tommy leichter zu gewinnen. Also, mal versuchen: „I have founded a choir." (Ganz gut, finde ich.) „And I am the choir-leader." („The choir-leader"? Das kann nicht gut sein. Das ist bestimmt sogar miserables Englisch. Mensch, was mach ich bloß? Und kein Lexikon weit und breit! „The choir-leader? " Um Gottes willen, da kommt ja leader vor! The leader = der Führer! Laß bloß die Finger davon und halt den Mund, sonst bist du verratzt! „Der Führer" = the leader, heute gesprochen in ein britisches Ohr, das kann nur Unheil bringen.) Versuchen wir's mal anders: „ . . . and I am the conductor of it." (Auch ganz schön, vielleicht sogar besser; es klingt englischer, denke ich. Aber „conductor", ob da der Kondukteur einer bayrischen oder österreichischen Tram gemeint sein könnte? Ich kann das nicht entscheiden.) Nächster Anlauf: „A licence, please." (Sicher richtig, aber viel zu unhöflich, weil zu kurz.) Wahrscheinlich besser und verbindlicher: „I would like to ask for a licence." (Das ist geschliffen!) Jetzt mal von Anfang: „Good morning, Sir. I have founded . . ." (Geht ja leidlich. Wenn ich nur wüßte, ob alles richtig ist!?) Und, um genauer zu sein, nicht Chor, sondern Singkreis, oder „Singkreis Heiligenhafen", dann müßte es vermutlich heißen: „Singdistrict". (Nee, — ausgeschlossen. Die Tommies haben ja sicher auch verschiedene Arten von Kreisen!) Also noch einmal: „Sing-circle of Holyport." (Das klingt gut, aber unüblich. Und Heiligenhafen brauche ich vielleicht gar nicht zu übersetzen, das ist ja auch bei denen bekannt.) Und zum Schluß nicht vergessen: „Thank you, Sir." Oder: Thank you very much." — So, und nun nochmal von Anfang: „Good morning, . . ." Und nun geht alles in einem unentwirrbaren Durcheinander von richtig gedachten aber inzwischen falsch vorgebrachten deutschen und völlig falsch angewandten englischen Vokabeln unter. Ich sitze da und brabbele vor mich hin wie einer, der einen Rosenkranz betet, und kriege nichts mehr zusammen, was ich zur Vorbereitung meines Auftritts zu üben versucht hatte. Ich kann mich nur noch an meinen eigenen Fingern festhalten, die inzwischen unangenehm kalt und feucht geworden sind. Ein letztes Aufbegehren: „Sollen sie mir einen Dolmetscher geben, wenn sie mein Deutsch nicht verstehen können. Im übrigen können sie mich am Arsch lecken!" Und damit Schluß.

Inzwischen hat sich die Szene nur unwesentlich verändert: Posten gehen hin und her, auch im Haus bewaffnet. Irgendein Offizier kommt, nicht ohne kommissige Aufgeblasenheit, aus einem Zimmer und geht die Treppe hinauf, um da oben in einem anderen zu verschwinden. Neue Bittsteller erscheinen und machen den gleichen unbeholfenen Eindruck wie ich vordem auch, und andere verlassen den Raum, mit entspannten Zügen, wenn sie in ihrer Sache Erfolg hatten, mit verbittertem Gesicht, wenn sie abgewiesen worden sind. Die noch Sitzenden verhalten sich ostentativ still. Wovon sollen sie auch schon reden? Zum xten Mal von ihrem Elend? Zum xten Mal davon, daß sie nie dabeigewesen sind und daher auch keiner schuldig ist?

Einer der Posten kommt den Korridor entlang und geht zu dem Mann am Schreibtisch. Von ihm kommt er mit einer Karte in der Hand zurück — jetzt weiß ich, welchen Zweck sie hat —, guckt darauf und ruft: „Mister WWuagner!" Aha —, das bin ich. Nun ist es so weit. Nimm dich zusammen und mach deine Sache gut! Nicht einmal die paar Schritte bis zu der betreffenden Tür weicht der Posten von meiner Seite. (Es ist wie vor fünf Jahren um diese Zeit, als mich in der Kaserne der UvD von einem Block zum anderen bringen mußte, weil ich als frischgebackener Rekrut ja noch nicht gehen und grüßen konnte. Nun hat nur die Uniform gewechselt!) Und schon vermasselt er mir den Anfang meines Auftritts, denn nicht ich klopfe an und öffne, sondern er schiebt mich durch den Türspalt hinein. Und wie eine Puppe, deren Uhrwerk man aufgezogen und bei der man nun im richtigen Augenblick nur den richtigen Hebel gelöst hat, beginne ich zu rasseln: „Good morning, Sir!" Zwar möchte ich weiterrasseln, denn plötzlich ist alles wieder da, was ich mir eingepaukt habe, aber dazu komme ich nicht, weil mich der, der da hinten am Schreibtisch sitzt und von dem ich nur das graumelierte Haar und die Khakischultern mit zwei Khakiarmen daran erkenne, keines Blickes und keines Wortes würdigt. Er ist in Akten vertieft oder tut zumindest so, und ich stehe und behalte ihn in der Pupille, nicht ohne dabei festzustellen, wie schön sich einer mit requirierten Möbeln, Teppichen und Bildern einrichten kann. Zwischen mir und dem Graumelierten knistert es vor Spannung. Und sie nimmt in Bruchteilen von Sekunden zu. Wann wird er den Kopf heben, dich ansehen und unfreundlich fragen, was du hier willst? Das kann jeden Augenblick sein. — Und da geschieht es auch schon: Er blickt herüber zu mir, ich hole Luft, aber ehe ich beginnen kann: „I have founded . . .", höre ich von meinem Gegenüber: „Guten Morgen. Sie winsch'n?" Ich denke, mich narrt ein Gespenst, das die Besatzer mit sich führen, um uns arme Bittsteller um den Verstand zu bringen. Aber nein! Der Gesichtsschnitt mit der weit geschwungenen Hakennase ist der eines Juden! Meine Verwirrung ist vollständig. Der letzte Jude, mit dem ich zu tun gehabt hatte, war, vor fast zwanzig Jahren, mein Mitschüler Goldberg. Es kam die Zeit der Hetze, dann die des Judensterns und dann die der Emigration. Und nun stand ich hier und sollte der „Inkarnation alles Bösen" mein Anliegen vortragen. Ich spürte, daß seine Augen erwartungsvoll auf mich gerichtet waren, aber ich brauchte eine etwas längere Anlaufzeit als sonst, weil sich meine Erstarrung erst lösen mußte. Außerdem fiel es mir nun schwer, umzuschalten, denn ich hatte mich ausschließlich in das Englische verbohrt. Endlich geht es mir ohne Hemmungen von den Lippen. Ich spüre dabei, daß der hinter dem Schreibtisch mit wachsendem Interesse zuhört. In eine Pause hinein bringt er zum Ausdruck, daß es eine gute Sache sei, gerade in schlimmen Zeiten Musik zu treiben. Und er sagt mir seine Hilfe zu. Seine Sprechweise klingt sehr an das Jiddische an, wie ich es von Leipziger Pelzjuden oder später in Galizien gehört hatte. Dadurch bekommt das, was ich höre, einen eigenartigen Reiz. – Ja, damals zu Hause in Schlesien, da habe er auch in einem Chor mitgesungen, in einem Oratorienchor, durch den er viel von den einschlägigen Werken der großen Meister kennengelernt habe. Und er nennt sie: Bach, Mozart, Beethoven, Bruckner und, wie nebenbei, auch Mendelssohn. „Es war a scheene Zeit, damals . . .“, meint er. Aber gehen läßt er sich nicht. Gleich ist er wieder sachlich, gibt mir Formulare, erklärt mir, was ich dazu wissen muß, und weist vor allem darauf hin, daß der „Singkreis Heiligenhafen“ bestimmungsgemäß ein Verein werden muß. Und wenn ich den Bestimmungen genüge, dann steht einer Lizenz nichts im Wege. So sehr ich mich freue, so schnell muß ich jetzt noch einen Anlauf nehmen: Ob ich vielleicht eine Bescheinigung mitbekommen könnte, damit die Probenarbeit nicht unterbrochen zu werden braucht? Auf diese Zusatzbitte ist er sicher nicht gefaßt. Wenn er sie erfülle, so sei das eine große Ausnahme. Und er erfüllt sie tatsächlich, stellt ein Papier aus mit Unterschrift und Stempel und drückt es mir in die Hand. – Nein, protzen möchte ich mit meinem unzulänglichen Englisch nicht, aber nun nöchte ich ihm doch wenigstens ein bißchen entgegenkommen, weil er mehr getan hat, als ich erwarten durfte. Deshalb sage ich: „Thank you, Sir, thank you very much indeed.“ „Schon gut“, gibt er zur Antwort. „Wiedersehn.“ „Auf Wiedersehen. Und vielen Dank.“

Draußen nimmt mich der Posten wieder in Empfang und führt mich zurück zu den Wartenden. Von da aus bin ich mit ein paar Schritten an der Tür und draußen im Sonnenschein des frühen Nachmittags, denn so spät ist es inzwischen geworden. Erst eine Zigarette, dann die Gedanken in Ordnung bringen und ruhig werden. Der lange Rückweg bietet Gelegenheit genug. Ja –, so gehe ich dem Markt zu, froh, daß meine Arbeit nicht gefährdet ist, sondern gut weitergehen wird.

Eigentlich hätte ich mich nach dem Namen erkundigen sollen! Wie mag der hilfsbereite Graumelierte heißen? Etwa Breslauer? Oder Herschel Katzenstein? Oder war es etwa Herr Erlanger, aus dem inzwischen vielleicht Mr. Erläntscher geworden ist? Wäre schade, wo seine Gedanken doch so intensiv nach Schlesien zurückgingen.

Der PKW — das begehrte Vorkriegsmodell Opel P 4 —, der mich mitnimmt, ohne schwarzen Preis und ohne Aktive, fährt die Chausee nach Heiligenhafen. Da gibt es zwar weniger Staub, dafür aber Schlaglöcher und Frostaufbrüche aus mehreren Wintern. So bin ich froh, nach einer halben Stunde aussteigen zu dürfen.

Und froh bin ich vor allem über das Ergebnis des heutigen Tages. Die Freunde, denen ich davon erzähle, sind erst dann von der Echtheit meines Berichtes zu überzeugen, als ich ihnen das Papier mit Unterschrift und Stempel unter die Nase halte.

20.5.

Christine —, sie begegnete mir zum ersten Mal, als sie mich am Kursaal nach einer Probe fragte, was das für ein Sing- und Spielkreis sei und ob sie da auch mitsingen könne. Sie habe soeben eine Weile zugehört und es habe ihr sehr gefallen. Ich bin von dem kurzen Gespräch aufs angenehmste überrascht, denn es ist das erste Mal, daß mich jemand von sich aus bittet, in unserem Kreis mittun zu dürfen. Ich sage ihr unsere nächsten Aufführungen und Proben und füge hinzu, daß ich mich freuen würde, sie wiederzusehen. Sie schwingt sich auf ihr Fahrrad, und ich gehe den anderen nach, Richtung Barackenlager.

In der Tat erschien sie ein paar Tage später bei einer Probe, wurde Mitglied des Wieman-Chores und blieb es bis zu seiner Auflösung. Bei den Gesprächen danach, als es um die Frage der Schaffung eines zivilen Chores ging, war sie die treibende Kraft, die mir so lange zuredete, bis ich fest entschlossen war, diesen Plan zu verwirklichen und den „Singkreis Heiligenhafen" ins Leben zu rufen. Und sie tat mehr als dies: Christine war es, die tagelang unterwegs war und in der Stadt die Werbetrommel für das neue Vorhaben rührte und nicht müde wurde, durch die ersten Spenden der fördernden Mitglieder ein Grundkapital für die gemeinsame Arbeit zu schaffen. Außerdem verhalf sie mir zu Büchern und Noten, damit ich möglichst schnell zu neuen Lern- und Arbeitsmöglichkeiten kam. Wie ich später herausfand, hatte sie auch die im Lande verstreute Verwandschaft, sofern sie heil davongekommen war, um Mithilfe gebeten.

Als ich sie nach dem Sommerfest der Gruppe Wieman, auf dem wir alle sehr lustig gewesen waren, nach Hause brachte, wurden wir beide recht nachdenklich. Ich erfuhr ihre Geschichte: Was ich schon vermutet hatte, bestätigte sich. Christine stammte nicht aus dem Osten, sondern hier aus dem Lande, allerdings nicht aus Heiligenhafen, sondern aus einer der wenigen großen Städte Holsteins. Dort wuchs sie auf, dort heiratete sie. Sie heiratete einen Mann, der Offizier und Panzerkommandant geworden war und von dem sie seit fast drei Jahren nichts mehr weiß, weder ob er in Gefangenschaft geraten, noch ob er gefallen ist — nichts. Ihre Wohnung und die der Eltern wurde zerbombt, und zwar so gründlich, daß ein Weiterwohnen nicht mehr möglich war. Auch eine Notunterkunft war nicht zu finden. Dieser Umstand und die Angst vor weiteren Bombenschäden veranlaßte sie, mit ihrer Mutter und ihrer kleinen Tochter von drei Jahren, versehen mit den kümmerlichen Resten ihrer Habe, hier ein Unterkommen zu suchen. Der Vater war nicht zu bewegen, seine geliebte Stadt zu verlassen. Er hauste lieber allein in einem kleinen Zimmer, draußen irgendwo an ihrer Peripherie.

Tränen waren schon genug geweint. Sie hatte keine mehr. Auch jetzt noch war Christine überzeugt, daß die gebrachten Opfer notwendig gewesen seien für „Führer und Reich".

Dann erzählte ich meine Geschichte, sprach von Herkunft, beruflichem Werdegang, sprach vom Kriegsdienst, Gefangenschaft und Neuanfang, so wie sie ihn ja nun miterlebt; und ich sprach von Lis und den Kindern, von denen ich nichts mehr wußte, die ich aber am Leben hoffte.

Seit diesem Gespräch spürten wir unsere Zuneigung zueinander. Und so viel Schönes die folgenden Wochen brachten, so viel Schweres zugleich war uns aufgegeben. Wir konnten uns aufführen, als seien wir zwischen sechzehn und zwanzig und als hätte es nie einen Krieg gegeben und als müßten wir nun nicht die Not danach bestehen. Oder wir konnten still auf der Steilküste liegen und zur See hinausblicken, bis wir glauben mochten, die ganze unheile Welt sei wieder gut geworden. Aber wir konnten auch, gleich nachdem Christine eines Nachmittags gekommen war, unausstehlich zueinander sein. Beide wußten wir, was auf dem Spiel stand, doch beide wußten wir nicht, wie wir der Spannung Herr werden sollten, außer mit bösem Schweigen oder gegenseitigem Anknurren. Die einzige Möglichkeit war dann, möglichst bald wieder auseinanderzugehen und auf das Wiedersehen in den nächsten Tagen zu vertrauen, an dem zwischen uns alles wieder ganz anders sein konnte.

Christines Mutter, eine weißhaarige Dame, für die ich

große Sympathien empfand, merkte, wie es um uns stand. Was sie ihrer Tochter gelegentlich gesagt haben mag, weiß ich nicht, kann es mir aber denken. Mich nahm sie eines Tages beiseite und redete mir ins Gewissen: Ich sei zwar noch jung, aber reif genug, um zu wissen —, und im übrigen sei ich ja ebenfalls verheiratet, und ihr Schwiegersohn würde ja wohl doch wiederkommen. So schwer es auch war und so schwer es bis heute noch werden sollte —, ich nahm mir die Worte zu Herzen.

Was uns beide betraf, so ging es Christine kaum anders als mir: Ich war zweieinhalb Jahre verheiratet gewesen, als ich Soldat wurde. Die Zeit war zu knapp gewesen, die Ehe zu lernen; richtig geführt werden konnte sie durch den Krieg überhaupt nicht. Nun ist es zwei Jahre her, daß ich Urlaub hatte und daheim war. Jetzt bin ich Lis manchmal so fern, daß ich Mühe habe, mit meinen Gedanken wieder in ihre Nähe zu kommen. Das kann gelegentlich sehr schwierig werden, zumal ich auch nicht mehr recht weiß, wie sie ausgesehen hat, und mir nur schwer vorstellen kann, wie sie jetzt aussehen mag. Ebenso schwierig ist es aber auch, sie in Gedanken hierher zu wünschen. Was bleibt, ist ein ewiges Hinundhergeworfenwerden, sobald Christine gegangen ist, und ich Klarheit zu finden suche.

Schlimm wird es, nachdem der erste Brief von Lis gekommen ist. Noch schlimmer wird es werden, wenn sie mit den Kindern erst hier sein wird. Nicht mehr lange, und es muß die Entscheidung fallen, die den jetzigen Zustand beenden wird.

23.5.

Gestern ist ein Brief gekommen, bereits Anfang des Monats abgeschickt und lange unterwegs gewesen. Lis teilt darin mit, daß sie mit den Kindern nun bald kommen werde. Vor ihrer Ankunft wird sie sich noch einmal melden. Was da steht, lese ich zweimal und dann noch einmal. Und dann spüre ich die Aufregung, in die ich gerate. Sie wird sich bis zur Verwirrung steigern, so daß ich nach einiger Zeit Mühe habe, meine Gedanken wieder zu ordnen. Erst mal zum Praktischen: Hier in dieser Stube können wir wohnen und schlafen. Die nächsten beiden Stuben, über den Korridor zu erreichen, sind frei. In der einen stehen zwei Betten übereinander, da können die Kinder schlafen und bei schlechtem Wetter spielen. Die andere können wir als Küche einrichten.

Hauptsache, ich kann bald eine Brennhexe auftreiben. Tische, Stühle und Spinde sind vorhanden, und als Prunkstücke kommen die „Faust"-Möbel hinzu. Alles in allem für Barackenverhältnisse keine schlechte Einrichtung. Mit Geschirr, Bettwäsche und dem, was sonst noch zu einem ganz bescheidenen Flüchtlingshaushalt gehört, sieht es schlecht aus. Ich muß abwarten, was Lis mitbringen wird.

Am Abend war ich noch beim Sani-Oberfeld, um ihm zu berichten, daß die Familie unterwegs ist. Ich brauchte einfach jemanden, mit dem ich darüber sprechen konnte. Er sagte mir jede Hilfe zu. Und wenn es soweit ist, soll ich sofort anrufen, damit er mir beispringen kann. Ich war zwar etwas ruhiger geworden, merkte aber immer deutlicher, daß nicht nur praktische Dinge zu bedenken sind. So lag ich lange auf dem Strohsack und konnte nicht einschlafen: Wie wird das Wiedersehen nach zwei Jahren in einer völlig veränderten Umgebung und unter unvermutet schwierigen Verhältnissen vor sich gehen? Was werden die Kinder zu dem fremden Mann sagen, der ihr Vater ist? Werden wir beide, Lis und ich, uns stark genug fühlen, anzupacken und den Neuanfang zu wagen und auch zu bestehen? Fragen über Fragen verwickelten sich immer mehr zu einem Knäuel, das ich nicht mehr entwirren konnte. Ich bin noch dabei, meine Stube in Ordnung zu bringen und die beiden anderen wenigstens auszufegen, als ich ein Telegramm erhalte. Es ist vor drei Stunden in Neustadt aufgegeben. Lis teilt mit, daß sie mit den Kindern bis dorthin gekommen ist. Ich möchte sie abholen, da ein Zug bis hierher heute nicht mehr geht. Der erste, dem ich das sagen muß, ist Heinz, der Sani-Oberfeld, denn er hatte mir ja gestern Hilfe zugesagt. Er meint nun, da ließe sich etwas machen. Wenn er nämlich mitführe, hätte das ganze Unternehmen einen dienstlichen Anstrich, und niemand könne da Schwierigkeiten machen. Ich solle nur in einer Stunde wiederkommen; da werde ich schon sehen, daß die Sache klappt. Gut —, dann also in einer Stunde.

Ich bin pünktlich an der Wache des Marinelazaretts. Heinz strebt auf einen am Rand stehenden Sanka zu und meint, nun könne die Fahrt losgehen. Wir sitzen vorn beim Fahrer. Mit einem Blick durch das kleine Fenster hinter uns sehe ich, daß die Inneneinrichtung ausgebaut und dafür an den Seitenwänden Bänke eingebaut sind. Es ist also für unseren Zweck genau das richtige Fahrzeug. Meine Erregung nimmt von Kilometer zu Kilometer zu. Sie erreicht ihren Höhepunkt, als wir bei den Merkendorfer Kurven vor Neustadt auf die Straße kommen, die ich fast auf die Stunde genau heute vor einem Jahr in der Gegenrichtung dahingegangen bin. Es ist schlimmer als gestern abend mit dem Durcheinander meiner Gedanken. Vor allem finde ich keine Antwort mehr auf brennende Fragen, die mit zunehmender Schnelligkeit auf mich einstürmen. Heinz redet mir zu, so gut er kann, aber auch die Zigarette, die er mir schenkt, mindert meine Nervosität nicht.

Da ist der Markt, vorn nach rechts abbiegen und den Berg hinunter zum Hafen, dann sind wir auch gleich am Bahnhof.

Wir halten auf dem Vorplatz. Ich gehe mit hastigen Schritten auf das Bahnhofsgebäude zu, und wie ich die Tür hinter mir habe, sehe ich in der Schalterhalle hinter einem großen Bündel, umgeben von Koffern, Lis auf einer Bank sitzen, zusammengesunken während langer Wartezeit und offensichtlich erschöpft von den Strapazen der Reise. Ich stürme auf sie zu, setze mich neben sie und nehme sie in den Arm; wie lange, weiß ich nicht. Jedenfalls haben wir uns ohne ein Wort lange in die Augen gesehen, um zu spüren, daß wir uns wirklich und wahrhaftig wiederhaben. Und der erste Kuß ist lang und innig genug, Zeit und Umwelt zu vergessen.

Ja —, ich hatte sogar vergessen, gleich im ersten Augenblick an die Kinder zu denken. In einer Schrecksekunde wird mir das bewußt, und ich frage nach ihnen. Dabei habe ich Angst, sie könnten in Plauen geblieben oder es könnte ihnen unterwegs etwas zugestoßen sein. Lis legt ihre Hand auf die meine und lächelt auf eine bestimmte Art. So hat sie auch früher immer dann gelächelt, wenn mir ein Versehen unterlaufen war. Dabei sagt sie: ,,Die sind doch draußen vor dem Bahnhof. Hast du sie denn nicht gesehen? '' ,,Nein'', sage ich, ,,hab ich nicht!'' Und schon bin ich wieder draußen und sehe auf einer kleinen Rasenfläche zwei Kinder spielen: Heidi und Rike, meine Kinder. Mit ein paar Schritten bin ich dort, hebe sie nacheinander hoch zu mir und küsse sie ab nach Herzenslust. Erst sind sie verstört, weil ein fremder Mann sie anfaßt, doch dann scheinen sie zu spüren, daß der so fremd nicht sein kann, und dann wird ihnen bewußt, daß das vielleicht der Vater sein könnte, der gewesene Soldat, der immer so lange und so weit fort gewesen ist und mit dem man deshalb nicht spielen konnte. Und dann nehme ich sie bei der Hand, die eine rechts, die andere links, und gehe strahlend auf Lis zu, die in der Tür des Bahnhofs steht und uns entgegenlächelt.

Der Fahrer steht beim Fahrzeug mit dem roten Kreuz, Heinz zwischen ihm und uns. Er möchte uns erst ein wenig Zeit lassen, ehe er Lis vorgestellt wird. Dann sind wir so weit, daß das Aufladen des Gepäcks beginnen kann. Das große Bündel soll zuerst drankommen, aber so, wie wir uns das gedacht haben, geht es nicht, denn es liegt gar nicht auf dem Boden, sondern ist auf einem kleinen Karren festgebunden, wie er wohl eigens für Flüchtlingsreisen erfunden worden ist. Er läuft auf drei kleinen Holzrollen, zwei hinten, eine mit Deichsel vorn, und hat einen Lattenrost, auf dem ein Bündel oder mehrere Koffer, also etwas, was einer allein nicht tragen kann, transportiert wird. Heinz fährt damit zur Tür, dann helfe ich über die Stufen und schließlich verfrachten wir Karren und festgebundenes Bündel in den Sanka. Dann kommen die Koffer an die Reihe und schließlich die Rucksäcke, von denen ich den großen nehme, der Lis gehört. Die beiden selbstgefertigten kleinen geben die Kinder nicht her, denn da ist ihr Spielzeug drin.

Dann sind wir so weit, daß wir einsteigen und losfahren können, Heinz neben dem Fahrer vorn, die wieder vereinte Familie hinten. Die Fenster sind nicht groß. So verteilen wir uns. Die Kinder gucken aus dem linken, wir beide sitzen hinter dem rechten. Heidi und Rike ist die lange und beschwerliche Reise, die sie hinter sich haben, nicht anzumerken. Offenbar sind sie völlig überdreht. Schwatzend und lachend und sich gegenseitig zeigend, was draußen zu sehen ist, genießen sie die Fahrt. Das tun wir Großen nicht. Zwar zeige ich Lis den Hafen oder die Kirche oder was sich an Besonderem bietet, auch mache ich sie darauf aufmerksam, daß sich genau vor einem Jahr ein schier endloser Elendszug grauer Gestalten dahingeschleppt hat, in dem auch ich mich befand, zwar berichte ich auch von M. W. und dem Freundeskreis um ihn und lasse auch heitere Begebenheiten nicht aus —, was ich auch rede, wir können uns nicht lösen aus unserer gedrückten Stimmung. Ein gelegentliches Lächeln von Lis oder mir und das gegenseitige Beiderhandhalten können nicht darüber hinwegtäuschen, daß wir Angst haben vor der unheimlichen Zukunft, der wir nun entgegenfahren, von der wir aber nicht wissen, wie wir sie bestehen sollen.

Lis schwankt zwischen übersteigertem Wachsein und völliger Übermüdung hin und her —, ein erbärmlicher Zustand. Was sie braucht, aber in den ersten Tagen wohl kaum wird kriegen können, ist Schlaf, nichts als Schlaf. Trotzdem gibt sie ihren Reisebericht: Die Fahrt begann nach schwerem Abschied vor drei Tagen und führte bis Leipzig. Dort wurden, wie sie erfahren hatte, in gewissen Abständen Züge zusammengestellt, die in den Westen fuhren, aus der russischen Besatzungszone in die amerikanische oder britische. Sie konnte eine Nacht bei Freunden bleiben und sich zwischendurch nach der Weiterfahrt erkundigen. Es war ein Glück, daß die schon am nächsten Tag möglich war, sonst hätte sich der Aufenthalt auf mehrere Tage ausdehnen müssen. Morgens zeitig begann die Fahrt, wie sich denken läßt, in einem total überfüllten Zug.

Waren schon die Menschen zusammengepfercht, so nahmen Kisten und Ballen und Koffer und Handwagen und Kanonenöfen, neben- und übereinandergepackt, den letzten Rest von Bewegungsfreiheit. Jeder hatte mitgebracht, was er aus Bombennächten und den Tagen des Einmarsches, erst der Amerikaner, dann der Russen, gerettet hatte. Manchmal waren das noch Dinge von Wert, manchmal bestand das Gepäck aber auch nur noch aus einem Sammelsurium von allem möglichen billigen Kram, von dem man sich nur nicht trennen mochte.

Draußen breitete sich, so als sei nie Krieg gewesen, der Norden des schönen Thüringerlandes aus, und dann fuhr der Zug nicht, wie gehofft, in den Westen, sondern er hielt im Eichsfeld bei Heiligenstadt, nahe der Grenze zur amerikanischen bzw. britischen Zone, dort in der Nähe von Eichenberg, wo die drei Besatzungszonen aneinander angrenzen. Bei dem anschließenden Marsch von etwa 1 km spielten sich scheußliche Szenen ab: Alte Leute brachen unter der Last dessen, was sie zu schleppen hatten, zusammen und mußten entweder einen Teil dieser letzten Habe stehenlassen oder auf die Weiterreise verzichten. Andere wollten schlau sein und ihr Gepäck in zwei Gängen befördern. Kamen sie zum zweiten Mal ans Ziel, war vom ersten Bündel nichts mehr zu sehen und der, den man gebeten hatte, aufzupassen, war längst im Strom der anderen untergetaucht. Flüche, Verwünschungen, Weinkrämpfe; — Kinder, die nach den Müttern wimmerten, und Mütter, die nach verlorengegangenen Kindern schrien! Und dazwischen die üblen Geschäftemacher, die mit großen Blockwagen oder Schubkarren zu Wucherpreisen ihre Dienste anboten und die Nutznießer himmelschreienden Elends wurden, mitten im Lande, im grünen Herzen Deutschlands, wie Thüringen früher genannt wurde.

Lis kam mit den Kindern gut über die Grenze und in den Zug, der diesseits bereitstand. Der nächste Abschnitt der Reise war der längste: Der Zug fuhr über Göttingen und

Hannover nach Hamburg, wo er am Abend eintraf. An eine Weiterfahrt war nicht zu denken. Das DRK nahm sich der Mütter an, die mit Kindern reisten, und sorgte für Suppe und Schlafgelegenheit. Und heute morgen ging ein Zug nach Lübeck und von da nach langem Aufenthalt ein anderer bis Neustadt.

„Sind wir denn noch nicht bald da? ", fragen die Kinder voll Ungeduld. Sie sind nun gleichfalls am Ende dessen, was sie mit sieben bzw. fünfeinhalb Jahren bestehen können. „Nein —, aber weit ist es nicht mehr. Gleich dürft ihr aussteigen", sage ich. Und in der Tat haben wir schon die Abzweigung nach Sulsdorf hinter uns und fahren der Höhe vor dem Chausseeberg zu. Auf ihrem Gesicht kann ich sehen, daß Lis von dem Blick auf die See genau so beeindruckt ist, wie ich vor einem Jahr.

Noch ein paar Minuten, und wir halten auf dem Platz vor der Baracke 7. Meine Erregung hat, nachdem sie auf der Fahrt immer mehr zugenommen hatte, einen neuen Höhepunkt erreicht. Gut, daß es nun erst mal viel zu tun gibt! Wir steigen aus, helfen den Kindern aus dem Wagen und laden das Gepäck ab. Ehe wir es in die Baracke bringen, sagt Lis, nur um etwas zu sagen, um etwas Gutgemeintes zu sagen: „Der Blick ist schön." Was soll sie im übrigen auch äußern, wenn sie sich hier umsieht? Für mich war jede Kleinigkeit, die sich besserte, ein Fortschritt gegenüber Zelt, Blockhütte oder Bunker. Für Lis ist das, was ich ihr hier bieten kann, ein Abstieg aus einer zwar beschädigten, aber dennoch bürgerlich soliden Wohnung. Daß mich meine Empfindung nicht trügt, zeigt sich, als wir mit Rucksäcken und Koffern beladen und das Bündel schleppend in die Baracke hineingehen. Der Mief schlägt uns entgegen. Der Gang ist so dunkel, daß nur ich die richtige Türklinke finden kann. Und die Stube, die mir bereits gemütlich schien, wirkt nun so öde und so armselig, daß ich am liebsten auf und davon rennen möchte.

Lis versucht, trotz feuchter Augen über die bedrückende Situation hinwegzukommen. Heinz ist gutherzig wie immer. Er wünscht uns Glück und ist überzeugt, daß wir alles schaffen werden. Wir bedanken uns herzlich, und dann sind wir allein mit unseren Kindern. Die nehmen die neuen Eindrücke mit freudiger Neugierde in sich auf und helfen uns damit über den schlimmen Anfang hinweg. Und dann melden sie ihren Hunger an, denn sie haben seit Stunden nichts mehr gegessen. Lis und mir geht es im übrigen nicht besser. So fangen wir an, was eßbar ist, zusammenzusuchen: In meinem Spind findet sich noch ein Kanten Brot und markenfreie Fischwurst. Lis hat ebenfalls noch Brot und Aufstrich, selber gemacht und darum besonders wohlschmeckend.

Jetzt stellt sich bereits heraus, daß manches mitgebracht worden ist, was im Augenblick nicht unbedingt erforderlich ist; dafür wäre anderes viel wichtiger gewesen. Aber wie hätte man es bessermachen sollen, wenn einer die Lebensumstände des anderen nicht kennt? Wir haben nun zwar mehrere Scheren, die sicher von Nutzen sind, aber wir haben zu Vieren nur ein Besteck, nämlich mein Feldbesteck, und auch nur einen Teller, nämlich den Emailleteller, den ich jahrelang im Brotbeutel mitgeschleppt habe. Lis hat etwas zu essen fertiggemacht und Muckefuck dazu auf den Tisch gestellt. Zu viel darf es nicht sein, denn ein Rest vom Brot muß für morgen früh bleiben. Dann müssen wir gleich zum Rathaus und Lis und die Kinder anmelden. Warten dürfen wir damit keinesfalls, denn wir brauchen umgehend die Lebensmittelmarken. Nun —, das wird sich finden, wie sich in den nächsten Tagen vieles wird finden müssen.

Nun setzen wir uns erst mal um den Tisch, seit 1942 zum ersten Mal zu Vieren allein, geben uns die Hand und fangen an zu essen. Wir sind noch nicht fertig, da klopft es an der Stubentür und herein tritt Heinz, der Sani-Oberfeld und Lazarett-Spieß. Mit vielen Entschuldigungen stellt er ein Kochgeschirr voll Milchsuppe auf den Tisch: Er wolle keinesfalls stören und er ginge auch gleich wieder, aber er habe gedacht, vor allem der Kinder wegen und denn auch guten Appetit! Damit macht er kehrt und verschwindet. Lauwarm, wie sie ist, gehen wir auf der Stelle die Suppe an; zuerst die Kinder, weil sie nun vor Müdigkeit fast vom Stuhl fallen, dann Lis und dann ich, und alle vom einzigen Teller und alle mit dem einzigen Löffel, so wie wir vorhin auch den Muckefuck aus dem einzigen Topf, der vorhanden ist, getrunken haben.

Den Kindern wird nur ausgezogen, was unbedingt notwendig ist. Das andere müssen sie anbehalten, denn Bettwäsche — blau-weiß im Flüchtlingskaro — habe ich auch nur für meinen Strohsack. Dann werden sie zu Bett gebracht, wo sie sofort einschlafen. Lis räumt ab und spült das wenige Geschirr in der Schüssel, die auch die Waschschüssel ist, und dann muß sie sich gleichfalls hinlegen, und sei es nur für eine halbe Stunde, wie sie meint. Wir haben ja noch so viel zu erzählen!

Lis schlägt die Augen auf und blickt suchend umher. Behutsam muß ich ihr erklären, daß sie seit ein paar Stunden bei mir ist und daß die Kinder nebenan friedlich schlafen. Dann sitzen wir beieinander, halten uns bei der Hand und erzählen uns gegenseitig die wichtigsten Erlebnisse, die wir seit dem Frühjahr 1944, seit dem letzten Urlaub, gehabt haben. Sie sind selbstverständlich sehr verschieden voneinander, aber an Schrecklichem stehen sie einander nicht nach. Ist auch manches Freundliche dazwischen, so überwiegen die furchtbaren Erlebnisse so sehr, daß wir kaum begreifen können, hier zusammenzusitzen. Der Tod hatte uns nicht eingeholt. Wir waren davongekommen, wie mir scheinen wollte, zu dem einzigen Zweck, hier ein neues Leben zu beginnen und die Zukunft zu bestehen.

Eigentlich wollten wir noch über praktische Dinge sprechen, wollten uns klar werden, was vorerst morgen und dann übermorgen zu geschehen habe, aber die Müdigkeit übermannt uns. Es ist Mitternacht, als wir die Liege des „Dr. Johannes Faustus", unser Ehebett, ein paar Zentimeter von der Wand abrücken und den Zwischenraum mit einer gerollten Decke, derselben, die drei Tage lang das große Bündel umschlossen hielt, ausstopfen. So haben wir ein wenig Platz gewonnen und können die erste Nacht auf dem Strohsack verbringen.

Lis schläft sofort ein. Ich liege noch lange wach, höre auf ihre Atemzüge und kann lange keinen Schlaf finden. Die gegenseitigen Berichte, angefüllt mit Grauen und Elend, wühlen mich so auf wie die Gedanken an unsere Zukunft.

24.5.

Unbeschreibliches Durcheinander am Morgen: Wir müssen der Reihe nach, teilweise mit Anstehen, zum Klo, das sich sinnigerweise draußen vor dem Barackeneingang befindet und somit auch von solchen benutzt werden kann, die gar nicht hier wohnen. Dann müssen wir uns waschen, wenigstens notdürftig. Das Wasser gibt es nur in besagtem Klo. Ich balanciere es in der Waschschüssel wohlgemerkt viermal, durch den dunklen Barackengang, denn einen Eimer habe ich nicht. Nach einer knappen Stunde haben wir das hinter uns. Die Kinder laufen nach draußen, um die Umgebung zu erkunden und mit der Feststellung zurückzukommen, daß hier alles viel schöner ist, weil es hier keine gepflasterten Straßen mit hohen Häusern an den Seiten gibt und weil man hier viel besser spielen kann. Lis wühlt in Ausgepacktem und Nichtausgepacktem umher, um zu finden, was sie zuvor nicht bedacht hat, nun aber dringend braucht. Ich hacke inzwischen Holz meiner besten Sorte ganz fein, damit der Muckefuck möglichst bald fertig wird und wir frühstücken können.

Dann gehen wir zur Stube schräg gegenüber, damit Lis Erich, den Organisten und Pianisten, der täglich mehrere Stunden mit „Rattenmusik" aufwartet, und seine Freundin kennenlernt. Ruth — seit einer Woche mit Johnny verheiratet — treffen wir im dunklen Korridor. Damit sich die beiden Frauen besser sehen und begrüßen können, machen wir die Tür zu unsere Stube auf. Bald sollte zwischen den Mitbewohnern und uns ein schwunghaftes Leihsystem in Gang kommen: Wir verliehen eine Schere oder etwa gar das Bügeleisen, das einzige weit und breit, und borgten uns eine Schüssel aus Porzellan oder einen Napf aus Blech.

Im Rathaus sind die Formalitäten rasch erledigt. Wir sind glücklich über die reichlich bemessenen Lebensmittelmarken. Sie gelten für die ganze Woche und heute ist schon Freitag!

Auf dem Hin- und Rückweg treffen wir Mitglieder des Singkreises, die Lis und die Kinder willkommen heißen und dafür sorgen, daß sich ihre Anwesenheit überall herumspricht.

Wir kaufen, was es auf die entsprechenden Abschnitte gibt. Aber ehe Lis kurz vor Mittag darangehen kann, eine Suppe zu kochen, erscheint Heinz, diesmal mit zwei Kochgeschirren voll Milchsuppe. Immer könne er das zwar nicht, meint er, aber als Sani sei er ja für „erste Hilfe" zuständig.

Der Nachmittag vergeht mit Auspacken, gelegentlichem Umstellen von Spind und Tisch, damit manches praktischer und gemütlicher wird, mit Saubermachen und mit Einräumen. Nach ein paar Stunden Arbeit, bei der Lis und ich ohne Unterbrechung hart zugepackt haben, scheint uns, daß wir die allerersten Quadratzentimeter Boden unter die Füße bekommen haben. Mit ein wenig Einbildung meinen wir sogar, es fange schon an wohnlich zu werden; ganz bescheiden natürlich, aber wer kann heutzutage schon mehr erwarten! Heidi und Rike kommen von ihrem zweiten Ausflug zurück. Sie haben schon die ganze Umgebung unsicher gemacht und finden alles „ganz prima", wie sie immer wieder versichern.

Ehe es ganz dunkel wird, gehen wir alle hinauf auf die Höhe über dem Barackenlager, dorthin, wo ich voriges Jahr zum ersten Mal mit Johnny stand. Wie froh bin ich, meinen Kindern sagen zu können, daß man das große Wasser da

unter uns die Ostsee nennt, ein Wasser, auf dem man tagelang von einem Ende zum anderen mit dem Schiff fahren
muß, ein Wasser, an dessen Ufern Leuchtfeuer stehen, die
den Schiffen bei Nacht den Weg weisen, wie dort links von
uns oder halb rechts vor uns, da drüben, wo kein Festland
mehr ist, sondern die Insel Fehmarn. Und wie froh bin ich,
Lis zu haben und den Arm um ihre Schulter zu legen. Wir
werden uns mit den Kindern zusammen nicht unterkriegen
lassen, — bestimmt nicht.

25.5.

Lotte und Lore, die unentwegt hilfsbereiten Singemädchen,
die viele Male meinen Kohldampf gelindert haben, und denen ich auch für manch andere Guttat zu danken habe,
kommen uns besuchen. Nein —, nicht um uns hier zur Last
zu fallen, sondern zu fragen, womit sie uns ein wenig helfen
können. Es fehle ja, wie man sich denken könne, am Nötig-
sten, und es wäre selbstverständlich, uns beizuspringen. Im
übrigen hätten sie das mit ihren Müttern auch schon vorbesprochen. Und sie kämen auch bald wieder. Und sie kamen
— Tage später und erleichterten uns mit vielen kleinen nützlichen Dingen den Alltag.
    Eigentlich möchten wir noch gar keine Besuche haben.
Aber am Nachmittag klopft es und herein tritt Uschi, die
Vorsängerin aus dem Singkreis, sehr musikalisch und begabt
mit einer zwar kleinen aber liebenswerten Stimme. Bis hierher habe sie ihn geschleppt, aber nun solle ich doch so gut
sein und ihn hereinholen, den Koffer nämlich, der gleich an
der Tür steht. Lis und ich, wir sind völlig verdutzt und
begreifen von dem, was hier vorgeht, erst mal gar nichts.
Aber Uschi läßt sich da nicht entmutigen. Sie sagt Lis „Guten Tag", hat für Heidi und Rike ein paar Worte und erklärt
danach, sie habe uns einiges mitgebracht. Nein —, auf keinen Fall wolle sie uns kränken, aber hier sei doch Not, das
könnten wir ja nicht leugnen, und sie bäte sehr darum, daß
wir nicht abschlagen, was sie nun auspacken wolle. Im übrigen, sozusagen, um falschen Verdacht auszuschalten, komme sie mit Wissen ihres Vaters. (Er ist ein angesehener Ga-
stronom, der sich in langen Jahren große Verdienste um
Heiligenhafen erworben hat.) Also dann: Zum Vorschein
kommen Bestecks, große und kleine Teller, Handtücher und
Bettwäsche, alles in genügender Anzahl. Und falls wir noch
etwas benötigen, dann sollen wir ja keine Hemmungen ha-

ben, sondern nur Bescheid sagen. Allein habe sie jetzt nur nicht mehr tragen können. Jeder Versuch, widersprechen zu wollen, wird durch energische Äußerungen unserer Wohltäterin im Keim erstickt. „Donnerwetter", muß ich denken, „so forsch ist mir die Uschi noch nie begegnet!" — Wir sind gerührt, wie wir gerührter nicht sein können. Lis hält Uschi beide Hände hin, sich zu bedanken. Ich muß sie in den Arm nehmen, und die Kinder stellen fest, daß das eine gute Tante ist.

27.5.

In den letzten Monaten war ich von gelegentlichen Zweifeln nicht verschont geblieben. Jetzt haben mir die wenigen Tage schon zum Bewußtsein gebracht, daß ich zu meiner Familie gehöre. So bin ich gefaßt, als Christine kommt, um Lis zu sehen, und vermutlich auch, um eine Klärung zwischen uns herbeizuführen. Sie hat Anne, ihre kleine Tochter mit, die von Heidi und Rike als den etwas älteren Kindern gleich bei der Hand genommen und nach draußen geführt wird, wo die drei spielen wollen. Wir versuchen, im Gespräch Klarheit für uns Drei zu gewinnen. Es steht fest, daß ich Christine seit dem Sommer für vieles Gute zu danken habe. Ebenso fest steht aber auch, daß seit Monaten vorgesehen war, meine Familie hierher kommen zu lassen. Wir sollten uns nun auf jeden Fall davor hüten, es gemeinsam am guten Willen zur Freundschaft fehlen zu lassen, sage ich. Nachdem Christine diesen Gedanken schroff von sich gewiesen, weil sie mehr ersehnt als Freundschaft, und nachdem Lis angedeutet hat, sie würde auch wieder zurückfahren, falls das die bessere Lösung wäre, weiß ich unumstößlich, daß ich zu ihr stehe. Und obwohl Christine noch immer auf die Rückkehr ihres Mannes hoffen muß, erhebt sie sich und erklärt ihren Besuch für beendet. Mein gutes Zureden nützt nichts. Sie geht nach draußen. Wir folgen ihr. Ich suche die Kinder und führe sie zu uns. Da stehen sie Hand in Hand zwischen den beiden Müttern. Sie und ich, wir sind daneben ratlos in der Gewißheit, daß zwischen Christine und uns das gewünschte gute Einvernehmen nicht möglich sein wird. Entsprechend frostig ist der Abschied, entsprechend schwierig werden für Lis und mich die nächsten Tage werden.

29.5.

Seit Januar hatten wir uns nur noch gelegentlich gesehen.
Es konnte sich ergeben, daß ich M. W. zufällig in der Stadt
traf, wenn er vom Einkaufen kam und der weißen Siedlung
zuging. Die Tasche war das neueste Modell, das zu erstehen
war: Grobes Leinen aus Zeltbahn, mit Tarnmuster oder
auch ohne, und Henkeln aus Fallschirmschnur. Sie standen
mit ihrem schillernden Glanz in ,,apartem" Gegensatz zu
dem groben Stoff und hatten den bemerkenswerten Nach-
teil, daß sie nach längerem Tragen die Finger absterben ließen. So geschah es auch, wenn ich M. W. beim Tragen half.
Dann hing die Tasche, angefüllt mit allem, was an Lebens-
mitteln gerade aufgerufen war, und einigen markenfreien
,,Delikatessen", schwer zwischen uns, die Hauptlast sich mir
zuneigend, denn ich war der Kleinere. Wenn notwendig,
machten wir am ,,Gemeindebrett", wie wir die Reihe von
Aushängekästen und Anschlagbrettern rechts vor dem
Stadtpark nannten, halt. In der Verschnaufpause lasen wir
die Neuigkeiten, die die Militärregierung und die deutsche
Scheinobrigkeit zu verkünden hatten. Und wir gingen um
die nahestehenden Bäume herum, die mit Suchanzeigen be-
nagelt waren: Vor- und Zuname, Geburtstag und -ort,
Dienstgrad, Feldpostnummer, Einheit, vermuteter letzter
Einsatz, manchmal auch ein Foto des Vermißten; Anschrift
der Mutter, der Frau, des Bruders oder eines anderen Angehörigen und schließlich die verzweifelte Bitte um Hilfe!
Dann waren wir mit unserem Gespräch über schöne Dinge
jäh zu Ende und fühlten uns erneut hinabgestoßen in die
Not der Zeit.
Heute gehe ich mit Lis in die Richthofenstraße zu unserem ersten Besuch bei Fürst und Fürstin. Lis teilt meine
Verehrung. Wir empfinden sie seit Jahren, seit wir ihn zum
ersten Mal im Film gesehen hatten. In guten Verhältnissen
wäre es schwierig bis unmöglich gewesen, an einen Darsteller hohen Ranges, an einen Staatsschauspieler, heranzu-
kommen. Heute in unserer allseitigen Armut ist das sehr viel
einfacher geworden: Nach dem Klingeln an der Haustür
geht oben im Dachgeschoß ein Fenster auf und E. W. ruft
uns zu, ,,der Mathias" wäre da und käme gleich, um uns zu
öffnen. Seine Herzlichkeit hilft Lis über das erste Befangen-
sein hinweg. Wir gehen nach oben an der Küche vorbei in
das Dachzimmer, nach Barackenmaßstab beinahe schon
,,burgerlich" eingerichtet und durch die schrägen Wände ur-
gemütlich. Nach Aufforderung nehmen wir uns eine Sitz-

gelegenheit, und dann beginnt ein Gespräch zu Vieren. Fragen an Lis nach den Zuständen in der russischen Besatzungszone und nach ihrer Reise hierher. Fragen nach den Freunden, an mich gerichtet und von mir beantwortet, soweit ich noch Bescheid weiß. Dann erzählt der Fürst von seinen Lesungen hier im Lande vor Landsern, die noch nicht entlassen sind oder die sich zu den sogenannten Dienstgruppen gemeldet haben. Gerade heute vormittag ist er von einer solchen Lesung zurückgekommen. „Es ist so viel Not im Lande, daß man Tag und Nacht unterwegs sein müßte, den Menschen die Wegzehrung zu bringen, die mehr Wert ist als ein Kanten Brot."

E. W. wird uns bald verlassen, denn sie ist irgendwo eingeladen. Zuvor aber möchte sie noch Kaffee kochen. Ob sie welchen aus der Büchse nehmen dürfe, die er heute mitgebracht habe? Das ist Kaffee! Lis und ich geraten schon beim ersten Schluck ganz aus der Fassung, denn wir haben seit über einem Jahr keinen Bohnenkaffee mehr getrunken. E. W. muß sich nun verabschieden. So bleiben wir noch mit M. W. im Gespräch zusammen. Lis ist ganz glücklich über diese Stunde. Mit ihrer großen Liebe zur Literatur und zur Lyrik im besonderen kommt sie voll auf ihre Kosten, wenn sie zuhören oder Fragen stellen darf, die gerne beantwortet werden. Plötzlich meint der Fürst, es wäre ein so schöner Nachmittag, daß man sich noch etwas zugute tun müßte. Er geht in die Küche und kommt nach einer Weile mit einem Teller zurück, auf dem sich drei Viertel einer Wurstkonserve befinden. „Schwarzmarkt", sagt er verschmitzt. „Fragen Sie nicht weiter. — Das vierte Viertel habe ich für meine Frau reserviert." Brot ist leider keines übrig. So werden Gabeln ausgeteilt, und wir essen, denn die Wurst — das wissen wir gar nicht mehr! — schmeckt auch ohne Brot. Und noch eine Tasse Kaffee dazu — einfach herrlich! Oder fürstlich, wie ich mit Betonung bemerke!

Und dann sind wir wieder im Gespräch. Der Fürst versucht, in die dunkle Zukunft vorzudringen und meint, er wisse zwar noch nicht, wann er hier weggehen könne, aber es müsse bald sein, sonst sei zu befürchten, daß er in seinem Beruf den Anschluß verliert. Im Film werde so bald wohl nichts wieder zu machen sein, dafür aber vielleicht im Funk. Vor allem aber müsse er wieder ein Theaterengagement bekommen.

Die Zeit ist längst überschritten, als wir uns verabschieden. Der Fürst geht noch einmal in die Küche. Dann drückt er Lis eine Packung englischen Keks in die Hand —, für die

Kinder. Und dann: „Machen Sie's gut, Sie beide und ihre Kinder. Und bleiben Sie gesund. Wiedersehen!" „Gleichfalls alles Gute und herzlichen Dank. Auf Wiedersehen!" Und wir gehen, Lis und ich, mit unseren Gedanken noch bei der Stunde, die hinter uns liegt, dem Barackenlager zu.

Am Abend meint Lis, sie sei sehr traurig darüber, daß sie das zurückliegende Jahr nicht hier habe miterleben können. Nachdenklich pflichte ich ihr bei.

Nachtrag:
Mit Erbsenpflücken, Ährenlesen, Kartoffelstoppeln und Torfarbeit sollte die Zeit dahingehen. So erfuhren wir beide erst zu einem Zeitpunkt vom Weggang des Fürsten und der Fürstin, als sie Heiligenhafen bereits verlassen hatten. Er ging an das Schauspielhaus in Stuttgart, wohlverstanden zu einer Zeit, als an fünf von sieben Tagen die amerikanischen Besatzer das Haus als Kino benutzten und nur an den beiden restlichen Tagen die Deutschen Theater spielen durften, im ungeheizten Haus, wie sich gleichfalls versteht. Dann kam eine Zeit in Hamburg und danach am Züricher Schauspielhaus mit zusätzlicher Arbeit bei Film, Funk und Schallplatte und auf ausgedehnten Lesereisen als Interpret klassischer und moderner Dichtung. Gelegentliche Briefe ließen einen steilen Aufstieg zurück zu dem großen Namen erkennen, den M. W. schon vor dem Krieg gehabt hatte. Als er meinen Antworten entnehmen konnte, ich sei hier im Lande geblieben, meinte er, wenigstens einer, der nach dem reichen Jahr, das wir erlebt haben, dortgeblieben ist.

In der Zeit der Vorbereitung der Ostdeutschen Kulturtage, die die Landesregierung damals alljährlich veranstaltete, erfuhr ich im Spätsommer 1957 in einem Brief, der Fürst sei im Oktober zur gleichen Zeit in Lübeck, wo er einen Leseabend hätte. Ich schrieb zurück und bat ihn, seine Mitwirkung auch bei den Kulturtagen zu ermöglichen. Was ich nicht zu hoffen gewagt hatte, trat ein: Die Zusage kam postwendend. Meine Freude auf das Wiedersehen kannte keine Grenzen.

Ich sollte mit den Teilnehmern nicht nur Offenes Singen durchführen, sondern auch eine Abendmusik mit ostdeutschen Volksliedern leiten. Zu diesem Zweck nahm eine Auswahl des „Jungen Chores Schleswig-Holstein" gleichfalls an den Tagen teil. Nun, nach der Zusage des Fürsten wollten wir zugunsten seiner Lesung auf einen Teil unseres Programms verzichten. Mir lag daran, Wort und Musik so zusammenzubringen wie vor zwölf Jahren.

Zur vereinbarten Zeit stand ich vor der Jugendherberge, dem Tagungsort, und wartete mit zunehmender Spannung auf den Fürsten. Wie wird es werden? Wie wird es jetzt nach mehr als zehn Jahren in gänzlich anderen Verhältnissen mit uns gehen? Ob wir einander vielleicht sogar enttäuschen werden? Noch mehr Fragen als nur diese gingen mir durch den Kopf, während ich wartete. Und so sehr sie anfingen, mich durch ihre Vielzahl zu verwirren, so sehr hatte ich nur den einen einzigen Gedanken, es müsse nun in einer der nächsten Sekunden ein langgewachsener Mann mit schlaksigem Gang, Mantelkragen hochgeklappt und Aktentasche in der Hand, sichtbar werden und auf mich zukommen. Daß es eine andere Möglichkeit geben könnte, kam mir überhaupt nicht in den Sinn.

Ich wurde aller verwirrenden Gedanken und des einen einzigen Gedankens enthoben, als ein schwarzer Mercedes auf den Parkplatz fuhr, ein Vorgang, der mich überhaupt nicht interessierte, so angestrengt hielt ich Ausschau nach der langen Gestalt. Meine Überraschung war vollständig, als eben diese Gestalt dem Mercedes entstieg. Er hatte mich gewiß früher bemerkt als ich ihn, denn er kam zielstrebig auf mich zu, während ich ihm entgegenhastete. „Guten Tag, mein Fürst." „Guten Tag, alter Freund. Wie geht es Ihnen?" Die Zeit hatte sich grundlegend gewandelt, der Fürst war dennoch der alte geblieben. Das glaubte ich beim Händedruck deutlich zu spüren.

Wir gingen ins Haus und zogen uns in eine Ecke zurück, wo wir ungestört bleiben konnten. Nach der Feststellung, daß es daheim beiderseits gut ging, machten wir uns sogleich an die Arbeit für das abendliche Programm. Aber viel zu tun war eigentlich nicht, weil wir noch immer aufeinander eingespielt waren. Der Fürst umriß seinen Programmanteil, ich den meinen. Dann unterteilten wir beide so, daß sie sich ineinander fügen ließen und hatten damit das Wichtigste getan. Alles andere wollten wir dem Abend überlassen und unserer Improvisationskunst, so fern sie notwendig werden sollte. Zufrieden darüber, wie gut wir uns in der gemeinsamen Arbeit noch immer verstanden, legte mir der Fürst den Arm auf die Schulter und meinte, nun könne er mich eben noch zum Abendessen einladen. Die Zeit dafür erschien mir zwar knapp, aber abschlagen konnte und wollte ich die Einladung nicht.

Wir fuhren los und fanden nach wenigen Minuten eine Parkgelegenheit in nächster Nähe der ehrwürdigen Gaststätte von 1535, in der wir eine gemütliche Stunde verbringen wollten. Sie hat einen der schönsten Treppengiebel, die in der Altstadt Lübecks anzutreffen sind und liegt an einem Platz jenseits des Heilig-Geist-Hospitals und gegenüber der Jakobikirche, an der vor dem Krieg Hugo Distler gewirkt hat. Wir gingen ins Haus. Der Gastraum hat sogenannte Gelage, in denen man auf Holzbänken an blankgescheuerten Tischen sitzt, über sich Schiffsmodelle, meist aus der Blütezeit der Hanse. Wir hatten gerade Platz genommen, als der Ober, der sich anschickte, uns zu bedienen, erst mal ein Autogramm erbat. Kaum hatte der Fürst es gegeben, kam ein anderer Kellner mit der gleichen Bitte und schließlich auch eine große Zahl von Gästen, zumindest die, welche mit uns an dem langen Tisch saßen.

An ein ruhiges Gespräch war bald nicht mehr zu denken, denn um uns herrschte ein schier unablässiges Kommen und Gehen, ein ewiges Flüstern von „Bitte" und „Danke", ein dauerndes Dienern oder Anhimmeln. An seiner Stelle hätte ich mir wenigstens zum Essen Ruhe ausgebeten. Stattdessen zeigte sich der Fürst von gleichbleibender Freundlichkeit und wußte schließlich genauso wenig wie ich, was wir eigentlich gegessen hatten. „Ach, Fürst", mußte ich denken, „hätten wir jetzt durch die Felder gehen können wie damals mit dem Hunger als unserem einzigen Begleiter statt eines Schwarmes fremder Menschen, dann hätten wir die ruhige und ergiebige Stunde gehabt, nach der uns verlangt hatte!" — Dennoch: Ich war dankbar für dieses Zusammensein, auch wenn es anders ausgefallen war, als erhofft. Wir mußten zurück. Die Abendveranstaltung stand bevor.

Tagungsteilnehmer und geladene Gäste füllten den Saal. Beifall begrüßte uns alle und den Fürsten im besonderen. Und dann begannen wir unser Programm mit bis dahin nur wenig bekannten ostdeutschen Volksliedern und Dichtung aus dem deutschen Osten, Lyrik und Prosastücke vom Barock bis zur Gegenwart. Was der Fürst brachte, war nicht traurig, aber es war auch nicht laut. Was wir sangen, war gleichfalls verhalten. Jeder Programmteil war erfüllt von leiser Melancholie und von Trauer über das Verlorene. Einer hörte auf den anderen. Ich war ganz der Stimme und der eigenwilligen Sprachmelodie hingegeben, die für M. W. charakteristisch ist. Als Kenner des Märchens hatte er ein feines Ohr für das Volkslied. Er spornte den Auswahlchor und mich zu besonderer Leistung an, wir durften ihm zusingen, was ihn seinerseits ganz offensichtlich beflügelte. Und nur wenn es notwendig schien, lenkten wir uns mit einem Augenzwinkern; alles andere ging reibungslos vonstatten aufgrund von Zuneigung und als Ergebnis der früheren Zusammenarbeit, die sich jetzt über die Jahre hinweg als dauerhaft erwies. Wir hatten die Mitte dessen, was wir uns vorgenommen hatten, bereits überschritten. Das Programm begann sich zu runden und wandte sich dem Schluß zu. Das letzte Lied, das pommersche Abendlied, war eines der schönsten und stillsten. Es begann

> Allens is vergäten,
> wat mi Dags hätt quält,
> wenn uns Noawer owends
> sine Treckfiedel spält.

und endete mit den letzten beiden Zeilen dieser ersten Strophe. Der Fürst begab sich aus dem deutschen Osten zurück nach Schleswig-Holstein und las etwas, was wir um das Jahr 1950 überall mit großer Begeisterung gesungen hatten, und was ich bisher auch nur vertont gekannt hatte. Er las Theodor Storms Gedicht „An die Freunde". Es war für mich ein großes Erlebnis, es jetzt gesprochen zu hören:

> Wieder einmal ausgeflogen,
> wieder einmal heimgekehrt,
> fand ich doch die alten Freunde
> und die Herzen unversehrt.

Ich hörte seine Stimme und sang im Stillen mit durch alle Strophen hindurch und empfand dabei, wie sich Sprache und Musik deckten.

> Und an seines Hauses Schwelle
> steht ein jeder festgebannt,
> aber Liebesfäden spinnen
> heimlich sich von Land zu Land.

Die nachfolgende Stille bewies vor allem dem Fürsten, daß er seine Zuhörer im Innersten gepackt hatte. Es dauerte unverhältnismäßig lange, bis der Beifall einsetzte, erst zaghaft, dann immer stärker und nicht enden wollend.

Der Fürst spürte, daß eine Zugabe nicht zu umgehen war. Er richtete sich noch einmal steil auf, wie er immer zu tun pflegt, bevor er beginnt, und sagte: „Simon Dach, Preis der Freundschaft." Absicht oder Zufall, durchfuhr es mich. Es ist das Gedicht, mit dem er vor nunmehr zwölfeinhalb Jahren an einem der Seen, zwischen denen Schwerin liegt, die erste Lesung vor kriegsgefangenen Soldaten eröffnet hatte. Ich hörte noch einmal, gewichtiger als damals, wie ich meinte, die Strophen, und ich sollte nicht ahnen, daß ich danach

die Stimme des Fürsten nur noch von Schallplatten würde
hören können.

Der Schluß

> Ich bin auch ihnen wieder
> von Grund der Seele hold,
> ich lieb euch mehr, ihr Brüder,
> als aller Erden Gold!

löste wieder starken Beifall aus, und nachdem M. W. noch
einmal Autogramme hatte geben müssen und nachdem er
viele Hände geschüttelt hatte, war die Veranstaltung endgültig zu Ende.

„Jetzt haben wir Durst", stellten wir gemeinsam fest, als
die Hörerschaft sich verlaufen hatte. Ein Anruf, und wir
wußten, daß wir für uns und einen kleinen Kreis ein Extrazimmer in einer Gaststätte würden bekommen können, die
man gleichfalls besuchen muß, will man Lübeck und seine
hansische Tradition wirklich erleben. Das Haus liegt auch in
der Altstadt, behütet von St. Marien, unterhalb des Budden-
brookhauses. Dahin gingen die meisten zu Fuß. Wir ließen
uns noch Zeit für eine Zigarette — jeder eine, nicht wie
damals eine zu zweien — und ein ungestörtes Gespräch.

Dann fuhren wir den anderen nach und trafen uns an
einem langen gemeinsamen Tisch wieder. Eine Weile später
war er mit Kerzen geschmückt, und zwischen den Leuch-
tern stand der Rotspon, dem wir kräftig zusprachen. Es war
die Atmosphäre von Wiedersehen und Abschied, die uns
umfing. Erinnerungen an 1945, Freude über die gelungene
gemeinsame Arbeit am heutigen Abend und Ausblicke auf
Pläne in der Zukunft bekräftigten diese Stimmung noch. Sie
strahlte auch auf die Umsitzenden aus. „Auf meinem Mor-
genspaziergang sah ich heute einen Schwan aufsteigen und
wieder auf das Wasser niedergehen. Da wußte ich: Es wird
ein schöner Tag werden! Und er ist es geworden. Und nun
geht er zu Ende." So sagte er unvermittelt. Kurze Zeit
später stand er ebenso unvermittelt auf. Umschweife sind
seine Sache nicht.

Er erhob sein Glas zum letzten Schluck und verabschie-
dete sich. Ich folgte ihm nach draußen, und dann standen
wir zum Abschied an seinem Wagen. „Leben Sie wohl und
bleiben Sie gesund." „Auf Wiedersehen, mein Fürst, und
gleichfalls alles Gute." Er fuhr die enge Straße hinab. Ich
sah die Bremslichter aufleuchten, ehe der Wagen an der
Trave links einbog. Ich stand noch eine Weile, bevor ich

wieder nach drinnen ging. Den Fürsten sollte ich nicht wiedersehen.

Wieder gingen Briefe hin und her, wenn auch nur in großen Abständen, aber wenn, dann immer getragen von der Herzlichkeit, die uns seit 1945 verband. Zwölf Jahre nach unserer Begegnung in Lübeck — es war wieder Herbst geworden — las ich als Vorankündigung die Nachricht, M. W. werde im Thalia-Theater in Hamburg gastieren und die Rolle des Pastor Manders in Ibsens „Gespenster" übernehmen. Der Premièrenbericht, den ich dann vor Augen bekam, würdigte seine Leistung mit geradezu überschwenglichen Worten. Es war ein Bericht, wie ihn profilierte Theaterkritiker nur dann von sich geben, wenn es sich um ein ganz außergewöhnliches Bühnenereignis handelt.

Ich freute mich über die Maßen für ihn und pries das Schicksal, das mich mit diesem Mann zusammengeführt hatte. Und ich beschloß, eine der nächsten Aufführungen zu besuchen.

Da traf mich die dritte Nachricht, die in diesem Zusammenhang zu lesen stand, bis ins tiefste Innere: Der Fürst war zusammengebrochen. Man hatte ihn auf seine Bitte per Flugzeug nach Zürich gebracht. Und dort wurde jede Hoffnung auf Rettung seines Lebens zunichte. Der Fürst starb. Ein begnadeter Darsteller, ein Meister deutscher Sprache, ein ebenso schwieriger wie guter, ein liebenswerter Mensch war viel zu früh dahingegangen, hinüber in das Anderland, von dem man glauben mag, daß es ohne Ende sei.

Dreißig Jahre später

Das Jahr danach war das ärmste meines Lebens und das reichste zugleich. Nie wieder brauchte ich täglich so zu hungern, wie in diesem Jahr. Nie wieder hatte ich täglich so unmittelbaren Zugang zur Kunst, wie in diesem Jahr.

Mathias Wieman setzte die Maßstäbe, an die wir, die mit ihm waren, in den Feuerpausen draußen gedacht hatten, wenn wir uns die Arbeit nach dem Krieg vorzustellen versuchten. Oder er erarbeitete sie gemeinsam mit uns. Sie sollten von Dauer bleiben, wie ich in den folgenden Jahren immer wieder feststellen konnte.

Heiligenhafen wurde für einen Augenblick seiner Geschichte zur Heimstatt für einen Kreis von Kunstbesessenen — für Mathias Wieman und uns — und zu dem Ort, der die leibliche Not ertragen ließ zugunsten des seelischen Reichtums, wie er uns dort geschenkt wurde. Es sollte wohl so sein, daß das einfache Leben, wie es um 1930 etliche Dichter gepriesen hatten, die wir verehrten, von uns da gemeistert werden mußte, wo wir am Rande lebten, wo außer Häusern auch Baracken standen, wo es einen Hafen gab, um alte Ladung zu löschen und neue an Bord zu nehmen und wo jeder oben stehen konnte auf den Höhen, um über die Stadt hinweg auf die See zu blicken.

Das tue ich gelegentlich noch heute. Und kommst du mit mir, und es wird Abend, siehst du noch immer wie damals die Leuchtfeuer über der weiten See. Daran hat sich nichts geändert.